比较

总第108辑

2020年第3辑

COMPARATIVE STUDIES

吴敬琏 主编

中信出版集团 · 北京

比较

COMPARATIVE STUDIES

主管 中信集团

主办 中信出版集团股份有限公司

出版 中信出版集团股份有限公司

主编 吴敬琏

副主编 肖梦 吴素萍

编辑部主任 孟凡玲

编辑 包敏丹 马媛媛

封面设计 李晓军 / **美编** 杨爱华

经营部

总经理 张立晖

副总经理 傅继红

发行总监 周广宇

品牌传播部高级总监 马玲

独家代理：财新传媒有限公司

电话：（8610）85905000 **传真：**（8610）85905288

广告热线：（8610）85905088 85905099 **传真：**（8610）85905101

电邮：ad@ caixin. com

订阅及客服热线：400-696-0110（8610）56592288 **传真：**（8610）85905190

订阅电邮：circ@ caixin. com **客服电邮：**service@ caixin. com

地址：北京市朝阳区工体北路 8 号院三里屯 SOHO 6 号楼 5 层（**邮编：**100027）

目 录
Contents

第108辑

前沿 Guide

比较制度分析 Comparative Studies

新书架 New Books

养老金专题 On Pension

政策的非预期陷阱

体制机制视角

缪延亮　廖岷

在我国经济从高速增长阶段转入高质量发展阶段的过程中，深化改革扩大开放的脚步没有停止。当前，改革进入“深水区”，新旧矛盾集中凸现，这对于我们的政策设计和执行提出了更高要求。针对改革政策举措的有效性问题，我们选取一些案例进行了跟踪研究。我们在研究中观察到一些新的现象：各个领域在继续推进改革、破解难题的同时，一些政策措施在推进过程中出现了政策设计之初并没有预料到的问题，即非预期的影响或副作用，本文称之为“非预期陷阱”。比如，民营企业、中小银行、自贸区建设等一些在过去经济转型中推进较为顺利、发挥了重要作用的领域遇到了瓶颈；针对环保和治理影子银行等新问题的政策在取得重大进展的同时，也产生了意想不到的副作用。这背后有外部冲击因素和周期性原因，也更多折射出我国的体制机制仍然需要在转型发展中继续改革完善。党的十九届四中全会提出要坚持和完善中国特色社会主义制度、推进国家治理体系和治理能力现代化。重视分析这些政策的非预期影响，深入理解其背后的体制机制原因，进而提出针对性的建议，对于探索实现国家治理体系和治理能力现代化目标、提高政策制定和执行水平具有重大意义。

---

* 缪延亮，北京大学国家发展研究院兼职教授；廖岷，金融四十人论坛学术委员。本文是中国金融四十人论坛《政策的非预期陷阱：体制机制视角》课题成果的简版，课题组成员还包括谭语嫣、邓拓、张原、费璇和金洋；胡李鹏和饶璨分别参与了前期和后期的讨论。本文为作者个人观点，不代表其所在单位的观点。

一、政策的非预期影响及视角

只是良好的动机并不能够确保带来良好的结果。早在北宋时期，宰相王安石颁布《青苗法》，本意是通过政府放贷缓和民间高利贷盘剥现象，最终却加重了民众负担。这个经典的历史案例表明，出发点良好的政策可能会产生非预期的政策效果。明清时期，思想家黄宗羲在《明夷待访录》中论述了历代税赋改革后农民负担不降反升的现象，被现代学者总结为“黄宗羲定律”（秦晖，2002）。在现代理论中，美国社会学家罗伯特·默顿（Robert K. Merton）于1936年首次将“非预期结果”① 作为专门的理论问题和范畴提出来进行系统讨论。他将非预期结果解释为“有意的社会行动（purposive social action）产生的既不在意图之中、也不在意料之中的后果”，既包含意外收获，也包含意外危害。本文分析的问题是，政策从良好的动机出发，却产生未预期到的一些副作用，我们称之为政策制定或执行过程中的“非预期陷阱”。

社会学领域对非预期结果的分析以一般性的理论阐述为主，分析对象是一般的社会行动，并非针对政策措施。默顿（1936）将行动的非预期结果归因于疏忽、错误、意识形态偏执等导致的知识缺乏。② 吉登斯（Giddens，1984）强调专家知识的运用仍可能带来意外后果，包括抽象知识应用到具体情境中发生的“操作失误”、理想化的专家知识因脱离实践而导致的“设计错误”等。贝克（Beck，1992）认为，现代社会是“风险社会”（risk society），在物质财富增长的同时，风险也在不断扩大和积累，人们试图消除风险的努力会不可避免地产生新的未预期到的各种风险。

西方公共政策理论专门研究分析了公共政策在设计、执行、评估等过程中失效的原因，但较少关注其“非预期影响”。在公共政策理论文献中，马兹曼尼亚和萨巴蒂尔（Mazmanian and Sabatier，1983）指出，政策目标不明晰、政

---

① Merton（1936）的用词为“unanticipated consequences”，此后的文献更多使用“unintended consequences”。

② Merton（1936）认为非预期结果有五个来源：疏忽（ignorance）、错误（error）、不正当的即时利益（imperious immediacy of interest）、基本价值观（basic values）和自欺欺人的预测（self-defeating prediction）。“不正当的即时利益”是指决策者非常希望实现某项预期结果，以至于有意忽略了其他可能的影响。例如，1962年美国食品药品监督管理局（FDA）为保证药物安全有效，放慢了审批进度，意想不到的后果是一些原本可以及时得到医治的人不幸死去，或承受更多痛苦。

策方案具有外部性，可能导致政策设计失效；戈金等人（Goggin et al.，1990）和斯托克（Stoker，1991）指出政策执行主体相互冲突、缺乏合作、沟通不畅等问题，可能导致政策执行失效。还有一些学者通过分析具体政策案例，寻找政策执行效果偏离初衷的原因。其中，一份有影响力的研究是普雷斯曼和威尔达夫斯基（Pressman and Wildavsky，1973）针对美国联邦政府“奥克兰计划”① 失败的原因分析，该研究指出，问题出在政策执行中“联合行动”的困难。这一研究首次揭示了政策设计与实际执行的偏差，引发了西方政策执行研究的热潮。② 总体来看，西方公共政策学者对政策失效的原因做了较多探索，形成了一些较为成熟的理论，但大多基于西方经济社会制度背景。这些西方理论未必能够直接套用来理解并解决中国的实际问题。中国的公共政策研究中，直接聚焦于“非预期影响”主题的文献更少，主要是分析某项具体政策出现非预期影响的成因③，且多局限于操作层面，在政府治理层面的启发性不足。

制度经济学和组织学研究揭示了体制和机制如何影响政策效果，具有重要参考价值。从体制的角度看，经济中各种制度相互依存、互相制约，形成复杂的系统，改革可能导致旧体制失灵，造成非预期的影响。吴敬琏（2018）指出，“旧体制虽然有很大的运作困难，但经过长时期的磨合，其各个环节大体能够相互链接和配合。一旦其中某些环节发生改变，即使这种改变是进步性

① 20 世纪 60 年代中期，约翰逊连任总统后发起了“伟大社会”改革，试图通过一系列项目，为黑人等少数族裔提供更多的永久性就业机会，“奥克兰计划”是其中之一。1966 年，美国商务部计划针对失业率高达 8.4% 的奥克兰市推动“奥克兰计划”，预算金额为 2300 万美元，意图创造 3000 个工作机会。但截至 1970 年，该计划仅仅支出 300 万美元，只创造了 500 个工作机会。

② 此前的政策研究主要集中于政策制定，直到 Pressman and Wildavsky（1973）开启关于政策执行和政策评估的研究。参见曹堂哲（2005）对政策执行研究 30 年发展的回顾。

③ 文军（2004）认为，过于强调政府和物质层面而忽视人的主体性和社会化，是城市化建设中出现非预期结果的重要原因。杨丽丽和龚会莲（2015）是国内少有的直接研究公共政策整体非预期结果的文献，但以论述为主。其将公共政策非预期结果的成因归纳为政策问题之间的关联性、政策方案的外部效应、政策方案对目标群体的“反向激励”效应以及政策执行主体的目标置换行为。在公共政策执行偏离方面，邓小金（2008）认为，原因包括政策调控对象、范围、目标超越原来的要求，执行过程中停留于表面宣传，政策的精神和内容层层递减，公共政策被部分执行或消极执行。胡文君（2008）提出政策执行权力配置不科学、信息沟通机制不完善、政策制定者和执行者之间利益不一致等也是政策执行无法达到预期效果的原因。

的，也有可能使得整个系统运转困难”。青木昌彦（2016）也提出，在一个“整体性制度安排”中，各种具体制度之间具有相互关联和相互依存的特性，“只有相互支持的制度安排才是富有生命力和可维系的”。奥斯特罗姆（Ostrom，2010）提出了“多中心治理”（polycentricity）概念，认为市场机制和政府机制都可能失灵，此时社会中的一群个体可能自发组织起来，进行自主治理。这种多中心、多层级的公共政策安排可能更有助于维护公共利益。

从机制的角度看，如果微观主体的激励和约束机制存在扭曲，政策可能出现非预期的影响。微观主体的利益和偏好决定他们对政策的反应，进而影响政策效果。个体的自利行为不一定导致集体的最优结果。简单将微观个体利益最大化等同于集体利益最大化，会带来“合成谬误”（Samuelson，1955）。群体性自利形成的利益集团可能阻挠政策实施，导致政策难以推进、执行不足或是过度执行（Olson，1965）。委托代理理论认为，激励不相容会引发代理人的行为偏离委托人的目标，导致资源配置扭曲。政策制定者需要通过巧妙的机制设计，向参与者提供合适的激励，满足激励相容条件，才能通过其追求个体利益最大化的行为，实现集体利益最大化的政策目标（Hurwicz，1972；Myerson，1981）。

如果政治激励和约束扭曲了经济行为，也可能导致政策出现非预期的影响。阿西莫格鲁和罗宾逊（Acemoglu and Robinson，2013）等政治经济学文献指出，经济政策在影响微观主体的经济激励与约束的同时，还可能影响其政治激励、政治力量与政治约束。只考虑政策的经济影响，忽略政治因素，可能会导致政策失误。许多学者运用政治经济学理论分析了中国治理的实践，发现许多中国独有的治理方式，可能导致政策出现特定的非预期影响。例如，我国政府治理有别于韦伯式的、权责划分清晰的西方科层制（bureaucracy），存在M型结构、“压力型体制”和“运动型治理”等特点（钱颖一和许成钢，1993；荣敬本等，1998；周雪光，2012）。M型结构使得地域之间可以展开竞争，从而提高效率，但也有可能造成地方保护主义等扭曲。压力型体制通过自上而下传递行政压力，有助于贯彻上级政策意图，但也限制了下级因地制宜的空间。运动型治理依靠政治动员的方式有利于调动各方资源，“集中力量办大事”，但也可能导致政策执行过度。又如，我国中央和地方分权，干部晋升制度和信息不对称，政府职位的权、责、利分离等因素，可能扭曲了地方官员的激励，导致地方保护主义、官员行为短期化倾向等问题（周雪光，2005；许成钢，

2011），这些问题也可能导致政策的执行效果偏离政策设计者的预期。

近年来，我国有关方面推出了一系列影响广泛的政策，取得了新的改革成效，但同时也产生了新的非预期影响。有一种观点认为，任何政策本身都有正副效应，只是不同时期两者表现强弱不同；也有一种观点认为，近年来我国经济周期性下行压力加大，面临的外部冲击和挑战也在增加，非预期影响自然更多。还有一种观点认为，随着经济社会不断发展，改革的复杂性、系统性日益上升，不确定性越来越高，相关政策措施的非预期影响也就越来越频繁。

我们认为，第一种观点支持我们分析政策正副效应在特定体制机制下的不同表现；后两种观点能够在一定程度上解释非预期影响的现象，但是不是最主要的原因，值得商榷。首先，从实证的角度看，出现非预期影响的政策涉及多个领域、多种主体，因而难以用局部冲击和短期波动简单解释，应当探寻更加全局性、系统性的深层次原因。例如，过去发展较快的民营企业、中小银行，近年来遇到了新的问题。经济周期性下行压力加大固然是问题的一方面，但民营企业、中小银行经营状况相比国有企业、大型银行在恶化，说明宏观环境不是问题的全部，问题背后可能有更深层次的结构性原因。又如，煤改气、南猪北养等横跨多个领域和主体的政策，虽然政策出发点都是好的，也取得了重大成效，但同时出现了一些非预期影响，这个现象具有一定的共性。

其次，从规范的角度看，将政策的非预期影响笼统归结为现实的复杂性和不确定性太高，容易陷入政策非预期影响的宿命论，导致政策消极和不作为。现实的复杂性和不确定性客观存在，不可能完全消除，但这并不意味着在降低政策的非预期影响方面毫无作为。比如，财政、货币和审慎监管政策逆周期调节经济活动是客观事实，如何在高度不确定的情况下更好地发挥政策作用？这是本文聚焦探究的问题。

制度经济学、组织学和政治经济学文献启发我们，政策非预期影响的深层次原因可能在体制机制层面（体制和机制的定义详见专栏1）。体制是政治、经济或社会的组织运作形式或结构的总称，机制是体制各部分之间相互影响、相互作用的情况。体制构成了特定机制的背景，对一个特定机制是否有效起决定性作用。一个个具体机制则是体制的基础，多个机制同时调整会带来体制的变革。体制和机制具有全局性和系统性。局部冲击和短期波动的影响是个别的、短暂的；体制和机制的影响则是广泛的、持久的，涉及多种政策、多个领域、多种微观主体。如果剥去特定政策、领域和个体表面上的差异，发现较多共性，那么问题就更多指向经济运作和组织的形式以及各主体之间的相互影响，即体制和机制问题。

专栏1　什么是体制，什么是机制？

“体制”一词对应的英文词是 system，指的是有组织的整体（organized whole），在社会科学中衍生为一系列通常互相作用、互相联系的条款组成的一个统一整体。① 康德在《纯粹理性批判》中对 system 做了如下定义：“我所理解的系统（system）就是杂多知识在一个理念之下的统一性”②，凸显了这一概念的整体性和系统性。本文中使用的“体制”一词，指的是政治、经济或社会的组织运作形式或结构的总称，包括政治体制、经济体制和社会体制等。体制的概念区别于制度（institution）的显著特征是其整体性和系统性。体制作为整体的结构和功能一方面决定着其构成要素，包括各种制度安排、组织机构和行为主体的地位和作用；另一方面每一构成要素自身的性质和功能的实际发挥也都要受到体制总体状态的制约，服从体制整体功能实现的需要。体制的各个构成要素之间存在着相互联系、相互作用、相互依存、相互制约的关系（周冰，2013）。本文讨论中涉及的体制，主要包括决定市场和政府关系的经济体制、决定政府组织与政策制定与执行模式的政治体制等。

“机制”一词对应的英文词是 mechanism，来自希腊文 *mēkhanē*，原意指机器的构造及工作原理。③ 生物学、医学借用这个词来说明有机体的构造、功能及其相互关系。社会科学领域引入该词，意在将社会科学中的对象作为有机体来理解其运转的目的和方式，各部分之间相互影响、相互作用的情况。比如，政治机制指的就是政治系统的结构、功能和运转的规律。经济机制就是指社会经济机体中各个组成部分和环节之间相互联系、相互制约、推动社会经济运转的过程和方式。在经济学中，机制可以抽象理解为经济主体在给定信息集下进行经济决策的决定函数的设定。④ 在这个意义上，几乎所有市场制

① 韦氏辞典释义为“a regularly interacting or interdependent group of items forming a unified whole”。

② 中文版译文来源于康德《纯粹理性批判》（邓晓芒译，人民出版社 2017 年版）。英文版译文来自 Immanuel Kant, *Critique of pure reason*, J. M. D. Meiklejohn 译，1855 年版。

③ 《社会科学大词典》（中国国际广播出版社 1989 年版）。

④ 《新帕尔格雷夫经济学大辞典》（2005 年版）：“A mechanism is a specification of how economic decisions are determined as a function of the information that is known by the individuals in the economy. In this sense, almost any kind of market institution or economic organization can be viewed, in principle, as a mechanism.”

度或者经济组织都可以被视作一种机制。本文涉及的机制主要包括激励约束机制、参与机制、评价机制、纠错机制等。

体制与机制两个词既有互相联系的部分，也有明显的区分。两者都是对制度的描述，机制通常更加微观，聚焦某个具体政策；体制通常更加宏观，着眼于整个制度体系。体制构成了特定机制的背景，对一个特定机制是否有效运行有决定性的作用。此外，体制的运行也建立在一个个具体机制的作用基础上。体制的改革通常会涉及许多机制的同时调整，而单个机制的调整对体制变革的影响则往往是边际性的。

由此，我们试图总结改革开放历史经验，基于我国体制机制特点，对近年来一系列政策非预期影响的案例展开经验分析，从表象中提取共性问题并进行理论升华，为提高治理能力提供具体、有针对性的政策建议。本研究的案例和理论分析都认为，如果说政策导致的非预期影响是一种宿命，这种宿命不是外部环境造成的，更重要的还是体制机制的扭曲作用。以此，我们强调两点启示：一是政策设计和执行中，应该尽量减少政策带来的不确定性，尤其是非预期影响；二是需要通过不断深化改革，破除体制机制束缚，消除导致非预期影响的结构性因素。

本文同制度经济学、组织学和政治经济学文献相比，主要有两个方面的不同。第一，上述文献的主要目的是理解体制机制本身，本文的主要目的是理解政策为何会产生非预期影响。第二，上述文献主要从抽象的理论和逻辑出发，理解现实中体制机制的一般性规律，部分涉及政策效果分析，而本文参考公共政策案例研究方法，从近年来政策的现实经验出发，提炼非预期影响背后的共性原因，最后上升为理论分析。通过对比分析近年来的典型政策案例，有助于剖析体制机制症结，发现政府治理体系和治理能力短板，探索推动体制改革的方向。

二、改革的历史经验和当前体制机制的特点

既然政策出现非预期影响可能是体制机制原因导致的，我国的体制机制有什么样的特点？主要矛盾和矛盾的主要方面是什么？改革的历史经验，是理解当前体制机制的历史和现实基础。我们回顾了改革开放40年的三大历史经验：“增量改革”“渐进试点”“以开放促改革”。从计划经济向市场经济的转型不

是一蹴而就的，而是通过三大经验设计适当的激励，调动农民、企业、地方政府等市场参与主体积极性，实现了纷繁复杂、有序持续的体制机制调整。增量改革在不触动既有存量利益的前提下，以增量扩张带动存量优化，进而提高整体经济发展质量。渐进试点通过在部分单位和市场主体中的试验，探索体制机制创新，既能推进改革，还能防范出现颠覆性错误。以开放促改革通过营造竞争、公平、开阔的改革环境，激发“干中学”等人力资本积累，向国际市场靠拢，促进经济体制改革走向深化。

随着改革进入“深水区”，历史经验的适用性正在发生重要的边际变化。一是增量改革的空间在缩小，继续改革难免触动存量利益。二是渐进试点的适用性在降低。新的改革系统性、全局性更强，有的改革牵一发而动全身，试点不容易准确评估效果，也不容易控制风险。三是以开放促改革面临的内部惰性和外部阻力在变大。我国已成为世界第一大贸易国，扩大开放不像改革开放初期那样紧迫，同时随着全球民粹主义、贸易保护主义兴起，我国面临的外部摩擦和冲击增多。这些边际变化凸显了进一步改革的紧迫性和艰巨性。

我国当前体制机制特点突出体现在政府和市场、国有企业和民营企业、中央和地方三对关系上。在政府和市场的关系上，我国逐步确立了中国特色社会主义市场经济体制，政府直接配置资源逐渐减少，市场在资源配置中发挥越来越重要的作用。十八届三中全会提出“市场在资源配置中发挥决定性作用和更好发挥政府作用”，明确了政府和市场的职能定位和改革方向。当前，政府和市场的关系仍在朝着十八届三中全会提出的目标迈进，面临的主要矛盾是政府职能“越位”和“缺位”并存，市场体系仍有待完善。政府对一些领域资源配置的干预仍然较多，而在维护市场秩序和公平、提供公共服务等方面则有待加强。政府与市场的边界有待进一步清晰，以减少制度寻租和套利。

在国有企业和民营企业的关系上，民营企业对我国经济的贡献已经是“五六七八九”①，国有企业则在进行分类改革和混合所有制改革，以实现国有企业“做强做优做大”和国有资本保值增值。当前的主要矛盾是民营企业在制度环境上仍处于相对弱势的地位。一是市场准入壁垒仍然较多，在一些重点领域仍然存在各类显性和隐性的壁垒，导致机会不平等。二是制度性成本差异

① 50%以上的税收，60%以上的国内生产总值，70%以上的技术创新成果，80%以上的城镇劳动力就业，90%以上的企业数量。

较为突出，民营企业在获取金融、土地等要素资源方面存在劣势，在与大型中央企业、国有企业合作中的议价能力不足。此外，政策执行标准、司法制度等也往往不利于民营企业。

在中央和地方的关系上，通过动态调整，寻求稳定与效率的平衡。改革开放的过程是中央向地方政府在内的各社会主体放权让利的过程。中央通过行政发包、地域竞争和官员晋升激励等方式，调动了地方政府官员的积极性。但这一安排在促进经济高速发展的同时，也催生了腐败增多、环境污染、地区收入差距扩大等问题，需要通过动态调整中央与地方的关系加以解决。当前的主要矛盾是如何充分发挥地方的积极性，促进区域均衡发展；在多目标的发展模式下，原有单一目标激励的效果下降、副作用增加。同时，中央和地方的财力与事权不匹配问题逐渐显现，地方财政压力逐渐加大，催生了土地财政、地方融资平台等新问题，加剧区域发展不平衡。

总体来看，经过40年改革开放，我国逐渐形成了转型期的体制机制，这是立足国情的现实选择。我国体制具有注重统筹、执行力强等优点，但同时，在有效适应当前经济社会发展需要等方面仍存在相当的距离。

三、案例分析：从体制机制的视角看政策的非预期影响

在分析体制机制特点的基础上，我们通过案例分析揭示体制机制的哪些问题导致了政策的非预期影响或副作用。我们选取了九个代表性案例，分为两部分。第一部分聚焦以前较为成功，但近年出现问题或效果低于预期的改革领域，即“以前灵但现在不灵”，具体包括鼓励民营企业发展、推动中小商业银行市场化改革和自贸区改革试点三个案例，分别对应国有企业和民营企业、政府和市场、中央和地方三对关系。第二部分聚焦近年来为解决新问题推出的政策，即“老革命碰到新问题”，具体包括以环保为目标的煤改气和南猪北养政策，应对前期失衡的规范性政策，包括治理影子银行、规范社保征收，以及为培育新的经济增长点推出的新能源产业政策、政府引导基金等新兴产业支持政策。

表1汇总了九个案例中的非预期影响及主要成因。在前三个案例中，非预期影响的共同成因是体制机制扭曲使得相关改革措施成效不及预期。改革进入“深水区”后，增量改革的空间缩小，渐进试点的适用性下降，改革阻力加大，再叠加宏观和外部环境等出现的不利的周期性变化，体制扭曲在国有企业

表 1　九个案例的非预期影响及主要成因

案例	非预期影响	主要成因
鼓励民营企业发展	民营企业困难加剧、效益下降	①增量改革空间缩小；②经济下行、外部冲击、政策扰动放大国有企业和民营企业之间的制度性成本差异
推动中小银行市场化改革	市场化程度和活力不够，服务实体经济能力不足	①政府主导性强；②监管滞后；③中小银行自身合规、治理问题
推动自贸区改革试点	改革效果不及预期	①渐进试点适用性下降；②改革风险收益不对称
推行煤改气政策	对群众生活和企业生产造成不必要影响	①政策的科学性问题；②政府多目标平衡难题；③执行强化效应
南猪北养政策	生猪产能明显下降	①政策的科学性问题；②缺乏市场导向；③执行强化效应
加强影子银行治理	民营企业相对国有企业融资难度加剧	①国有企业、民营企业二元体制约束，经济下行放大制度成本；②政府多目标平衡难题；③执行强化效应
社保规范化征收	企业预期收紧，部分企业缩招、裁员、注销	①政策沟通不足；②企业“反向激励”效应
新能源产业补贴政策	风电和光伏行业出现产能过剩	①政策的科学性问题；②政策沟通不足；③不够完善的调整和纠错机制
发展政府引导基金	出现资金闲置、重复投资，变相举债风险	①地方投融资冲动与风险管理不完善的体制扭曲；②激励不当；③市场机制不足

注：以上所选案例以事实为基础，分析仅涉及非预期影响，不尝试评价政策本身是否恰当、是否收益大于成本、是否应该做，即不对政策本身尤其是预期的影响做价值判断。因为这需要严格的实证和因果关系分析，有些政策尚在实施中，其影响仍有待时间检验。比如治理影子银行案例，虽然市场和媒体一度争议较多，但是2020年新冠疫情来袭，越来越多的人认为正是因为2016—2018年治理影子银行的主动去杠杆、控制地方债务、提前释放风险，才保留了难得的政策空间，避免了风险在疫情冲击下的集中暴露和相互叠加。这些争议不妨碍我们从政策本身的目的出发，分析政策制定者和市场参与者都认可的非预期影响，进而探究背后的体制机制原因。

和民营企业、政府和市场、中央和地方三对关系中体现得更为明显。后六个案例中，非预期影响的成因各有不同。归纳起来，一是政策设计面临：（1）体制扭曲影响，（2）多目标平衡难题，（3）目标群体的“反向激励”效应，（4）政策科学性问题；二是政策执行面临：（5）执行强化效应，包括层层加码和“一刀切”，（6）缺乏市场沟通或市场导向，（7）调整和纠错机制不够完善。

涉及的问题之一是，政策设计和执行问题一直存在，为什么现在的非预期影响显得更加突出？我们归纳了具体成因背后的三个深层次成因。一是时代背景。21 世纪以来，内外部世界的复杂性和多变性上升，非预期影响更容易发生。社会主要矛盾发生深刻变化，政府的目标更加多元，特别是在周期性因素共同作用下，政策措施的正副效应的自然强弱分布状态可能发生了变化①，非预期影响更容易体现，这对治理能力特别是多目标平衡能力提出了更高要求。二是体制及其运行机制的扭曲。随着改革进入“深水区”，历史经验的边际收益递减、边际成本递增，出现了改革阻力变大、体制完善步伐放慢甚至自发退化的情况。民营企业经营困难、中小银行经营困境、自贸区改革瓶颈都是具体体现。在改革放缓的情况下，当前体制机制对政策效果的扭曲，在近几年影子银行治理、煤改气、南猪北养、政府引导基金等政策实践中更加凸显。三是政策设计和执行机制的扭曲，主要体现为具体政策层面的若干问题。前三个案例直接反映当前突出的改革受阻和体制扭曲问题，后六个案例也大都涉及体制及其运行机制的扭曲。如果不深化改革破除体制机制弊端，再完美的政策设计也可能产生非预期影响。

综合上面三个层次看，政策非预期影响存在一些外因，但更多是内因，既包括体制及其运行机制的扭曲，也包括政策的多目标平衡难题，还包括政策设计和执行机制的扭曲。案例分析发现，近年来体制及其运行机制导致的政策效果扭曲和执行强化效应，以及时代背景导致的多目标平衡问题更加突出。它们都涉及体制与政策之间、不同政府主体之间以及多项政策目标之间较为复杂的互动，是随着改革步入“深水区”出现的较复杂的新问题。为此，我们在案例分析的基础上，构建理论框架，深入分析微观主体的激励、约束和互动，试图理解体制及其运行机制导致政策扭曲、执行强化效应的一般性原因，以及多目标平衡难题造成的影响，并提出改进建议。

四、体制机制问题导致政策非预期影响的理论分析

针对体制扭曲的问题，我们建立了政策、体制与改革互动的理论框架，将社

---

① 我们同意政策措施都有主要作用和副作用，但两者的强度分布在经济上行期和下行期可能存在不同。我们倾向于认为，在经济下行期，各方面利益协调难度更大，因而，政策的非预期影响下的副作用更加值得关注和考虑，并采取措施加以降低。

会福利目标、体制的动态演变、政策与改革的选择、外部环境的状况融为一体。在理论框架中，政策制定者在给定外部环境 X_t ，在体制 S_t 的约束下，选取合适的政策 P_t 和改革 R_t ，实现社会福利的动态最优①：$\max \sum_{t=0}^{\infty} \beta^t U(S_t, P_t, X_t)$ ，$0 < \beta < 1$ 是贴现因子。

政策 P_t 和改革 R_t 是控制变量。政策直接影响当期社会福利 $U(S_t, P_t, X_t)$ 。改革不直接影响当期社会福利，但会通过改变体制，间接影响未来的社会福利 $U(S_{t+1}, P_{t+1}, X_{t+1})$ 。我们根据与体制是否相关，对政策和改革进行了区分。现实中，一项政策往往兼具影响社会福利的政策属性与影响体制的改革属性，政策制定者需要在短期社会福利和长期体制完善之间权衡（详见专栏2）。

专栏2　什么是政策，什么是改革?

在政策、体制与改革互动的理论分析框架中，政策和改革具有清晰的界定。政策的定义是影响当期社会福利，但不影响体制的控制变量；改革的定义是影响下一期体制，但不影响当期社会福利的变量。这种二分法有助于得到清晰的分析结论：最优政策只需要在考虑当期体制和外部环境的前提下，最优化当期社会福利；而最优改革只需要在考虑当期体制和外部环境的前提下，最大限度推进体制完善。政策与改革两个控制变量明确分工，分别实现两项目标，满足丁伯根法则（Tinbergen's rule）——要实现 N 个目标，最少需要 N 个工具。

现实中的政策与改革则不能截然区分开来。政策是一个具体的概念，而改革相对抽象化。现实中并没有哪一种具体的行动叫作“改革”，而往往是一系列相互关联、与体制关系紧密的政策加起来叫作“改革”。例如，“三去一降一补”等政策加起来统称为供给侧结构性改革。可以说“三去一降一补”等政策兼具改革属性。例如清理影子银行和去杠杆，一方面是通过降低杠杆率，防范金融风险，这主要针对当前的问题，政策的色彩较浓；另一方面是通过规范企业和地方政府举债行为，优化未来的信贷资源配置，这主要针对体制的根本问题，带有改革的色彩。

① 为简化表述，这里假定外部环境的变化是事前确定的。课题报告完整版考虑了外部环境 X_t 随机变化的情况，通过引入期望算子 $E[\cdot]$，可以得出类似于确定性下的最优政策和改革一阶条件。

政策与改革难以区分加大了政策制定者的权衡难度。如果一项政策同时影响当期社会福利和未来的体制机制，就会出现1个工具对应2个目标的情况，违背了丁伯根法则。除非巧合①，政策制定者难以同时实现当期福利和未来体制最优。如果希望提高短期福利（或政策执行者着眼于短期利益），就需要以减缓体制改革为代价。

现实中的政策还可能具有路径依赖性，与体制难以区分开来。在理论框架中，我们假设政策是控制变量而不是状态变量，每期的政策可以灵活选择。但是现实中的政策可能是路径依赖的，今天的政策取决于过去的政策。如果是这种情况，那么过去的政策就会是状态变量即体制的一部分。例如，改革受阻时，政策制定者有可能考虑用暂时性的政策替代改革，以提高短期社会福利。这实际上对应的是正文图1中的次优解（B点）。但如果形成路径依赖，替代性政策难以退出，社会福利长期仍然难以达到最优（A点）。

以上讨论有助于深化对政策、体制与改革关系的理解。现实中，应当抓住政策与体制相关程度这个关键变量。如果与体制高度相关，这种政策就具有较强的改革属性，就需要考虑政策是否会阻碍改革进展，或形成路径依赖导致体制停滞。反之则主要是一个短期政策执行或力度调节问题，应当重点考虑政策设计、执行和反馈机制。

体制S_t是状态变量，不能快速改变，具有路径依赖性：明天的体制S_{t+1}一方面取决于今天的体制S_t，另一方面取决于今天的改革R_t：$S_{t+1} = (1-\delta)S_t + G(S_t,R_t,X_t)$，$G$是改革效果，取决于当前体制$S_t$、改革力度$R_t$和外部环境$X_t$。体制存在自发退化的倾向（$\delta > 0$），改革受阻时，利益集团的制度套利行为会侵蚀体制。体制的完善需要坚持不懈的改革才能推进。

政策制定者一方面需要选取合适的政策力度，优化当期社会福利，另一方面需要推进改革，最大限度推进体制完善。最优政策P_t^*和改革R_t^*都是体制和外部环境的函数$P_t^* = P_t^*(S_t,X_t)$，$R_t^* = R_t^*(S_t,X_t)$，分别满足下列一阶条件：$\frac{\partial U(S_t,P_t,X_t)}{\partial P_t}\Big|_{P_t=P_t^*} = 0$，$\frac{\partial G(S_t,R_t,X_t)}{\partial R_t}\Big|_{R_t=R_t^*} = 0$。

① 新凯恩斯宏观经济理论中，如果不存在总供给冲击（例如成本冲击），则稳定通胀和稳定产出缺口等价。此时，货币当局仅仅通过调节政策利率一个政策工具，就能同时实现充分就业和通胀稳定两项目标，这一点在文献中被称为“神奇的巧合”（divine coincidence，Blanchard and Gali，2007）。

通过理论模型推导和图形分析，我们发现在体制扭曲下，政策出现非预期影响几乎是必然的，可能因为政策没有充分考虑体制约束，也可能因为改革受阻、体制自发退化，加剧了对政策的扭曲。我们的理论框架从治理的较高层面揭示了正确处理政策、体制与改革之间关系的重要性，并且给出了如何正确处理的建议：短期内，政策力度不是越大越好，而是需要适应体制和外部环境约束，保持政策弹性。外部环境不确定性越大（ X_t 波动越大），保持政策弹性就越重要；外部环境变化越是剧烈，就越需要减少路径依赖。长期内，不能以政策替代改革，而需要不懈改革，打破体制约束，克服体制自发退化，推动体制不断完善，使好的政策实现预期效果，由此我们的理论模型也区分了改革和政策。改革贵在力度适当、持之以恒。如果改革受阻，政策力度越大，其效果反而可能越差。

我们可以用民营企业经营困境的案例，更清晰地说明这一理论框架。图 1 中的左半轴代表体制 S ，具体指国有企业、民营企业二元体制，民营企业营商环境和融资环境等，其完善有赖于下半轴代表的改革 R ，包括国有企业改革、金融改革等。体制本身有自发退化的倾向（ $\delta > 0$ ），背后的原因可以是利益集团制度套利。给定体制，右半轴代表的政策 P（影子银行治理）决定了上半轴代表的社会福利（或政策执行效果）U 。体制 S 越完善，去杠杆、强监管能够达到的效果越好（第Ⅱ象限斜线）。外部环境（我国增长潜力、全球经济形势等）越有利（ X 越高），政策效果 U 也会越好。

受体制改革受阻、不利外部环境约束，影子银行治理等出发点良好的政策产生了非预期影响。近年来，国有企业分类改革、混合所有制改革等进展慢于预期（Naughton，2018），一些民营企业的公司治理提高也比较缓慢（ $R_0 < R_0^*$ ），导致民营企业经营困难。随着资源向国有企业集中，社会上一度出现了民营经济“原罪论”“离场论”，体制自发退化的倾向有所加强（ $\delta\uparrow, S_1 < S_1^*$ ）。而且，外部环境不利因素增多（ $X\downarrow$ ）：国内人口红利基本释放完毕，潜在增速持续下降；全球经济复苏乏力，全球化进程停滞甚至倒退。在上述背景下推出影子银行治理等政策（ P_1^* ），起到了防控系统性金融风险的作用。但影子银行信贷供给收缩加剧了民营企业融资难融资贵问题，导致一些坏杠杆没有去化、好杠杆被迫去化的非预期影响（ C 点）。短期内，可以适时调整影子银行治理的节奏和力度（$P_1 < P_1^*$ ），这样有助于缓解民营企业经营压力，降低短期社会福利损失（ $B > C$ ）。长期看，应当坚持推进国有企业改革和金

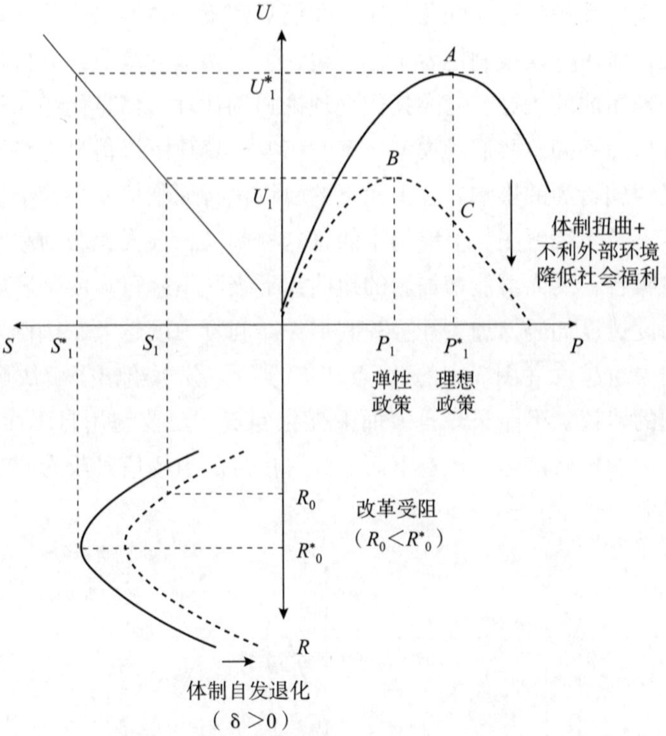

图1　政策、体制与改革互动的理论框架：
改革受阻和体制自发退化的扭曲，导致政策出现非预期影响

注：第Ⅰ象限是政策制定者的社会福利函数，右半轴 P 是政策，上半轴 U 是社会福利。第Ⅲ象限是改革与体制的关系，左半轴 S 是体制，下半轴 R 是改革。$t=1$ 期的体制 S_1 由两方面因素共同决定：一是 $t=0$ 期的体制 S_0，从 $t=0$ 期到 $t=1$ 期，体制会自发退化到 $(1-\delta)S_0$，$\delta>0$ 度量了体制自发退化的速度；二是 $t=0$ 期的改革力度 R_0，合适的改革力度能克服体制自发退化，推动体制完善。但如果改革力度不足或过于激进，体制完善的步伐就会变慢。S_1 与 R_0 的关系如第Ⅲ象限的曲线所示。不同的体制 S 通过第Ⅱ象限的斜线对应不同的社会福利函数水平，体制 S 越完善，能够达到的社会福利 U 越高。$t=0$ 期改革受阻（$R_0<R_0^*$）、体制自发退化（$\delta>0$），导致 $t=1$ 期体制完善不及预期（$S_1<S_1^*$），叠加外部环境不利因素增多（$X\downarrow$），导致政策出现非预期影响：政策制定者设想推出政策 P_1^* 后，社会福利能达到 A 点，实际则落到 C 点。如果充分考虑体制约束，政策力度应减弱到 P_1，社会福利升至 B 点。为了避免非预期影响，短期应提高政策弹性，使其适应体制约束，实现次优解（B 点）；长期应坚持改革推动体制完善，实现最优解（A 点）。相关案例：影子银行治理、民营企业困境、中小银行、政府引导基金。

融改革，鼓励民营企业提升公司治理水平（$R_0^*>R_0$），从而扩大民营企业生存空间（$S_1^*>S_1$），在化解民营企业经营困境的同时，有效防控系统性金融风险，实现更高的社会福利（$A>B$）。

针对现实中政策执行的强化效应，我们对政策、体制与改革互动的理论框架进行拓展，将单一政策制定者丰富为包含上下两级的政府，分析自上而下的政策执行出现扭曲的机制。与委托代理理论强调代理人信息优势和利益冲突导致政策执行扭曲不同，我们的模型从案例出发，聚焦下级信息劣势导致的执行扭曲和上级纠偏行为的影响。自上而下的政策执行面临信号噪音干扰，导致下级执行力度不及上级意图。上级为了纠正这种倾向，会强化激励和问责，但这并不能消除噪音，反而可能增加新的扭曲：下级政策执行力度普遍加强，但一部分执行力度过度加码，加大社会福利损失。问责力度越大，执行力度扭曲和社会福利损失也越大（图 2 中的 A' 点和 C' 点）。分析给出了解决政策执行力度偏差问题的建议：不能只靠自上而下强化问责，更要利用自下而上的信号。一是市场提供的价格信号。让自下而上汇总信息的市场信号成为调节政策执行

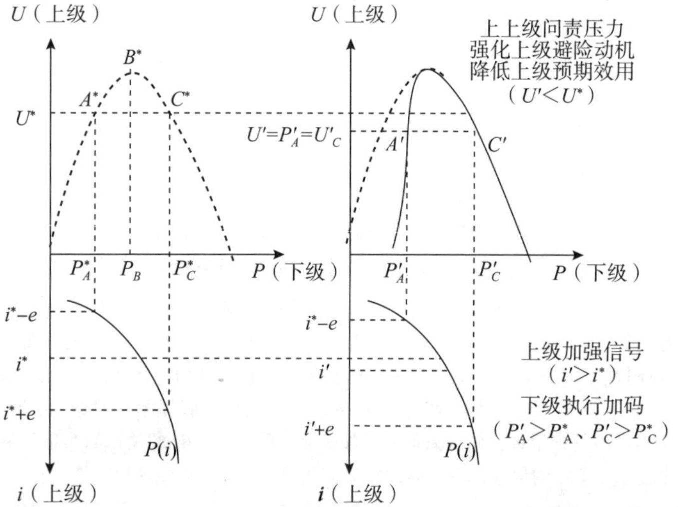

图 2　不完全信息下的自上而下政府决策模型：问责压力导致层层加码和“一刀切”

注：左半图和右半图分别刻画了无问责压力和有问责压力时，上级政府的最优决策，以及下级政府的反应。左右半图的坐标轴相同，上半轴 U 是上级的效用，取决于右半轴下级的政策执行力度 P，如第 I 象限曲线（虚线）所示。下级政策执行力度又取决于接收到的上级信号强度 i，如第 IV 象限曲线 $P(i)$ 所示（实线）。上级向下级发出的信号强度为 i 时，下级接收到 $i-\epsilon$ 或 $i+\epsilon$，概率各为 50%。无问责压力时，上级向下级发出信号 i^*（左半图下半轴），使得下级无论接收到 $i^*-\epsilon$ 信号还是 $i^*+\epsilon$ 信号并按相应力度执行政策（P_A^* 和 P_C^*）后，上级的效用都保持在 U^* 不变（左半图 A^* 和 C^*）。上上级根据下级执行力度是否达标（效用函数顶点对应的 P_B）决定是否对上级问责后，上级的效用曲线左半部分整体下移（右半图第 I 象限实线）。在避险动机驱动下，上级向下级发出更强的信号 $i'>i^*$（右半图下半轴），推动下级执行力度加码至 $P_A^{'}>P_A^*$、$P_C^{'}>P_C^*$，但上级效用下降至 $U'<U^*$。由于信号噪音 $\epsilon>0$ 无法通过问责消除，自上而下的政策执行难以实现理想的执行力度 P_B。相关案例：煤改气、南猪北养。

力度的重要参考，能够缓解自上而下执行中的噪音，使政策力度符合社会福利最大化要求。二是下级在执行中获得的信息。下级掌握政策具体执行的一手信息，应当允许博弈和试错，疏通堵点，动态调整，优化政策力度。三是分散的民意。群众是政策的最终委托人和受益者，但意见分散，应当利用信息技术手段，充分征询分散的民意。

针对现实中政策制定者面临的多目标平衡难题，我们进一步拓展了政策、体制与改革互动的理论框架，将单一目标扩展为双目标，讨论强化激励和问责在多目标平衡难题下，加剧政策执行力度偏差的问题（图 3 中的 C 点）。由此联系激励理论的经典文献，提出在多目标下，应当慎重设计官员激励机制，减少机会主义行为和政策执行力度偏差。具体来说，长期激励优于短期激励，职业生涯激励优于特定任务激励。

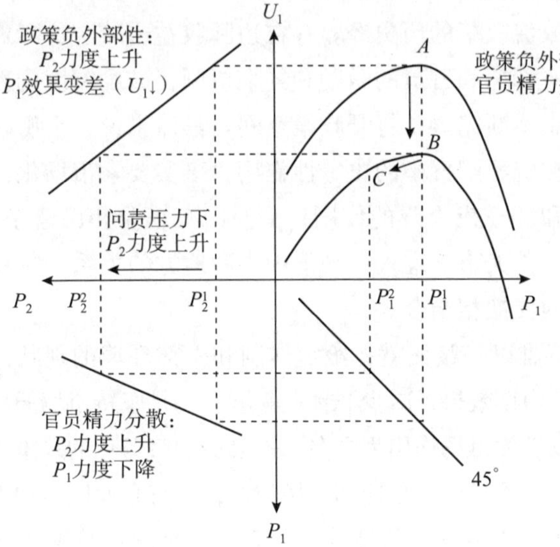

图 3　多目标平衡难题：政策负外部性和官员精力分散扭曲政策执行力度

注：第Ⅰ象限是官员执行第 1 项政策的效用函数，上半轴是效用 U_1，右半轴是第 1 项政策的执行力度 P_1。第Ⅱ象限斜线刻画了第 2 项政策对第 1 项政策的负外部性，左半轴是第 2 项政策的执行力度 P_2。第Ⅲ象限斜线刻画了官员对 1 和 2 两项任务的精力分配，下半轴也是第 1 项政策的执行力度 P_1，通过第Ⅳ象限的45 度斜线和第Ⅰ象限横轴一一对应。1 和 2 两项政策的执行力度（P_1、P_2）需要官员平衡。在上级问责压力下，下级加大政策 2 的执行力度（$P_2^2 > P_2^1$），产生两方面效果。一方面，政策负外部性（第Ⅱ象限斜线）导致政策 1 执行效果变差，效用曲线整体下移（$A \to B$）；另一方面，官员精力分散（第Ⅲ象限斜线）导致政策 1 执行力度下降（$P_1^2 < P_1^1$），进一步降低政策 1 执行效果（$B \to C$）。

五、主要结论和政策建议

综合案例和理论分析，我们总结认为，政策出现非预期影响的主要原因是体制机制不完善。经过40年改革，我国的体制机制取得很大进步，但仍存在较多不完善之处，集中体现在政府和市场、国有企业和民营企业、中央和地方三对关系上。不完善的体制机制引发政策在制定和执行过程中出现问题，造成非预期影响。而且，随着改革进入“深水区”，体制完善的步伐可能放慢，甚至出现自发退化，使政策的非预期影响进一步增多。在研究推进我国国家治理体系和治理能力现代化的进程中，这些问题应该得到足够的重视。

我们区别长期和短期，提出如下完善体制机制、更好发挥政策作用的建议：长期看，要坚持改革方向不动摇，推进体制不断完善。体制存在自发退化倾向，改革如果停滞，就会不进则退。面对改革进入“深水区”，在增量改革、渐进试点、以开放促改革的历史经验存在边际收益递减、边际成本递增的情况下，需要调整政府部门和官员的激励和约束机制，鼓励制度创新，创新改革方式，才能推动体制不断完善，打开政策空间。具体来说，平衡政府和市场的关系，应发挥市场在资源配置中的决定性作用，落实要素市场化，更好发挥政府作为规则制定者和“守夜人”的作用；平衡国有企业和民营企业的关系，应坚持竞争中性原则，扩大市场准入；平衡中央和地方的关系，应坚持自上而下的决策与自下而上的反馈相结合。

短期看，体制改革难以一蹴而就，给定体制和外部环境的现状，可以通过完善机制，优化政策的短期效果，减少非预期影响。一是坚持市场原则，完善市场机制。具体包括：以发挥市场作用为方向、采取更加市场化的政策手段、根据市场信号调节政策力度、重视市场预期和市场沟通，国有企业以更加平等的主体身份参与市场竞争，建立“亲清”新型政商关系。二是理顺政策参与主体尤其是重要“边际力量”的激励机制，化解推进改革的主要障碍。减少边际阻力可以因主体施策：对部委，由于改革的成本收益不对称，可能需要考虑更高层面协调；对地方政府，应形成长期激励，如强调民生绿色GDP，兼顾民生、环保和增长，避免过度使用短期激励，尤其是强烈的负面激励。三是政策设计中要充分考虑体制和外部环境约束，进行政策的成本收益分析。四是政策设计中要强调充分全面的意见参与，加强信息搜集，充分征询分散的群众意见，并有效借助“外脑”，建设具有独立和前瞻分析能力、少而精干的高水平智库，科学决策。

五是完善政策执行的后评价机制和关键效果指标（KPI）设计。六是完善政策纠错机制，及时跟踪、反馈政策效果，动态调整纠错，并保持信息公开透明。

以上六点建议可针对性地处理我们在案例分析中归纳的七大类问题：体制扭曲、多目标平衡、“反向激励”效应、决策科学性问题、执行强化效应、缺乏市场导向、不完善的调整和纠错机制（表2）。其中，坚持市场原则和理顺激励约束是40年改革成功经验的延续，前者直接应对的是政策缺乏市场导向的问题，后者应对的是政府多目标平衡、执行强化效应和“反向激励”效应的影响。值得注意的是，这两方面的机制问题，背后也部分反映了深层次的体制问题或存在体制约束的影响。所以根本上还是需要以改革的魄力和决心完善体制。在短期策略上，面对体制约束，政策设计阶段需充分考虑体制扭曲带来的额外成本。此外，“反向激励”效应的问题虽然仅在政策机制层面，不涉及体制问题；有人甚至认为，政策的受众是多元的，必然存在受益者和受损者，而受损的部分正是改革必须付出的代价。但是如果无视政策受损者“反向激励”下的行为，政策效果有可能因此出现显著偏差。我们提出应对建议的关键也在于提前考虑该因素带来的施政成本，相应调整实施力度或采取应对措施，尽量减少非预期影响的产生。科学决策和评价纠错机制则为政策发挥最佳效果提供双保险。设计阶段的科学决策意味着对政策效果做出尽可能准确的预判，为了做好预判就需要充分收集信息、鼓励意见参与。① 但是依然可能存在判断偏差或在执行过程中发生未预期到的新情况，此时在完善的评价纠错机制下仍能及时调整政策，尽量降低非预期因素带来的损失。

好的政策很难完全靠自上而下精准设计出来。背后既有信息不完全、有限资源、认识局限等方面的约束，也因为经济系统的复杂性以及利益大调整、结构大分化的时代背景，使得政策出现非预期影响难以完全避免。任何政策失误的背后关系更多受众的切身利益，越是大范围、大力度的政策出现失误，杀伤力就会越大。同时，好的政策也不是完全自下而上的，部门利益的阻挠仍需要上层来破除。所以，好的政策往往是博弈试错、动态调整、不断完善的结果。如何以最小的代价获得最好的政策效果，是政策制定者不断求索的方向，对政策层的专业化和责任心要求很高。我们做这个研究的出发点和落脚点是在可行范围内尽量减少政策的非预期负面影响。

---

① 对此感兴趣的读者还可以参考罗伯特·希勒的《叙事经济学》（中信出版集团2020年版）。

表 2 政策非预期影响成因、体制机制问题和针对性建议

政策非预期影响成因	体制机制视角	改进建议
体制扭曲的影响	体制问题	长期推进改革，短期充分考虑体制约束
执行强化效应	政策机制问题，存在更深层的政府内部治理体制问题	理顺政策参与主体激励，特别是完善政府官员激励约束
政府多目标平衡难题	时代背景，加剧执行强化，以及更深层的治理体制问题负面影响	理顺政策参与主体激励，特别是完善政府官员激励约束
缺乏市场导向	政策机制问题，同时反映政府市场边界不清的体制问题	坚持市场原则，完善市场机制
“反向激励”效应	政策机制问题	理顺政策参与主体激励
决策科学性问题	政策机制问题	强调意见参与，科学决策
不完善的调整和纠错机制	政策机制问题	完善政策执行的后评价机制、完善政策纠错机制

综合我们的研究和政策建议，我们总结了出台政策前的检查清单——“DO REFORM”。具体包括（1）是否有必要（Do no harm），（2）是否激励相容，尤其是边际上的关键少数阻力如何克服（Realignment），（3）是否有客观的评价机制（Evaluation），（4）是否有反馈和纠错机制（Feedback），（5）是否听取了利益相关方和公众意见（Opinion），（6）是否和现有体制机制相适应（Reorientation），（7）是否尊重市场规律（Market）。

参考文献

1. 曹堂哲，《政策执行研究三十年回顾——缘起、线索、途径和模型》，《云南行政学院学报》，2005 年第 3 期。

2. 邓小金，《我国公共政策执行偏离的原因及对策探析》，《世纪桥》，2008 年第 16 期。

3. 胡文君，《我国公共政策执行偏离的对策探析》，《法制与社会》，2008 年第 9 期。

4. 罗伯特·希勒，《叙事经济学》，中信出版集团，2020 年。

5. 秦晖，《并税式改革与“黄宗羲定律”》，《农村合作经济经营管理》，2002 年第 3 期，第 6—7 页。

6. 青木昌彦，《比较制度分析》，上海远东出版社，2016 年。

7. 荣敬本、崔之元等，《从压力型体制向民主合作体制的转变：县乡两级政治体制改革》，中央编译出版社，1998 年。

8. 文军，《有意图行为与未预期后果：城市化建设及其对居民生活结构的影响》，载于《当代中国：发展·安全·价值——第二届（2004 年度）上海市社会科学界学术年会文集（下）》。

9. 吴敬琏，《中国经济改革进程》，中国大百科全书出版社，2018 年。

10. 杨丽丽、龚会莲，《公共政策非预期结果的产生及其评估》，《云南行政学院学报》，2015 年第 2 期。

11. 周冰，《论体制概念及其与制度的区别》，《中国经济问题》，2013 年第 1 期。

12. 周雪光，《“逆向软预算约束”：一个政府行为的组织分析》，《中国社会科学》，2005 年第 2 期。

13. 周雪光，《运动型治理机制：中国国家治理的制度逻辑再思考》，《开放时代》，2012 年第 9 期。

14. Acemoglu, D. and J. A. Robinson, 2013. "Economics versus Politics: Pitfalls of Policy Advice." *Journal of Economic Perspectives*, 27 (2), pp. 173 – 192.

15. Beck, U., 1992. *Risk Society*, London: Sage Publications.

16. Blanchard, O. and J. Gali, 2007. "Real Wage Rigidities and the New Keynesian Model." *Journal of Money, Credit and Banking*, Vol. 39, 35 – 65.

17. Giddens. A., 1984. *The Constitution of Society: Outline of The Theory of Structuration.* University of California Press.

18. Goggin, M. L., A. O. M. Bowman, J. P. Lester and L. O'Toole, 1990. *Implementation Theory and Practice: Toward a Third Generation.* Scott, Foresman.

19. Hurwicz, L., 1972. "On Informationally Decentralized Systems," in *Decision and Organization*, edited by R. Radner and C. B. McGuire, North-Holland.

20. Mazmanian, D. A. and P. A. Sabatier, 1983. *Implementation and Public Policy.* Scott Foresman.

21. Merton R. K., 1936. "The Unanticipated Consequences of Purposive Social Action." *American Sociological Review*, 1 (6): 894 – 904.

22. Myerson, R., 1981. "Optimal Auction Design." *Mathematics of Operations Research*, Vol. 6, 58 – 73.

23. Naughton, B., 2018. "State Enterprise Reform Today," in *China's 40 Years of Reform and Development: 1978 – 2018*, edited by Ross Garnaut, Ligang Song and Cai Fang, Australian National University Press.

24. Olson M., 1965. *The Logic of Collective Action.* Cambridge: Harvard University Press.

25. Ostrom, E., 2010. "Beyond Markets and States: Polycentric Governance of Complex Economic Systems." *American Economic Review*, 100 (3), pp. 641 – 672.

26. Pressman J. L. and A. B. Wildavsky, 1973. *How Great Expectations in Washington Are*

Dashed in Oakland, University of California: Berkeley, LA, USA.

27. Qian, Y. and C. Xu, 1993. "Why China's Economic Reforms Differ: The M-Form Hierarchy and Entry/Expansion of the Non-State Sector." *Economics of Transition*, 1: 135 - 170.

28. Samuelson, P. A., 1955. *Economics: An Introductory Analysis*, 3rd ed. New York: McGraw-Hill.

29. Stoker, R. P., 1991. *Reluctant Partners: Implementing Federal Policy*. University of Pittsburgh Press.

30. Xu, C., 2011. "The Fundamental Institutions of China's Reforms and Development." *Journal of Economic Literature*, 49 (4), pp. 1076 - 1151.

改革论坛

Reform Forum

新冠疫情对完善医疗卫生体系的启示

朱恒鹏　潘雨晴

新冠疫情暴发一度导致我国医疗资源挤兑，既增加了防疫控疫难度，也对普通患者收治形成巨大压力。在此冲击之下，我国医疗服务体系、公共卫生体系和疾控体系风险防范能力不足的问题也暴露出来。随着社会经济活动逐步恢复，疫情防控常态化对我国医疗卫生体系的服务能力和服务水平提出了更高要求。面对风险社会和人口流动常态化，如何完善体制机制，前移预防关口，“避免小病酿成大疫”①，是值得反思的重要问题。

实践表明，公共卫生管理和疾病防控的有效性很大程度上受到居民健康卫生知识普及和早期筛查、干预能力包括易感群体健康管理能力等因素的影响，而这些都与基层医疗机构日常承担的公共卫生服务和健康管理工作息息相关。最贴近居民的基层医疗机构自然应当成为居民健康的“守门人”和防疫控疫的前沿哨所，及早预警、及时干预。否则，患者蜂拥至大医院，正常状态时的最大弊端是导致人民群众“看病难”和“看病贵”，在疫情时期则严重降低疾病筛查和收治效率，还会形成交叉感染，恶化疫情防控形势。

在人口流动规模化、常态化的社会格局下，基层医疗机构的能力、规模和布局结构还需要具备高度的适应性和灵活性，才能织密疾病防控网络，成为金

* 朱恒鹏，社科院经济研究所副所长；潘雨晴，中国社会科学院大学经济系博士生。

① 习近平总书记在中央全面深化改革委员会第十二次会议上的讲话。

字塔结构的医疗卫生体系的坚实塔基。这就要求包括基层医疗机构在内的中小型医疗机构能够敏锐识别市场需求的变化并及时做出反应，从而提升整个社会医疗卫生服务体系的应变能力。

因此，通过改革完善体制机制，强化基层医疗机构服务和防疫能力，促进中小型医疗机构发展和广泛布局，应当成为医疗卫生服务体系的发展方向。本文通过择要梳理我国卫生资源配置现状，分析医疗卫生体系的结构性短板，对背后暴露出的体制机制问题展开讨论，并提出健全医疗卫生服务体系的政策建议。

一、中国卫生资源配置现状与问题

在新冠疫情冲击下，我国医疗卫生资源吃紧，但实际情况是，我国医疗资源，特别是医院床位资源并不短缺，甚至存在结构性过剩。并且，近年来公立医院高速扩张已经致使基层医疗机构出现能力萎缩。当前的主要矛盾并不是医疗资源总量不够，而是未能形成有效的分工协作体系或者说分级诊疗体系。继续通过加大财政投入扩大二三级医院尤其是三级医院，延续现有格局，只会进一步弱化基层医疗机构的服务和防疫能力，挤压中小型医疗机构的发展空间，瓦解分级诊疗体系和疾病防控体系，也与习近平总书记提出的“加强农村、社区等基层防控能力建设，织密织牢第一道防线”① 的要求相背。

以下就公立医院扩张造成基层医疗机构服务能力和业务规模萎缩的现象及其机制做一阐述。

1. 资源配置结构失衡，过剩与短缺并存

经过过去10多年政府的大力投入，我国已经摆脱了医疗资源匮乏的状态。2018年全国每千人口医师数2.6人，与美国（2.6）、英国（2.8）、加拿大（2.7）、韩国（2.3）等国相近；每千人口医院床位数达到4.7张，显著超过OECD国家中位数水平（3.9），高于澳大利亚（3.8）、挪威（3.6）、美国（2.8）、英国（2.5）等20个国家。此次作为抗疫一线的武汉市，拥有的医院资源更是排在全国前列，2018年每千人口医师数3.6人，每千人口医院床位数达到7.4张，含基层医疗机构则达到8.6张，远高于全国平均水平。

高等级公立医院扩张是医疗资源增长的主要驱动力。2010—2018年，全

① 习近平总书记在中央全面深化改革委员会第十二次会议上的讲话。

国三级公立医院数量从1258家增长到2263家，床位数和医师数则以更高速度增长，致使院均床位数从原先的830张增加到了1008张。9年间，全国公立医疗机构床位数增加了219万张，其中约56.5%的床位增长由三级公立医院扩张所致。三级公立医院的市场份额也迅速提高，9年间提高了10多个百分点。①

公立医院资源扩张的同时，住院率虚高现象普遍存在。表1给出了全部直辖市、省会城市和副省级城市2017年职工医保参保者的百人住院人次数据，揭示了这些城市医院床位普遍过剩的事实。众所周知，由于北京市医疗资源丰富、医保报销待遇慷慨，北京市职工基本不存在应住院未住院现象。同时，由于北京市职工医保门诊保障水平很高，并且三甲医院要接诊大量外地重病患者，能在门诊治疗的轻病患者不会安排住院。因此，可以认为北京市的住院率处于合理水平。② 以此为参照，其他城市职工医保参保者住院率均高于北京市，大部分城市甚至显著高于北京市，表明各地普遍存在过度住院现象。这一现象则清楚地表明各地普遍存在床位过剩。

---

① 资料来源：《中国卫生统计年鉴》（2011—2012），《中国卫生和计划生育统计年鉴》（2013—2017），《中国卫生健康统计年鉴》（2018—2019），中国协和医科大学出版社。

② 事实上，不仅是职工保患者，北京市城乡居民的住院率均低于全国平均水平，基本也处于全国最低水平。2017年北京户籍人口的老龄化率（60岁以上人口占比）是24.7%，高于全国17.3%的老龄化水平，但北京户籍人口的住院率不到11%，明显低于全国医疗卫生机构的平均住院率17.6%，北京市参合农民2015年百人住院10.7人次，也低于全国平均水平。北京城职保参保人百人住院只有8.6人次，还不到全国平均水平的一半；其中退休职工的住院率只有28.2%，只有全国平均水平的三分之二。如前所述，国内最丰富的医疗资源和最慷慨的医保补偿水平，意味着北京市存在住院率低于合理水平问题的概率最低。换言之，北京市的住院率水平较为合理。需要指出的是，这并不说明北京市卫生部门和公立医院的管理水平高于其他地区，而是由于以下两个原因。第一个原因是北京的公立医院有大量外地重病患者，其中综合性三甲医院外地住院患者一般在五成左右，而三甲专科医院（如阜外医院、天坛医院、肿瘤医院）和一些顶级综合医院（如协和医院）则是七成以上的住院患者来自外地。外地住院患者多为每床日费用超过六七千甚至万元的重病患者，在这类患者尚需排队等待床位的情况下，北京的医院不会接纳床日费用不足千元的本地轻病患者住院，这就导致本地患者住院率较低。第二个原因是北京市职工医保统筹基金门诊补偿非常慷慨，每个参保者年度统筹基金门诊支付上限是2万元，这意味着绝大部分门诊费用也能够由医保支付。在门诊费用医保也能支付的条件下，能够通过门诊治疗的轻病患者也不愿意住院。其他地区医院之所以能够诱导轻病患者住院，一个重要原因就是住院有医保支付而门诊没有。调研数据显示，全国职工医保统筹基金有70%用于支付住院费用，支付门诊费用占比则只有30%；北京这一比例恰好相反，只有34%用于支付住院费用，66%用于支付门诊费用。而国内部分地区统筹基金支出用于住院的比例超过80%，比如兰州（81%）、武汉（81%）、贵州（84%）、沈阳（85%）、长春（91%）、西安（92%），长沙和哈尔滨的住院统筹基金支出占比甚至达到93%。

表1　2017年直辖市、省会城市和副省级城市职工医保住院率

城市	退休职工占比（%）	百人住院人数	在职职工百人住院人次	退休职工百人住院人次	城市	退休职工占比（%）	百人住院人数	在职职工百人住院人次	退休职工百人住院人次
北京	18.2	8.6	4.3	28.2	青岛	24.2	17.8	8.1	48.1
海口	17.9	9.8	3.6	38.1	成都	24.5	18.2	8.5	48.4
厦门	7.3	10.4	9.2	26.2	大连	27.0	18.5	7.0	49.9
福州	21.8	10.8	5.3	30.5	天津	36.3	19.1	7.2	40.1
合肥	19.2	11.6	5.0	39.3	石家庄	31.7	20.2	11.4	39.2
广州	16.6	12.5	6.1	44.6	郑州	16.8	20.8	11.8	65.4
南昌	32.3	13.8	5.9	30.5	长春	33.2	21.3	12.1	40.0
银川	24.0	14.4	8.1	34.4	昆明	27.9	21.6	8.6	55.1
济南	22.5	14.7	6.8	41.9	西安	29.8	21.9	8.8	52.8
上海	32.8	15.2	7.4	31.0	西藏	22.8	22.7	19.1	34.9
南京	24.2	15.4	8.4	37.3	乌鲁木齐	21.9	24.3	18.2	46.4
呼和浩特	27.8	15.5	7.7	36.0	武汉	29.7	24.4	10.7	56.8
太原	33.4	16.0	7.8	32.3	重庆	28.9	25.5	11.7	59.4
西宁	34.8	16.4	10.0	28.5	哈尔滨	40.9	28.3	17.2	44.4
南宁	23.7	17.1	8.1	46.0	沈阳	40.9	29.3	14.3	51.0
兰州	39.3	17.5	9.3	30.0	宁波	17.9	29.8	18.2	83.0
杭州	19.0	17.6	12.7	38.5	长沙	21.7	31.1	13.4	94.8

资料来源：2017年全国分统筹区职工医保收入、支出与补充资料。

医疗服务体系重心不断向高等级公立医院偏移，更严重的后果是瓦解了我国的分级诊疗体系和疾病防控体系，使得基层医疗卫生机构无法充当居民健康的“守门人”和防疫控疫的前沿哨所。造成这一问题的原因是过去十几年来高等级公立医院高速扩张虹吸了基层的优质医疗资源，导致基层服务能力和业务规模日渐萎缩。由于公共卫生管理和疾控日常工作的有效性高度依赖于基层医疗机构的临床服务能力和以此为基础形成的社区居民吸引力和信任度，因此基层临床服务能力的萎缩必然导致公共卫生和疾控能力不足，日常工作流于形式而难有实际效果。

三级公立医院通过虹吸二级医院和基层医疗机构优质医生资源，进而虹吸

患者和医疗收入，实现高速扩张的逻辑很简单。由于区域内成熟医师资源的数量相对稳定，高等级公立医院的快速扩张一般不会增加医师供给，而是与本地低等级医疗机构或欠发达地区医疗机构争夺成熟医师资源。规模扩张后的三级医院普遍选择成建制挖走本地二级医院或欠发达地区优秀医生的做法，二级医院则再向下挖走基层的优秀医生。在上下行政等级分明的格局下，基层培养出的成熟医生很快会被医院挖走，有些社区医疗机构甚至连大学毕业生都难留住。

具体案例可以清楚地展示这一点。以山东省青岛市为例，该市2014年在西海岸区建成1500张床位的三级医院并托管给青岛大学附属医院（省属综合性三甲医院），自青岛大学附属医院西海岸分院投入运营后，此前区域内服务患者最多的黄岛区人民医院（二级）开始出现明显的服务能力下降。2017年，黄岛区人民医院虽然拥有425名执业医师，1048张床位，但全年住院手术量仅有9505例，比2013年下降了28.4%，甚至低于其2009年的业务水平。竞争压力之下，黄岛区人民医院开始大量吸纳轻病患者住院来维持生存，平均每13个门诊患者就要有1个住院，这已经是非常严重的诱导住院现象，全国综合性医院的平均水平是25个左右门诊有一个住院。其他地区也重复着同样的故事。重庆市九龙坡区人民医院（二级）距离重庆医科大学附属第一医院（省属三甲综合医院）仅4公里，在与重庆医科大学附属第一医院的竞争中，九龙坡区人民医院也存在吸纳轻病患者住院的现象，2018年平均每15个门诊患者中就要有1个住院，而重庆医科大学附属第一医院每22个门诊才有1个住院。

随着高等级公立医院的扩张，公立医疗机构医生配置的倒金字塔结构更加显著，图1显示，2012年，全国公立医疗系统中仅有29.6%的医生在三级医院执业，到2018年这一比例已经上升至39.7%；同期，在基层医疗机构执业的医生占比则从33.7%下降到29.9%。不仅如此，在公立基层医疗机构中，还有37%的医生是没有处方权的助理医师，而这一比例在三级医院仅有1.3%，医生实际服务能力的差距则更大。基层服务能力和服务水平萎缩之下，基层医疗机构业务量占比的下降更为明显（见图2）。

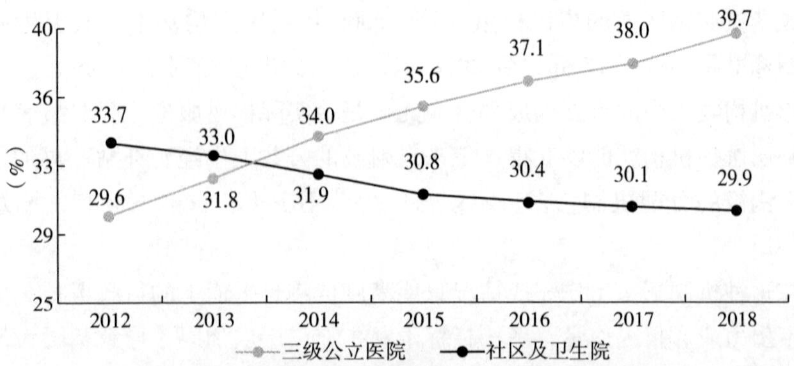

图 1　公立三级医院与社区医疗机构（助理）医师分布

资料来源：《中国卫生和计划生育统计年鉴》（2013—2017），《中国卫生健康统计年鉴》（2018—2019），中国协和医科大学出版社。

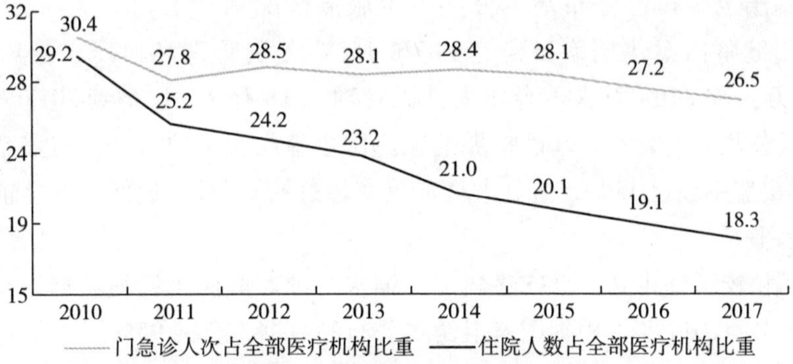

图 2　全国公立基层医疗机构诊疗人次数占比（2010—2018 年）

资料来源：《全国卫生计生财务年报》（2010—2017）。

2. 微观运行机制失效，公共卫生服务流于形式

随着基层医疗机构医生和患者持续流失，医疗业务收入萎缩，基层医疗机构已主要依靠财政供养。自 2011 年起，全国的普遍情况是，基层医疗机构获得的财政基本支出补助（不含离退休经费）不仅可以完全覆盖其在职职工的工资，还有四成左右的补助经费可以用于机构的其他运营开支。其中，城市社区中心获得的财政基本支出补助最为丰裕，到 2017 年，财政基本支出补助已是职工工资性收入总额的两倍以上。

在财政对机构和人员旱涝保收的供养之下，基层医疗机构更加丧失了提供服务的积极性。以公共卫生服务为例，公立基层医疗卫生机构的基本公共卫生

服务经费按照辖区内的居民数量计算，2009 年居民人均基本公共卫生服务经费补助标准是不低于 15 元，到 2018 年，这一标准已经调整至 55 元，成为基层医疗机构收入中的重要构成部分。无论是否实际提供服务，只要报表填报达标，基层医疗机构就能够获得这笔来自财政的公共卫生经费补贴。再加上平均主义大锅饭的分配机制，多劳不多得，少劳不少得，自然不会有人愿意真干活儿。

在这种机制下，工作完成情况只能高度依赖自上而下的行政考核。为避免出工不出力或虚报工作量，考核指标不断扩充、层层加码，导致基层大量时间被考核填表工作占满。“财政真掏钱，社区干假活”是调研中一些社区卫生服务中心主任给出的说法。

数据虚报、浮报的普遍性可以从官方公布的数据中窥见一斑。国家卫健委基层卫生司曾公布基本公共卫生服务情况称，至 2015 年底，全国居民电子健康档案建档率已经达到 76.4%，分别管理高血压、糖尿病患者 8835 万人和 2164 万人，老年人健康管理 1.18 亿人。① 但到 2017 年，以此前基层公共卫生服务为基础扩展的家庭医生签约服务项目，在覆盖率上变成“人群覆盖率超过 35%，重点人群覆盖率超过 65%”②，远低于两年前的档案覆盖水平。

而相较于公共卫生服务建档率“缩水”的家庭医生签约数据，其中仍有大量水分。2017 年，根据国家卫健委公布的数据，全国 95% 以上的城市开展了家庭医生签约服务工作，超过 5 亿人有了自己的家庭医生。③ 签约服务费由医保基金、基本公共卫生服务经费和财政补贴分担，是公立基层医疗机构医务人员发放绩效工资的重要来源。但有意思的是，在调研访谈中，即便是卫生部门、财政部门和医保部门等为家庭医生服务买单的相关业务部门工作人员，都对签约服务的真实性持怀疑态度。一些地区的社区卫生服务中心和卫生院在公共资金补贴下虽然成功与居民“签约”，但第二年要求居民自己承担少量签约服务费时，却遭到拒绝，由医保个人账户支付的动议也无法通过，意味着居民并未实际享受到令其接受的签约服务。此次疫情暴发后，重点签约人群（同

① 国家卫生计生委基层卫生司高光明副司长在国家基本公共卫生服务项目等有关情况例行发布会上的讲话。http：//finance. sina. com. cn/roll/2017 -07 -10/doc -ifyhvyie0877020. shtml.

② “2017 中国家庭医生论坛”。https：//www. thepaper. cn/newsDetail_ forward_ 1911376.

③ “2017 中国家庭医生论坛”。https：//www. thepaper. cn/newsDetail_ forward_ 1911376.

时也是新冠肺炎易感人群）的“健康档案”未能有效辅助社区防控工作，可见日常“健康管理”只是流于形式。

与之对应的则是，个人健康档案（personal health record，PHR）在台湾地区的疫情防控工作中发挥了关键作用，是发现、追踪感染者、密切接触者和易感人群的核心工具。健康档案帮助台湾地区主动定位具有严重呼吸道症状的患者并进行后续观察；此前的健康信息和旅行史记录也成为快速识别病例的重要参考（Wang CJ、Ng CY and Brook RH，2020）。台湾地区2004年开始规划国民健康资讯建设计划，2008年落地实施，重点发展个人健康记录（由家庭医学会进行工作指导），2013年推动以个人健康档案为核心的健康云计划，进行健康信息整合，发展时间并不显著早于大陆（陈恒顺、廖静珠和侯宏彬，2018）。其中一个关键差异是台湾地区的个人健康档案很大程度上依托全民健保信息系统，具有更强的可操作性和实用性，其依从性也比脱离医保系统单独建立个人健康档案的做法高很多。

二、医疗卫生体系的服务供给模式转型

近年来政府医疗卫生投入大幅度增加的同时，财政投入方向也显著向公立基层医疗卫生机构倾斜，但无法扭转基层服务能力弱化、业务萎缩的趋势。因此，增强基层医疗卫生机构需要改革服务供给模式。

1. 通过增加财政投入和编制保障强化基层服务能力的成效不彰

全国卫生财务报表数据显示，基层医疗机构获得的财政投入快速增长。基层投入占财政“补供方”比重由2008年的29.2%上涨到2018年的42.2%。基层医疗机构在编人员人均财政投入由2008年时低于公立医院变成目前显著高于公立医院，前者对后者的比率从2008年的0.88提高到2017年的1.67。其中，城市社区卫生服务中心获得的财政补助力度最大，基本补助水平甚至超过公立医院全部财政补助的人均水平。同期城市社区卫生服务中心平均每编制人数获得的基本补助从2.3万元增长到了12.8万元，年均增幅为21.2%，乡镇卫生院每编制人均基本补助从0.9万元增长到了9万元，年均增幅为28.8%（见图3）。

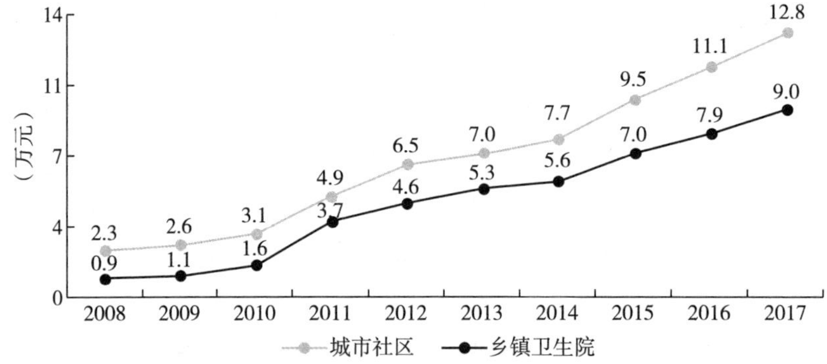

图3　城市社区与乡镇卫生院平均每编制人数财政基本补助

资料来源：《全国卫生计生财务年报》(2008—2017)。

其中，城市社区卫生服务中心获得的财政补助力度最大，基本补助水平甚至超过公立医院全部财政补助的人均水平。乡镇卫生院的财政补助水平也很高。以山东省青岛市平度市（县级市）为例，2018 年平度市 29 家卫生院的总收入中，有 1.7 亿元来自财政的零差率补贴（含人员基本经费补助），还有 7000 多万的公共卫生经费补助，来自社会医保的支付约 8500 万元。刨去其中付给村医的部分，仅财政零差率补贴和公共卫生经费这两项，就已经保证卫生院在编职工享有人均 14 万的财政投入。卫生院在编人员平均的税前年收入达到 15 万元。

公共卫生经费方面，2014 年全国公立基层医疗机构获得的基本公共卫生服务财政补助为 300.9 亿元，此外，还有公共卫生项目补助 48.2 亿元，合计 349.1 亿元。到 2017 年，基层医疗机构获得的基本公共卫生服务补助收入达到 492.3 亿元，公共卫生项目补助收入达到 81.1 亿元，合计 573.5 亿元。财政对基层医疗机构的公共卫生经费投入以年均 18% 的速度增长，远超同期财政对全部公立医疗卫生机构的投入增速（11.5%）。

贫困地区基层医疗机构的财政保障也能及时到位。以宁夏回族自治区中卫市海原县为例，乡镇卫生院在职人均财政补助收入早在 2016 年就已经超过 10 万元，如果仅考虑在编人员，则人均财政补助超过 14 万元；其中，基本公共卫生服务（不含人员经费补助）和公共卫生专项补助占到四成，并不存在投入不足的情况，而且已经出现设备闲置，包括设备到位当地医卫人员不会使用的问题。

财政投入强度的不断提高并没有扭转社区医疗机构服务能力和业务规模逐步萎缩的局面。旱涝保收的收入分配制度导致的结果是人浮于事，而不是服务能力提高。实际情况正如图 2 所示，在财政投入强度逐年提高的同时，基层医疗机构的诊疗人次占比逐年下滑。2010 年，全国还有 30.4% 的门急诊服务和 29.2% 的住院服务需求就近在公立社区中心或卫生院解决，但到 2017 年，仅有 26.5% 的门急诊患者和 18.3% 的住院患者在公立社区中心和卫生院就医，8 年间分别下降了 4 个和 11 个百分点，越来越背离建立分级诊疗体系的政策目标。

此次作为抗疫一线的武汉市充分暴露了这一点。2009—2018 年，武汉市三级医院从 30 家增加到 61 家，其中三甲医院从 22 家增加到 28 家，部、省属医院从 8 家增加到 13 家。如图 4 所示，在三级医院虹吸之下，武汉市基层医疗卫生机构已经基本丧失覆盖社区和乡镇的服务能力。到 2018 年仅有 13.9% 的医生在社区机构和卫生院执业，其床位占比仅有 11.8%；全年仅有 17.8% 的门诊患者和 7% 的住院患者在社区、卫生院就医。基层社区的疾病防控能力不足，这也是导致武汉在医疗资源如此丰富的情况下面对疫情仍捉襟见肘的原因之一。

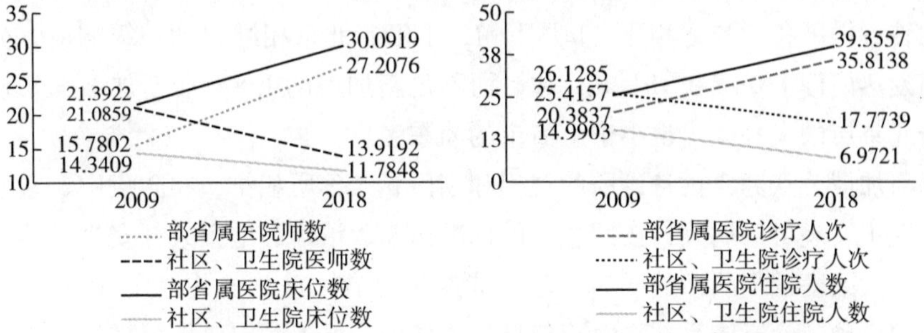

图 4　武汉市各类公立医疗机构资源与服务情况占全部医疗机构比重

资料来源：《武汉卫生年鉴》（2010），《武汉卫生健康年鉴》（2019），武汉出版社。

通过对比不同城市的数据，一个值得注意的事实是，财政对医疗机构补贴力度越大（财政补供方投入占医疗机构总收入比重越高）的地区，去高等级医院就医的患者比重越高，与建立分级诊疗体系政策目标的背离越明显。高强度的财政投入并未能有效提高基层医疗机构的服务能力，在与高等级医院的竞争中不能将患者留在基层，而是呈现出财政投入强度包括基层财政投入强度越大，分级诊疗体系越是弱化的局面。

上述事实说明，通过增加财政投入和编制大力发展社区卫生服务中心的方式建立分级诊疗体系，提高社区医疗服务能力和疾控能力，成效不彰。真正的问题在于基层医疗卫生服务体系的制度安排以及相应的财政投入机制，“养人、养机构”的财政投入模式无法形成有效的公共医疗卫生服务供给体制。

2. 医疗卫生服务供给模式的国际经验

以建立分级诊疗体系为改革目标，切中中国医疗服务体系的要害。如前所述，加大财政投入未能取得预期成效，其根源在于基层医疗卫生服务体系的制度安排以及相应的财政投入机制无法形成有效的公共服务供给。通过与国际经验的对比，我们可以获得更多的启示。

以疫情期间新加坡社区医疗系统在病例筛查和干预方面的经验为例。① 基于SARS和H1N1疫情积累的经验，新加坡政府通过政府拨款，支持2200多家私立诊所中的880多家同时承担公众健康预备诊所（Public Health Preparedness Clinic，PHPC，类似于中国的发热门诊）职能，作为“传染病监测哨点”，并形成一套由公立医院、社区医院和私人诊所构成的联动防御体系。2020年1月，新加坡接到来自武汉的新冠疫情警报后，这880多家诊所就开始为疫情分检和转诊做准备。与之相比，1月下旬，上海、北京相继启动一级响应，分别启用发热门诊110家和101家，数量均不足新加坡的1/8，而新加坡面积仅相当于北京市的大兴区，也小于上海市的浦东区。

新加坡公众健康预备诊所的规模和国内私人诊所相仿，在防疫中，它们的职责在于发现可疑病人，按照统一的标准诊断、治疗、上报，并安排转诊、隔离，最大限度减少漏诊的同时，尽可能避免恐慌性挤兑公共卫生资源。同时，公众健康预备诊所体系共享医疗信息，为传染病例追溯提供了可靠的依据。

这样的私立诊所网络之所以能够有效发挥作用，在于它们平时就是新加坡

① 4月以来，新加坡确诊病例数激增，从4月1日全国确诊病例仅有879例攀升至4月23日的10141例，新增病例主要集中在外籍劳工群聚的区域。由于未能对轻微症状或无症状的外籍劳工感染者进行有效隔离，导致出现大量聚集性感染。据《纽约时报》报道，“新加坡当局似乎没有充分认识到这种病毒的传染性。据政府的说法，大多数新感染者症状轻微或无症状，到目前为止尚无一例需要重症监护，这或许能解释为什么没有更早发现外籍劳工中的疫情。”（网址：https：//cn.nytimes.com/asia-pacific/20200421/coronavirus-singapore/，引用日期：2020年4月24日）导致疫情暴发的原因，一方面是政府和疾控系统对无症状感染者的认识不足，也忽视了对外籍劳工的保护，另一方面是大量外籍劳工居住环境拥挤、卫生条件差，致使无法进行有效的社区隔离。这背后涉及更深层次的社会经济问题。但以上问题并不能否定新加坡社区卫生服务体系的有效性，新加坡在防疫初期依靠这一体系成功延缓了疫情暴发的结论仍然成立。当然，新加坡最终未能控制住疫情暴发，说明防控重大疫情考验的是整个国家和社会的治理体系，仅靠高效的医疗卫生服务体系远远不够，相关启示将在后文讨论。

的社区健康守门人。新加坡的家庭医生诊所必须加入当地的慢病管理计划（Chronic Disease Management Programme，CDMP）和社区健康支持方案（Community Health Assist Scheme，CHAS），才具有申请加入公众健康预备诊所体系的资格。背后的逻辑也很简单，只有日常从事居民的健康管理服务，并且获得居民信任，才能够在突发公共卫生事件中更好地实现风险监测和疾病防控功能。此外值得一提的是，除了公共卫生培训之外，政府财政对公众健康预备诊所的支持主要体现在提供应对公共卫生事件必需的物资（比如个人防护物资、药品、疫苗等）上；而在日常，这些诊所主要基于慢病管理计划（CDMP）和社区健康支持方案（CHAS）获取服务收入，支付来源是医保储蓄账户和患者自费。

如果把视野放宽，以服务社区居民为中心，考察包括诊所等社区医疗机构在内的中小型医疗机构，则医疗卫生服务体系的格局更加明显，日本即是一个典型的参考。日本医疗服务和保障体系在可及性、可负担性和患者信任度方面处于国际领先水平，其中一个显著特征就是医疗机构数量众多、结构和布局较为均衡，患者流向也较为均衡。2017 年，日本每 10 万人医院数量是 6.6 家，不含精神病院，仅算普通医院则是 5.8 家①；每 10 万人诊所（不含牙科）数量则是 80.1 家。医院中，500 张以上床位的只有 4.9%，900 张以上床位的则只有 0.6%，床位数在 300 张以下的医院占比 82.1%，其中 50—99 张床位的医院占比最高为 24.8%。

日本的人口密度远高于中国，医疗机构数量众多、分布密集，显然可以极大提高医疗卫生服务的可及性。同时，数量上占压倒性优势的中小型医院和广泛分布、密度较高的诊所，也意味着形成了很好的分级诊疗格局，2017 年，日本 77.3% 的门诊发生在诊所。

与国际上普遍的金字塔形医疗服务体系格局相比，我国的医疗服务体系呈现倒金字塔结构。医院单体规模较大，三级医院数量多，但服务社区居民的中小型医疗机构数量偏少，尤其是诊所密度低。三级医院业务量占比过高（门诊人次数占全国医疗机构的 22.3%，住院人数占 36.5%），而基层医疗机构业务量占比过低。这种格局不利于提升医疗服务的可及性；专科医生主导的服务

① 日本的医院中，国有医院只有 3.9%，公法人拥有的占比 14.4%；大部分为医疗法人持有的医院，占比 68.5%。诊所则超过 95% 为医疗法人或个人持有。

体系“重治疗、轻预防”，不利于提升医疗服务体系的风险防范能力；大医院在回应市场需求时，其灵活性和适应性也不及中小型医疗机构，难以适应人口流动规模化、常态化的格局。

结构布局之外，医疗服务体系的运行机制也十分关键。不管是医院以公立为主的国家，如英国和新加坡，还是医院以私立为主或公私参半的国家，如美国、加拿大、德国、日本等，作为医疗卫生“守门人”的社区医疗机构，90%左右是私立诊所，国民绝大部分的门急诊需求由它们满足。在竞争机制与医保支付制度设计的双重作用下，这些私立诊所具有将患者留在社区的服务能力，也具有将患者留在基层的充分积极性，获得了社区居民的充分信任。医学毕业生在医院从业若干年后，多数会离开医院自行开设诊所或在医院和诊所间多点执业，基层服务能力得以强化，形成良性循环。

事实上，在社区医疗卫生机构采取政府“养人、养机构”的模式，国际上鲜有成功案例。调整我国当前的财政投入机制，改变“养人、养机构”的服务供给模式，发挥竞争与激励机制的作用，让基层医疗机构有提供受到社区居民信任的普通医疗服务的能力和主动提供良好健康服务的积极性，才可以充分激活基层资源，强化基层服务能力。

三、完善医疗卫生服务体系的几点启示

在医疗资源总体上并不短缺的情况下，继续扩张公立医院尤其是大型综合公立医院无助于提高医疗供给水平，还会进一步拉开医院与基层医疗卫生机构的差距，进一步挤压中小型医疗机构的发展空间，带来更大的公共卫生管理和疾病防控隐患。应认真总结医疗卫生服务体系中存在的结构性问题，找准短板，精准施策。解决医疗资源配置失衡，大力发展中小型医疗机构，完善社区医疗卫生服务网络，建立分级诊疗体系才是提升疾病预防控制能力的关键。立足于此，以下提出完善医疗卫生服务体系的一些思路。

1. 完善医疗卫生服务体系的近期措施

完善医疗卫生服务体系的当务之急，一方面是要考虑如何在短期内医疗服务资源总量既定的前提下，通过结构调整和机制优化来增加有效服务供给，尤其是弥补当前基层医疗机构服务短板；另一方面应从持续做好疫情防控工作的角度出发，强化基层医疗机构的风险监测和防控能力，采取有效措施鼓励中小

型医疗机构的发展和业务份额的提高，避免人员在大医院聚集造成交叉感染。具体而言：

第一，充分发挥互联网医疗在及时安全增加医疗供给、方便人民群众就医、降低交叉传染风险方面的作用。当前政府能够迅速采取的有效措施之一，是立刻放开互联网首诊、放开处方药线上销售，承认其合法性；同时，探索将符合医保补偿政策的服务和网售处方药纳入医保支付。疫情期间为缓解线下诊疗压力，武汉市已经采取了远程诊疗手段，且医保局将部分互联网医疗纳入医保支付。在此经验的基础上，尽快完善关于互联网首诊、处方药线上销售的政策法规和医保支付办法，使互联网医药服务规模化、常态化，扩大在线提供服务的医生规模，及时减缓线下就医压力，最大限度减少医疗场所交叉感染，也减轻医生线上“非法”执业的心理压力。

作为配套措施，针对网络开具的医学检验，应鼓励社会第三方检验机构根据互联网医疗平台的诊疗记录与医生建议，在做好充分防护的情况下为患者检验，减轻公立医院医疗资源紧张、患者高度拥堵的困境；已经具备网络售药能力的互联网平台，允许它们尽快与互联网医疗平台系统对接，实现处方信息共享，即时结算，实时监督；销售医保目录内药品的网络售药平台，需提供接口与国家医保局对接，保证医保主管部门对全链条信息可见、可稽查，并为符合医保补偿政策的药品按照患者所在地区医保政策即时付费。

第二，在基层构建“医卫融合（医防融合）”的健康服务网络。“医卫融合”是公共卫生服务体系的发展方向，因为医卫人员普遍偏爱更具实用性的医疗临床业务，而对不做临床专职公共卫生的工作则普遍缺乏热情，医卫合一有助于吸引和留住人才。而且从老百姓的角度讲，“会看病”的医生从事公共卫生包括疾控工作更易受信任。因此，将医疗服务和公共卫生服务结合在一起，不仅居民更容易接受，也更能够有效实现公共卫生服务的真实全覆盖。此前的实践经验表明，在没有医疗服务需求的情况下，向普通居民尤其是农村居民普及疾病防治和公共卫生知识的效果并不理想，也很难吸引他们定期参与健康卫生知识普及等活动。而在提供医疗服务时将公共卫生服务融合进去，则能取得事半功倍的效果。另一方面，医疗和公共卫生的结合扩充了服务内容，给了基层卫生人员更多的锻炼机会和更大的成长空间，也让医生更早介入居民的健康管理，符合提升基层服务能力的需要。

因此，在基层不仅不宜将公共卫生机构和医疗机构分开设立，也不宜将两个工作分开安排，而是要让基层机构的医务人员在满足居民医疗需求的同时一并承担公共卫生和疾病防控工作。在国家和省级疾控中心保持独立设置的同时，地级市及以下的疾控部门尤其是县（市）和乡镇的疾控部门和疾控业务应并入相应的医疗机构，同时借鉴新加坡的做法，将基层的公共卫生和疾控业务委托给相应的基层医疗机构承担，实现上述医疗服务、公共卫生服务包括疾控业务的协同效应。

此外，可以利用互联网医疗平台网络，促进优质服务下沉，提升基层医疗服务能力和疾病防控能力，同时也实现医疗卫生机构之间的协同。实际上，已经有一些互联网医疗机构实现了与社区、卫生院、村医和诊所的对接；也有一些二级公立或民营医院，基于扩展服务半径的需要，通过互联网等远程合作方式，让服务下沉。在这一过程中，通过彼此间的业务合作和信息与技术交流，可以提升居民在基层获得的医疗卫生服务质量，同时也有效培训了基层的医卫人员，提高了他们的医疗和公共卫生服务能力。

第三，将医疗保障基金和公共卫生服务资金统筹使用。2020 年 2 月 25 日中共中央、国务院《关于深化医疗保障制度改革的意见》中提出："统筹医疗保障基金和公共卫生服务资金使用，提高对基层医疗机构的支付比例，实现公共卫生服务和医疗服务有效衔接。"其含义是将原本直接拨付给公立基层医疗机构的公共卫生资金转化为对基层医疗机构服务的统筹支付。其中的关键在于形成一种激励相容的机制：如果能通过优质服务吸引更多的患者，就可以得到更多的医保支付；无法通过真实有效的服务获取医保统筹支付的机构或者医生，自然被淘汰。在这种多劳多得、优绩优酬、优胜劣汰的机制下，大家有主动提供良好医疗服务和健康服务的积极性，就可以充分激活基层资源。更加精准的激励机制可以通过多样化的医保支付方式设计实现，如按人头付费机制就能够激励医疗机构及其医务人员有充分积极性提供良好的公共卫生服务以降低患病率来获得最大医保支付结余。

医保统筹支付的另一优势在于，目前农村地区公共卫生任务由卫生院和村医分担，但是对村医的考核由卫生院负责，并以此决定公共卫生经费的分配。这一格局让卫生院很容易把公共卫生任务下压给村医承担，但是在考核时以不合格为由克扣经费，使得村医很难开展公共卫生工作，也没有积极性把工作做好。由医保部门负责服务支付与考核，一方面不存在上述利益冲突，另一方面以居民流向作为医保支付依据，省去卫生院和村医种种烦琐的考核表格填报工作，也实现了将监督权、考核权和选择权交给人民群众的制度优势，体现了建立共建共治共享社会治理新格局的目标。

另一项关键措施是要将包括诊所在内的社会办基层机构纳入医保基金和公共卫生资金的统筹支付网络。一方面可以通过医保支付设计促进医疗服务和公共卫生服务供给的融合；另一方面，社会办基层医疗机构参与到医保基金的分配当中，可以与公立机构相互竞争，促进优胜劣汰，从而提升卫生服务体系的整体效率，让老百姓获得更多更好的服务。此外，农村地区的公立基层医疗机构中存在大量聘用编外人员的情况，这部分人多是具有医卫专科学历的农村青年，相当部分已经获得助理医师资质，因为户籍和编制约束无法进入编制，他们往往负责填写各种报表，而不能有效参与到服务提供当中。在医保支付的支持下，这部分人才可以通过合伙执业或独立执业的方式，增加欠发达地区的有效服务供给，提高资源利用效率。

第四，在增加财政投入强化各地传染病院和综合医院传染病科防治能力的同时，为防止公立医院继续扩张，挤压基层医疗机构、社会办医和新型服务业态的生存发展空间，加剧资源配置失衡，应进一步明确落实此前中央文件要求，禁止公立医院举债扩张。防范加大地方债务、形成未来中央财政偿债负担。既然社会力量有办医增加医疗资源的积极性，没有必要政府负债建设。

第五，考虑到医保基金目前存在结余较大、沉淀已久的个人账户，应该把握好改革时机，抓住改革窗口，将个人账户资金转为医保统筹基金，同步建立门诊统筹制度，缓解人民群众支付负担的同时分担医保基金给付压力。

2019 年，全国城镇职工医保个人账户收入 5698 亿元，当期结余 1001 亿元，累计结余 8277 亿元。《关于深化医疗保障制度改革的意见》中明确提出："逐步将门诊医疗费用纳入基本医疗保险统筹基金支付范围，改革职工基本医疗保险个人账户，建立健全门诊共济保障机制。"当下可以考虑将这个结余很大、沉淀已久的个人账户资金适时转为医保统筹基金，同步建立门诊统筹制度，在完全不增加企业、个人和政府负担的情况下，显著扩大职工医保统筹基金水平，在显著提高保障水平尤其是门诊保障水平的条件下，提高基金的可持续性。

有这笔资金作为支持，城镇职工医保可以建立门诊统筹制度，对患者门诊就医进行补偿，同时也是对取消个人账户做制度性补偿。当前个人账户的运行存在诸多问题，包括基金积累成本高，储蓄利率比不上医疗费用增速；基金浪费严重，在药店购买大量目录外商品；门诊就医没有统筹基金补偿，门诊费用高的人群特别是老年人群费用负担重等。这些都严重影响人民群众就医保障的获得感。取消个人账户、建立门诊统筹，短期受损的是医疗费用发生较少的年轻人群，而医疗费用较高的老年人群显著受益，这正是此次疫情面向的高危人群，调整福利制度予以倾斜本身符合社会预期，也起到了增强人民群众获得感的政策本意。

而门诊统筹制度的建立，则在提高保障水平的同时，显著提高医保以价值为导向的战略性购买功能的效力，通过主导引导医患双方的诊疗行为，促进中小型医疗机构发展，缓解患者蜂拥大医院现象，助推基层医疗机构能力建设，促进分级诊疗体系的形成。

长远来看，这一做法也有利于医保基金的长期可持续发展，提高全社会抗风险能力。

2. 完善医疗卫生服务体系的长期计划

长期来看，此次疫情也为医疗卫生服务体系改革打开了窗口。如何进一步激活人力资源，整合服务体系，提高公共资金的抗风险能力，是需要认真考虑的议题。

第一，尽管从床位等硬件设施看我国的医疗资源已经达到 OECD 国家中位数水平，但是医务人员素质等软件能力差距还很大，社区诊所等中小型医疗机构的数量和从业医生还严重不足，这方面的医疗资源还需要显著增加。

增加供给的关键不是加大财政投入进一步做大三级医院，而是要解决供给潜力和医疗体制束缚之间的矛盾。实际上，我国这方面的人力资源供给并不短缺，医疗卫生专业毕业生不足 40% 能够进入医疗行业从事医疗卫生工作这一事实说明了这一点，体制束缚才是阻碍人力资源发展的关键。要解决这一矛盾，应在落实中办发〔2011〕28 号《关于进一步深化事业单位人事制度改革的意见》、2014 年国务院《事业单位人事管理条例》和 2015 年《国务院关于机关事业单位工作人员养老保险制度改革的决定》的基础上，通过取消医疗行业事业编制身份制度，实现医生自由执业，来消除医疗行业的人力资源进入壁垒和流动壁垒，实现医生数量和素质的双提高。

第二，转变财政投入方式，从财政“供需兼顾”投入模式转向财政补需方为主。补需方体现“更好发挥政府作用”，供方则建立“竞争中性”原则，让市场在资源配置中发挥决定性作用，在医疗服务领域形成共建共治共享的社会治理新格局，充分发挥医保价值导向的战略性购买功能，使其成为引领医疗资源合理配置，构建有效医疗服务和防疫控疫体系的关键政策抓手。

只要还存在对公共服务机构的直接财政补贴，就需要考虑建立相应机构、建立科学考核评估体系等一系列问题，特别是与财政投入规模、结构、机制等相挂钩，这方面的管理成本非常高，考核评估效果则相当有限。“补需方”则简单得多。比如，在财政仅对医保基金补贴的情况下，只需要考虑居民医保人均财政补贴水平即可。城乡居民医保筹资水平及相应的财政补贴，每年年初由国务院明确下达指导数据，如2016—2019年的财政补贴底线标准依次是420元、450元、490元和520元，各地区均能够以该水平为底线完成任务，简单易行，通俗易懂，很容易做到“量力而行，尽力而为”，各级政府相应的财政补贴均能及时到位，很少出现部门分歧，也很少见各方面的批评意见。

第三，充分动员社会力量参与健康治理，扩充基层卫生队伍、提高卫生服务效率，“不求所有、但求所用”。包括私人诊所在内的社会办基层医疗机构，在没有政府经费支持且大多没有医保支付的条件下，仍然可以在包括贫困地区在内的地区存活，意味着它们已经获得了居民的认可。而且《中国卫生健康统计年鉴》的数据显示，在基层，六成患者选择在非政府办机构获取诊疗服务。这部分社会资源不应该被忽视，而是应该纳入公共卫生体系统筹考虑，用于扩充基层医疗卫生服务网络，提升服务能力。

因此，需要下大力气清理各种隐形政策壁垒，将党中央国务院鼓励社会力量办医的政策落到实处，尤其是将取消非公立医疗机构区域卫生规划政策落到实处。医师开办诊所、日间手术中心、医院、检查检验中心等中小型医疗机构，不需要行政审批，只需要进行工商登记即可。

第四，以信息网络的整合与共享为抓手，促进服务体系整合与多方协作，充实卫生健康服务网络，提升服务能力，促进产业发展。

可以借鉴台湾地区的经验，以目前全国统一的医保信息系统搭建为契机，立刻着手整合分散在各个部门和机构的个人健康信息，将个人电子健康档案作为医保信息系统的子系统进行建设。这样能够有效改变目前两个系统分割设立，健康档案耗资巨大却毫无实用性的弊端。由于目前基本实现全民参保，而且参保者个人基本信息和就医信息已经自动纳入医保信息系统，以此为依托建立覆盖所有参保者也就是全民的个人健康档案，成本低廉且有很强的准确性和实用性，依从性也好很多，能够真正实现医保卡和个人健康档案“记录一生、服务一生、保障一生”的目标。

信息整合同时也意味着资源共享。以医保信息平台为载体，让健康信息对居民和医疗服务机构可得，其更重要的意义还在于助力不同医疗服务机构之间的分工协作与服务整合，促进健康服务产业的发展，尤其是让家庭医生在医疗服务体系中发挥更大作用。同时，提高居民与医疗卫生机构间的沟通效率，更好地帮助居民实现健康管理，也提升公共服务质量。在平时，这一举措可以极大增加居民就医的便利性，提升“获得感”；面对突发公共卫生事件，健康档案也可以作为信息管理抓手，实现有效的风险识别和防控。这也是提高国家治理能力的具体体现。

第五，加速推进农民工市民化进程，尽快实现包括公共卫生服务在内的公共服务均等化和全覆盖，消除重大公共卫生疫情的防范死角，将风险降到最低。

根据目前整理国际资料得出的初步结论，新加坡政府在早期疫情应对上相当及时高效，但由于忽视了外籍劳工可能造成的极大感染风险，导致 2020 年 4 月在外籍劳工群聚区域出现疫情大规模暴发。这主要暴露出的不是新加坡卫生服务体系的问题，而是社会经济结构和社会治理体系的问题。

新加坡的案例提醒我们，即便政府迅速、高效地做对了每一件事，社会本身存在的结构性问题也会成为病毒攻击的要害。新加坡这一教训给我们的具体启示是，在疫情防控中，边缘群体的防疫能力决定了防疫体系的安全性。这些群体暴露在疫情风险中的概率更大：一方面，他们往往被排斥在本地的社会保障体系之外；另一方面，他们的居住和工作环境更差，也更难获得平等的医疗卫生服务和防疫物资。而由于这些群体长期脱离主流社会的视野，他们面临的风险也更容易被忽视，从而变成病毒攻击疾病防控体系的突破口，向社会其他人群蔓延。这意味着，如何掌握和改进这些边缘群体的健康状况、提供更多的医疗卫生支持，是控制全社会健康风险的关键。

在我国，大规模人口流动已经常态化。大量农民工同样面临医疗卫生条件差，无法有效享受打工地的各类公共服务、缺少个人防护用品、居住环境拥挤、无法实现有效社区隔离等问题。这些都是潜在的疫情防控风险点。

因此，面对疫情大流行危机，我们对于公共卫生的理解不能“碎片化”，而是要将其视为一个相互联系的链条。长期看，通过推进农民工市民化进程，促进包括医疗卫生服务在内的公共服务均等化和全覆盖，着力解决好链条上的薄弱环节，才是提升社会整体风险防范能力的关键。服务体系和能力要适应人口流动规模化和常态化的现状则是完善医疗卫生体系的关键。

参考文献

陈金甫，《实施价值导向的医保战略性购买》，《健康管理》，2017 年第 12 期，第105—110 页。

陈恒顺、廖静珠、侯宏彬，《医疗保健与长照资讯整合系统》，《台湾医学》，2018 年第 22 卷，第 283—296 页。

朱恒鹏，《医疗卫生财政投入机制与国家治理体系现代化——学习党的十九届四中全会〈决定〉的体会》，《经济学动态》，2019 年第 12 期，第 3—14 页。

朱恒鹏、昝馨，《财政视角下的医改问题研究》北京：中国社会科学出版社，2019 年。

De Savigny D, Adam T. Systems Thinking for Health Systems Strengthening. Geneva：World Health Organization, 2009.

Wang CJ, Ng CY, Brook RH. Response to COVID -19 in Taiwan：Big Data Analytics, New Technology, and Proactive Testing. JAMA. Published online March 03, 2020.

从“账房先生”到国家治理

“十四五”时期的财政体制改革

郑新业　张 力

一、引言

改革开放40余年来，我国国家治理能力不断提高，财政体制不断发展完善。财政在扩大公共品供给，尤其是大幅提升基础设施水平方面取得了巨大成就，但在治理外部性、调控经济波动和改善收入分配等方面有待发挥更大功能。财政的治理功能，体现在供给公共品、治理外部性、调控经济波动和改善收入分配四个目标上。“十四五”时期是我国实现第二个百年奋斗目标的关键时期，将面临诸多新挑战和新问题，亟须财政发挥更重要的功能。首先，中国经济由高速增长转向高质量发展，但作为世界上最大的发展中国家，保持适度的增长是实现第二个百年奋斗目标的物质基础，要求财政保增长的功能持续发力。其次，2020年将取得全面建成小康社会“三大攻坚战”的胜利，但这并不意味着治理外部性、调节收入分配和防控重大风险等政策需求的完结，反而将在政府的目标中占据更大权重，要求财政在这三个方面持续发力。再次，多部门、多政策工具的协调将在政府多目标决策中发挥更大作用，要求财政在多部门、多政策工具中持续发力。最后，中国日益走近世界舞台的中央，参与全

* 郑新业，中国人民大学应用经济学院院长，教授；张力，中国人民大学应用经济学院博士生。

球合作和竞争的需求上升，要求财政在国际政策协调中持续发力。

由是观之，为进一步提升财政实现四大目标的能力，“十四五”时期深化财政体制改革势在必行。财政工具主要有税收、支出和债务三大类别，彼此相互制约，共同构成了财政的预算约束条件。财政体制改革的本质，是实现财政工具的新组合。鉴于财政对一国经济社会发展的重要影响，探索最优财政制度是经济研究的重点主题之一（Eslava，2006；Costa and Dixon，2010；Karantounias，2018）。现有的文献对最优税收、最优支出和最优债务分别进行了大量研究，且对实现财政四大目标中的任意一项都能找到合适的手段。然而，针对单一功能的最优安排，会随着目标之间的权衡和工具之间的替代互补而发生偏差。综合起来看，目前学界尚未建立统筹财政四大目标和三类工具的统一框架，难以研究财政政策的最优组合。如果财政管理部门基于支离破碎理论进行决策，可能导致政策失灵，再加上政府内部“条块”分割和国内外财政政策互动的复杂性，目前的财政理论与现实财政体系运行需要之间，尚有较大距离。

为弥补这一差距，本文旨在构建一个包含财政四大目标和三类工具的“更综合的公共财政分析框架”（A More Complete Fiscal Analysis Framework）。首先，综合理解财政不同目标和工具之间的协调配合，并结合中国实际分析现行财政体制有待改进的方向和可能的改革手段。其次，综合财政体系内部分割化决策的特征，探讨中央和地方财政关系重构的可行路径。最后，结合中国与世界其他国家合作、竞争的发展趋势，探讨优化中国财政政策，加强国际政策环境协调，促进国际财政政策合作的可行方案。本文的研究试图为下一阶段财政体制改革和财政规划设计提供分析性框架和可操作的基本原则，为加快建设现代财政体制提供理论基础。

二、对公共财政目标与工具的再理解

政府行为的必要性在于解决市场失灵，公共财政有如下四点主要目标：（1）供给公共品；（2）治理外部性；（3）调控经济波动；（4）调节收入分配。就这四个目标的代表性文献，分别综述如下。

1. 供给公共品：集体行动困境与萨缪尔森定理

根据公共品最优供给的萨缪尔森定理，供给公共品的边际成本应该等于此公共品的所有消费者的边际收益之和（Samuelson，1954）。在竞争性均衡下，由于人们的出价低于有效供给的价格水平，造成私人市场无法实现公共品的有效供给。即使在如林达尔均衡（Lindahl，1958）的共同出资情境下，人们也会出于“搭便车”的动机而减少自身贡献，最终导致最优供给水平无法得以实现。概括而言，市场中个体分散决策导致的集体行动困境使公共品供给偏离最优。

政府作为公民的代理，为实现最优公共品供给，需从两方面着力：识别居民的公共品偏好，判断最优公共品供给水平；多措并举筹资，保证达到公共品最优供给水平。对于前者，研究者重点关注居民偏好的异质性及偏好之间的相互关系（Jackson and Nicolò，2004；Aronsson and Johansson-Stenman，2008）。居民的异质性偏好，居民与政府之间、上下级政府之间的信息不对称等关系研究，构成了有关政府分权（包括央地分权）研究的理论基础（Oates，1972；Oates，1999；Strumpf and Oberholzer-Gee，2002；Schakel，2010）。对于后者，政府最主要的公共筹资途径是征税，使得税收政策与公共品供给直接相关。经典文献假定可以使用一次性总付税（lump-sum tax）为公共品筹资，忽略了现实中一次性总付税难以确立和执行的实际约束（Ballard and Fullerton，1992），因而分析最优公共品供给必须考虑税收系统的扭曲成本等公共资金的社会边际成本（Wilson，1991；Boadway and Keen，1993）。

自萨缪尔森条件提出以来，最优财政支出理论得到了长足发展（如 Batina，1990；Boadway and Keen，1993）。特别地，这一问题在近年再次受到重视。陈韵旻等人（Chen et al.，2016）从环境可持续性要求出发，证明最优公共品供给取决于环境污染程度、财政削减污染的有效性、污染行为的价格弹性等因素，最优供给水平可能偏离萨缪尔森条件。奥巴拉和津川（Obara and Tsugawa，2019）的研究从政府希望改进社会公平的角度出发，发现公共品和其筹资行为的收入再分配效应使得最优公共品供给水平一般而言将超过萨缪尔森条件的水平。米夏拉和萨伊斯（Michaillat and Saez，2019）的研究指出，在存在匹配摩擦产生的无效率失业的情况下，如果财政支出有助于降低失业水平，则政府购买的规模应该大于萨缪尔森条件的水平。这一系列的研究都表明，决定最优公共品供给必须考虑财政的其他功能，在综合的情境中确定不同工具之间的替代和互补。

2. 治理外部性：个体理性与社会效益

外部性是指个人行为的社会成本（收益）不等于个人成本（收益），由其他社会成员承担了额外的成本（收益）。在理性经济人的假定下，对具有外部性产品的消费会偏离社会最优水平（Buchanan and Stubblebine，2000）。由于公共品具有外部性，其供给问题可在一定程度上转化为外部性治理问题（Dybvig and Spatt，1983）。“科斯定理”指出通过合理界定产权，只要交易成本足够低，私人市场同样可以有效解决外部性问题（Coase，1960）。然而，现实中高昂的交易成本导致按照科斯定理来处理外部性的情况并不多见（Farrell，1987）。由于诸多因素无法内部化（如人和人之间的健康状况），通过合并行为主体将外部性内部化也只是在有限的领域内可行。可见，政府仍然是治理正负外部性的主体。政府的作用包括：识别私人成本和社会成本之间的差距，确定外部性的程度，采用合理的手段消除外部性的影响。

有关治理外部性问题，经典的庇古税理论指出，修正负外部性的税收规模应该等于外部性的规模。庇古税具有“双重红利”：不仅可以减少负外部性消费，还可降低其他扭曲性税收的征收力度，改善经济整体效率（Goulder，1995）。双重红利存在与否取决于外部性消费的弹性、与其他消费行为的交叉弹性、现有财政收支结构、社会福利函数的设定等多方面因素（Bosquet，2000；Schöb，2005；Chiroleu-Assouline and Fodha，2006）。首先，双重红利之间存在替代性：如果外部性消费的价格弹性较大，则庇古税收入较少，对降低其他扭曲性税收意义不大。如果外部性消费的价格弹性较小，则庇古税可以实现的环境收益有限。

已有研究证明在有其他扭曲性税收的次优环境中，最优庇古税水平低于经典理论预测的结果（Goulder，1995；Bovenberg and Goulder，1996）。然而，有部分学者从效率和公平平衡的角度反对这一观点（Bovenberg，1999；Jacobs and de Mooij，2015）。雅各布斯和德穆吉（Jacobs and de Mooij，2015）的研究指出在扭曲性税收可改善收入分配的情况下（如累进的所得税），其成本可由再分配收益弥补，此时最优庇古税水平与经典理论预测一致。这一研究表明，当考虑政府的多目标属性时，不同政策工具之间的替代和互补关系会发生变化，并直接影响最优财政工具的选择。

3. 调控经济波动：为什么单靠市场难以应对风险？

学界关于财政政策应对经济波动的理解经历了曲折的过程。凯恩斯主义的总需求理论强调了财政支出在应对经济波动中的作用，但 20 世纪 70 年代“滞胀”危机之后，供给学派的降低税率、削减福利开支和缩减预算规模等主张，弱化了财政支出的功能（Lucas，1990）。随着菲利普斯曲线、泰勒规则及理性预期等理论不断发展，人们更加重视以货币政策应对经济波动，构建了以此为基础的“新共识模型”（New Consensus Model，Fontana，2009），由中央银行的货币政策调控经济，而无需财政政策（Setterfield，2007）。

2008 年全球金融危机后，人们再次认识到，单一的货币政策并非调控经济波动的良方，积极的财政政策可以取得相同甚至更好的调控效果（Setterfield，2007；Fontana，2009）。另外，相比于一国统一的货币政策，财政政策更为灵活，在调控经济波动的同时还可以调节相对收入。一方面，财政支出政策可以建立特定商品的战略储备，抵御关键性商品的价格波动（Carter et al.，2017），而货币政策无法调控特定商品的价格水平。另一方面，财政支出政策可以为失业、患病等遭遇意外的群体提供社会保障，帮助他们平滑消费，减弱经济波动的影响（Chetty and Looney，2006），预防这一群体因短期风险而陷入长期贫困的情况（Devereux，2002）。因此，“新共识模型”受到的批判不断增加，凯恩斯主义再次得到重视。

然而，有研究表明在政府具有自由裁量权的情况下，财政支出规模会呈现顺周期的变动趋势，并加剧经济波动，降低经济增长率（Fatas and Mihov，2003；Badinger，2012；Fernández-Villaverde et al.，2015）。我们需要通过制度约束使财政工具在相机抉择的灵活性、精准性和自行其是的随意性之间达到平衡。同时，财政和货币政策工具在调控经济波动领域应各司其职，由货币政策占主要地位，由财政政策工具改进调控效果。

4. 调节收入分配：效率与公平的调和

通过调节收入分配提升社会总效用水平的理论基础有二。第一，人们普遍偏好社会公平，因此在设定社会福利函数时，社会总效用函数对个体效用总是非凸的（Epstein and Segal，1992）。即使假设社会总效用等于个人效用之和（Harsanyi，1955），如果货币的边际效用递减，将给定金额的货币分配于低收入群体，比分配于高收入群体可以达到更高的社会总福利。第二，增加教育和公共卫生投入提高低收入群体的人力资本，有助于提升劳动生产率，不仅使低收入群体获益，而且劳动生产率的正向溢出效应将惠及低收入群体的合作伙伴。

市场机制难以自发实现收入分配的目标。这是因为：一方面，许多人仍然认为公平和效率是相互对立的关系，视帮助低收入群体为效率牺牲，个体理性的高收入群体帮助穷人的激励不足。另一方面，即使高收入群体意识到帮助低收入群体能够提高效率，但高收入群体也会相互“搭便车”，希望由他人承担帮助低收入群体的成本。低收入群体效率提升的正外部性会使私人供给小于社会最优水平。综合以上两方面因素，政府在调节收入分配上必须承担责任。

累进式税收是调节收入分配的基础工具之一。莫里斯（Mirrlees，1971）的最优非线性收入税理论表明，征税的收入效应和扭曲劳动供给的福利损失之和应该等于税收收入的边际社会价值和再分配的福利效益之和。

在调节收入分配方面，政府债务同样起到一定作用。通过债务将财政支出的成本延递至后代，由他们为债务的长期收益承担部分成本，体现了代际公平的原则（Musgrave，1988）。考虑到债务作为一种筹资方式，在一定范围内可以替代税收工具。当债务的边际收益和恶化经济风险的边际成本之差等于扭曲性税收的边际收益与边际成本之差时，债务达到最优水平。从这个意义上看，最优债务规模不等于零（Greiner，2011）。值得注意的是，债务改善代际公平的前提在于债务通过支持财政支出活动产生了长期收益。因此，优化债务用途，保持债务可持续性十分必要。格雷纳和塞姆勒等人（Greiner and Semmler，2000；Groneck，2010）的研究表明，当政府债务更多用于公共投资而非债务利息支付时，经济可以达到更高的长期增长率和社会总福利水平。

5. 经济人视角下“更综合的公共财政分析框架”

上述不同财政目标之间可能存在互补和替代关系。例如，外部性治理产生额外的财政收入，减少对扭曲性税收的需求，同时扭曲性税收减少又会削弱其改善收入分配的作用。可见，财政的多目标属性决定了财政规划是一个综合平衡的复杂过程。我们可以通过社会福利函数的精准设定，刻画财政的四个目标：

（1）公共品直接进入消费者的效用函数，将公共品的消费水平定义为市场的总供给水平，并以此影响社会总效用水平。

（2）私人消费的外部性产生了额外的社会性消费，影响他人的效用水平，外部性以与公共品相似的形式进入社会福利函数。

（3）经济波动对个体效用的影响通过两方面体现：一是个体的风险偏好

会影响不同经济状态的相对效用水平；二是个体可能因为短期强烈的经济冲击而退出市场。

（4）社会平等通过个体效用函数对收入水平的拟凹性以及社会福利函数对不同个体效用的权重体现。此时，追求社会平等与追求个体生命周期的平稳消费具有近似的经济学逻辑。

追求社会总效用最大化是在财政目标之间权衡抉择。本文的公共财政模型以理性经济人假设为前提，暂不考虑行为经济学框架下私人决策非理性的内部性（internality）、对财政政策的错误认知（misperception）等财政决策问题。①

与财政的多目标属性相对应，财政工具也十分多样。财政的决策变量主要有三类：财政支出、财政税收和公共债务。在每一个类别下，我们都可以再细分出各项不同的财政工具。本文第三节和第四节将详细阐述最优财政支出、税收和债务安排问题。此处简要说明三类工具共同进入政府预算约束如何限制财政决策空间。

税收和债务都是政府的筹资手段，而财政支出则与之相对。两者的动态平衡构成了政府的预算约束。首先，由于非扭曲性的一次性总付税难以实施，现实中大量税收都会扭曲消费者行为，带来资本和劳动供给的负向激励和市场规模缩减的无谓损失。因此，降低税收负担是提振经济增长活力的重要举措。其次，债务累积会增大未来偿还压力，在经济下行期会引发市场对潜在风险的担忧，严重的经济冲击下庞大的公共债务可能会引发财政部门资金链断裂并导致经济危机。因此，控制可持续的公共债务规模十分必要。最后，中国是典型的发展中国家，仍必须保持促进经济增长的公共品投资，同时需要提升民生和保障性支出的力度，强化政府在外部性治理和市场监管等方面的作用。财政支出水平适度扩张对于中国经济健康发展至关重要。收入侧缩减和支出侧扩张之间的矛盾形成了税收—债务—支出的财政“不可能三角”（郑新业和张力，2017）（见图 1）。

综合财政的目标和工具，可以构建一个综合的财政最优化决策模型，即“更综合的公共财政分析框架”：

$$\max_{T,S,D} W = N\int \omega(U_n)\,dF(n)$$

---

① 针对这些问题的研究，参见 Farhi and Gabaix（2020）。

$$s.t.\ U_n = \int e^{-\beta_n t} u_n(c_n, q_n, l_n, p; \rho_n) dt$$

$$S(t) = T(t) + D(t)$$

其中 W 表示社会总效用，是个体生命周期总效用 U_n 根据社会福利函数赋予的权重加权求和的结果。假设异质性个体在劳动技能 n 上存在差异，n 服从分布 $F(n)$ 。以 n 下标表示每个个体。c 表示一般性商品的消费；q 表示具有外部性的消费；l 表示劳动供给水平；p 表示公共品消费水平，它还包含由他人消费的外部性引起的效用变化；ρ_n 表示个体异质性的风险规避系数；β_n 表示个体异质性折算因子；t 表示时期。政府通过税收和债务筹资，并承担公共品供给、转移支付和债务付息等支出项目。S 表示财政支出；T 表示税收；D 表示当期债务存量，它对时间的差分表示当期增发债务获得的收入。

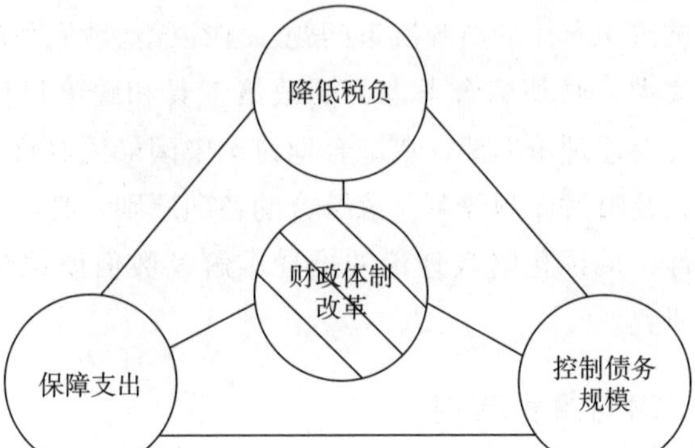

图 1　财政“不可能三角”

这一框架模型完整刻画了财政四大目标和三大政策工具之间的关系，回应公共财政决策的大部分研究问题。（1）本文的模型纳入了公共债务与跨期效用最大化决策，对接了有关公共债务可持续性和最优债务安排的研究（D'Erasmo et al.，2016；Nakajima and Takahashi，2017）。宋铮等人（Song et al.，2012）表明，政府提供公共服务的质量，以及居民的公共品偏好，是长期政府债务水平的关键决定因素，提供公共服务效率较低的国家，将陷入债务水平高企—财政收入用于偿还债务—公共服务供给不足的恶性循环。该文章在讨论公共品供给时并未讨论外部性的影响，将公共品偏好设定为外生参数，难以全面刻画政府提供公共品的动机。（2）本文的模型通过将公共品、外部性、收入分配和税收工具纳入讨论，能够呼应庇古税、莫里斯税和拉姆齐税的最优税收理论研究（Mirrlees，1971；Diamond and Mirrlees，1971；Saez，2001；Jacobs and de Mooij，2015）。雅各布斯和德穆吉（2015）通过构建包含外部性消费、公共品、商品税和收入税的公共财政决策模型，讨论了在收入税产生再分配收益的情况下，庇古税的最优水平。但是，雅各布斯和德穆吉构建的是静态模型，并未考虑跨期约束和债务问题，难以分析财政“不可能三角”下的最优财政决策。（3）本文的模型直接承接了综合税收、公共品供给和债务约束的相关研究（Barro，1979；Battaglini and Coate，2008；Song et al.，2012）。巴塔格里尼和科特（Battaglini and Coate，2008）构建了综合三者的动态政治经济学模型，分析了民主选举过程会扭曲政府最优化社会福利的决策，并发现政府债务过高而公共服务供给水平过低。但是，这篇文章同样缺乏对外部性问题的讨论。

已有研究因侧重于具体的财政决策问题，往往无法就完整的财政体系进行建模分析。在现实中，必须综合考虑不同政策工具和政策目标之间的制约关系。本文旨在通过上述理论框架，更综合地讨论中国最优财政支出安排和最优筹资结构问题，以及财政体制改革应该符合的各项原则。必须承认的是，由于模型系统的复杂性，最优化财政理论的推导求解及数值模拟超出了本文的范畴，需另作他文研究。

三、最优政府支出与筹资结构

近年来，受经济下行压力加大、大幅度减税降费和大规模疫情暴发等因素的影响，我国财政可持续性面临较大压力。本文的框架模型表明，收入侧和支出侧共同影响财政目标的实现，在预算约束下无论是“以收定支”或“以支定收”都有失偏颇。扭曲性税收和增大经济风险的公共债务都会折损社会福利。最优线性商品税收和非线性收入税收研究都表明，税收收入的边际社会价值应该等于税收扭曲经济活动产生的福利损失（Diamond and Mirrlees，1971；Scheuer and Werning，2016）。因此，最优财政规模取决于政府筹资行为的成本和财政收支活动带来的收益。

在财政“不可能三角”下，实现财政的四个目标的关键，在于认识不同财政工具对于实现各个目标的作用，利用财政工具的组合有序解决工具之间的制约。一方面，财政支出结构调整可以显著提升财政支出效率，在有限的资金内实现更大收益；另一方面，可以在实现相同财政目标的情况下，通过财政工具在税收、债务和支出上的再分配，放宽财政预算约束。

按照财政四个目标，本文将2018年中国一般公共预算支出划分为五方面（见图2）：（1）公共品供给；（2）正外部性治理；（3）负外部性治理；（4）调控经济波动；（5）调节收入分配（各类别划分标准详见表1）。

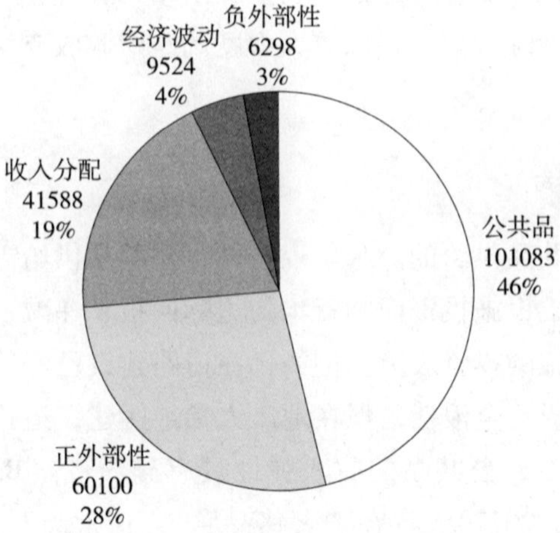

图2 2018年一般公共预算支出决算数及占比（亿元，%）

表1 公共预算支出分类标准

类别	内容
公共品	一般公共服务支出、外交支出、国防支出、公共安全支出、城乡社区支出、农业、林业、水利、南水北调、农业综合开发、交通运输支出、资源勘探信息等支出、商业服务业等支出、金融支出、国土海洋气象等支出
正外部性	教育支出、科学技术支出、文化体育与传媒支出、医疗卫生与计划生育支出、援助其他地区支出
负外部性	节能环保支出
收入分配	社会保障和就业支出、扶贫、农村综合改革、普惠金融发展支出、目标价格补贴、其他农林水支出、住房保障支出
经济波动	粮油物资储备支出、债务付息支出、债务发行费用支出

2018年，中国公共财政支出以公共品供给为主，其次为正外部性治理支出和收入分配支出，在调控经济波动和处理负外部性方面的支出则相对较少。

这种结构是因为调节收入分配、调控经济波动和处理负外部性，都比供给公共品或治理正外部性有更多的政策工具可供选择。需要注意的是，调节收入分配、调控经济波动和处理负外部性的支出占比达到26%（图2）。若更多地使用税收工具实现这些目标，可以放松财政支出约束，将更多财政资金用于供给公共品和治理正外部性方面。若进一步调整支出结构，优化财政支出效率，则可提升财政可持续性。综合而言，以更大力度调整财政收支结构是优化中国财政体系的主要手段。

1. 公共品供给

按照最优化公共品供给的萨缪尔森条件，公共品供给需要重点解决以下两个问题：第一，基础设施投资面临资本的边际回报率递减，必须基于其机会成本做出新增基础设施的投资决策。例如，在道路建设已经趋于完善的地区继续新建道路很可能造成资金浪费，但在地广人稀地区建设道路只能连接有限的人口和经济规模。第二，公共品的收入弹性具有异质性（Barbier et al.，2016；Burkhardt and Chan，2017），存在“奢侈品”、“正常品”和“劣等品”的划分。对于随收入水平提升而减少消费比例的劣等公共品，其供给水平应该逐步减少。相反，对于正常公共品和奢侈公共品，则应该扩大投资以满足新增需求。

以扶贫为例，近年来，农村居民的收入状况和消费支出水平有了明显提升（见图3）。随着农村居民需求结构的变化，以往农村地区的部分公共品需求下降。例如，大量行政村的乡村小学面临学生流失问题，维持这些学校运作会浪费财政资源，亟待裁减合并部分学校。

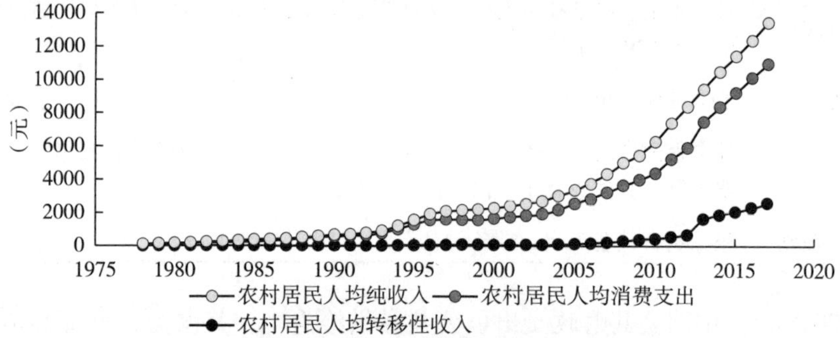

图3　1978—2018年农村居民人均纯收入、消费支出与转移性收入

随着农村地区因贫失学状况明显改善，部分维持基本教育水平的财政补助无法进一步提升教育水平，反而挤出私人教育投入。同时，农村地区整体教育水平仍然显著落后于城市地区，农村学生走普通教育道路，将在高考中缺乏竞争力，在劳动力市场中处于劣势。若要通过教育缩小城乡差距，应该更多发展职业教育，切实培养劳动技能，提升劳动生产率和竞争力。

在精准扶贫的过程中，大量财政资金投入相对贫困落后地区，不仅用于转移性支付等改善收入分配的项目上，并被更多地投入到基础设施建设（见图4）。随着贫困地区基础设施的明显改善，财政扶贫资金要转向长期性的社会保障和转移支付体系建设。

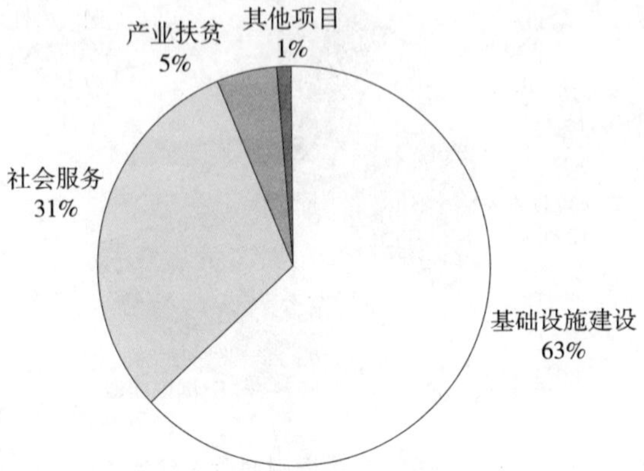

图4　河南省某国家级贫困县2014—2017年扶贫资金分配

综上，目前我国财政已经进入“饱和型财政”阶段。在这一阶段，大量地区、大量类别的基础设施建设已经接近饱和，基础设施投资的边际回报率正在加速递减。同时，低质量的教育、医疗、行政服务等公共品的供给趋于饱和，其需求正被更高水平、更高质量、更契合美好生活需要的新公共品需求所替代。在这一阶段，盲目扩大公共品供给规模的边际效益较低，优化公共品供给的关键在于总量控制和结构调整，不宜以过往的预算安排未来投资。

2. 外部性治理

基于庇古税理论，税收是治理负外部性的主要工具。除此以外，政府支出同样可以改变外部性的影响。例如，通过补贴污染治理技术降低空气和水体中的污染物数量。考虑到消费行为的边际外部性大小往往是非线性变动的，利用税收治理外部性需考虑财政支出的影响（Eskeland，1994）。财政支出和税收收入在治理外部性问题上的替代性为放松财政预算提供空间。

目前，我国用于治理负外部性的税收工具还很匮乏。针对化石能源开采的资源税，针对环境污染物排放的环境保护税，针对成品油以及汽车、摩托车消费的消费税等环境保护税收，在我国财政收入中的占比不足5%，而实际用于治理负外部性的税收则更少（见图5）。我国还需要不断扩大负外部性税收的规模，在放大负外部性治理效果的同时，为降低财政环保支出腾出空间。

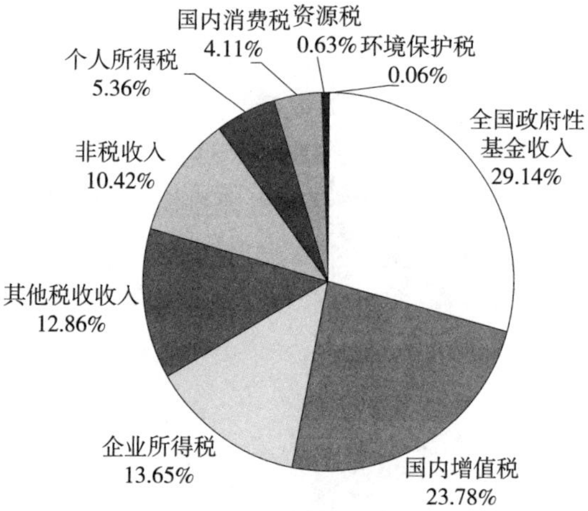

图5　2018年中国财政收入结构

3. 调控经济波动

我国历来重视财政工具在调控经济波动中的作用。例如，在2008年全球金融危机后出台了“四万亿”刺激政策，有效熨平了危机带来的经济冲击（苏治等，2013）。总体而言，我国过多使用自由裁量权较高的财政刺激政策应对短期风险，在为特定商品建立战略储备等常规性抑制经济波动的政策上反而投入不足，也尚未建立起随公共债务规模变动的财政泰勒规则以动态平衡财政收支（Azariadis，2016）。

在财政政策中，政府债务是调控经济波动的重要工具之一。波恩（Bohn，1988）指出名义政府债务起到降低财政预算引致经济波动风险的作用。还有学者（Nakajima and Takahashi，2017）也强调了政府债务的风险规避功能，认为政府债务增强了人们进行私人储蓄的激励和能力。同时，政府债务能够充当抵押品以放宽私人借贷约束，为私人市场主体提供了流动性（Holmström and Tirole，1998；Canzoneri et al.，2016）。但要意识到，政府债务也是累积经济风险、增强经济波动的重要因素之一，而预期是其中一个主要的作用渠道（Bacchetta et al.，2018）。有学者（Tamegawa，2016）认为评级机构与政府之间存在信息不对称，在政府削减债务的情况下容易做出不利的评级，加剧市场波动。可见，政府债务信息透明化、公开化对于控制债务的负面影响具有重要意义。目前我国一般政府债务的相对规模低于世界主要国家（见图6），但大量隐性公共债务不利于民间投资和经济正常运行（刘哲希等，2020），明晰化、规范化政府债务仍然是防范化解重大经济金融风险的重要任务。

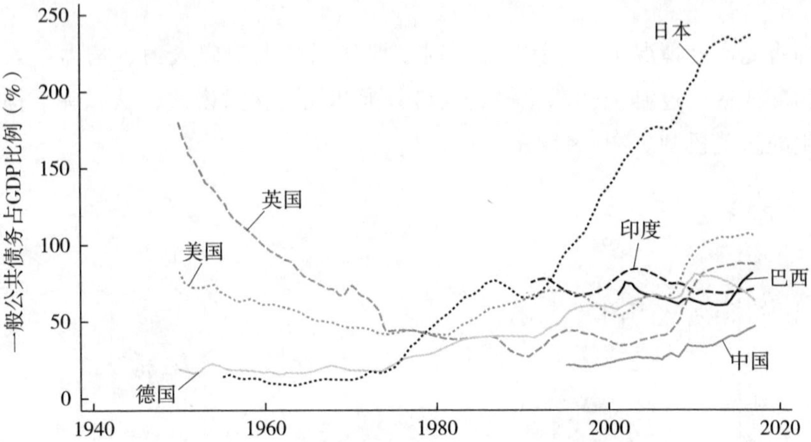

图6　部分国家一般公共债务占GDP比重

4. 调节收入分配

税收在调节收入分配中具有重要意义，但中国现行税收体系难以奏效。首先，中国的税收体系以间接税为主，以直接税为辅，2008—2018年直接税占比虽然呈上升趋势，但仍未超过间接税（见图7），使得直接税调节收入再分配的功能难以发挥。相比而言，中国的直接税占比低于OECD国家（见图8），个人所得税占比显著偏低。

其次，中国调节收入分配的税收工具也很匮乏。房地产税、遗产税和赠与税都是调节收入分配的重要工具，并已在国外取得良好的实践经验，而我国房地产税尚未立法落实，遗产税和赠与税尚未出台，税收体系亟待完善。在脱贫

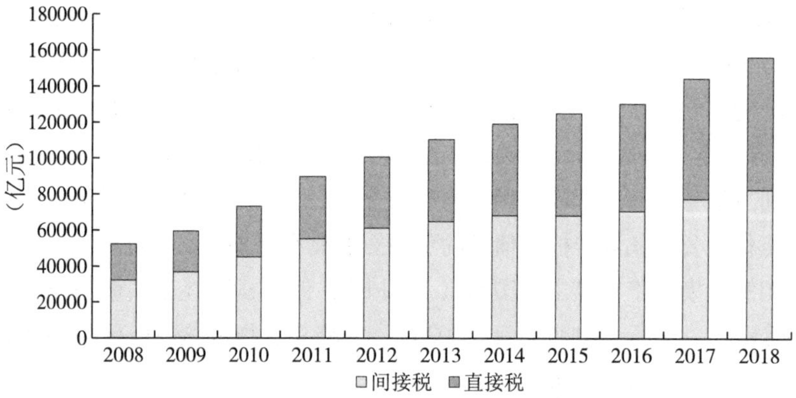

图 7　2008—2018 年中国直接税和间接税规模

攻坚即将完成的情况下，“十四五”时期要从以往大规模人力、物力投入为支撑的精准扶贫，过渡至常态化的收入再分配和社会保障模式，从源头上构建贫困发生的防范机制。

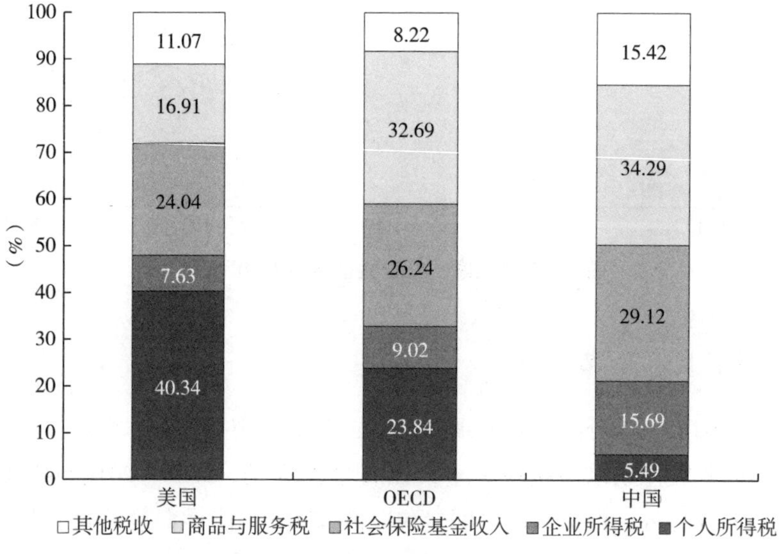

图 8　2016 年美国、OECD 国家和中国税收结构

5. 小结

本节运用“更综合的公共财政分析框架”，结合已有最优财政支出、最优税收理论、债务可持续性等文献，探讨中国现实财政收支结构和体系存在的问题，指出未来的优化提升方向，尤其是要在结构调整和工具创新两方面实现更大突破。

第一，用于提供公共品的财政支出，要根据民众公共品需求的变化优化结构，防止财政投资的边际回报率过低。例如，调整教育支出结构，在保障受教育机会的同时发展职业教育，并削减正外部性有限而维持成本较高的教育项目。

第二，在治理负外部性方面，目前我国的环境税、碳税等的规模尚未达到最优庇古税水平，大量财政资金用于处理环境污染加大了财政支出压力。今后要用税收工具替代财政支出。

第三，财政用于调节收入分配的部分，同样要强化税收工具的创新，开发更多的累进性税收工具，提升个人所得税水平，实现财政支出从短期“大推进”式的投入向长期兜底保障转型。

第四，进一步增强财政调节经济波动的作用，加强政府在预期管理和动态预算规则方面的作用，强化对自由裁量权的制约，规范财政运行原则，制定统一、公开、有效的财政收支动态调控规则，切实推动财政立法工作。

四、政府中的集体行动困境：央地财政关系重构与政策协调

以上分析均将政府视作单一决策主体讨论最优的财政收支安排，但“条块”划分是中国国家治理体系的一个重要特征。从纵向看，上下级政府之间存在委托代理关系，信息不对称影响双方的最优决策（Bordignon et al.，2001；Besfamille，2004）；从横向看，不同地区同级政府之间存在竞争与互动，各自的决策存在策略互补或策略替代（李涛和周业安，2009）；更微观地看，同一地区同一级别政府由多个部门组成，在部门本位主义下各自决策，产生了部门间的政策工具协调问题（郑新业等，2019）。财政作为政府组成部门的一部分，涉及与发改委、中央银行乃至国有企业等多主体的协调问题。

大量研究已经证明，分散化决策面临集体行动失败的风险（Zusman and Rausser，1994；Ostrom，1998）。在理性人假设下，每一层级、每个地区、每个政府部门都会综合自身和其他决策主体的目标和工具进行决策，实现自身利益最大化，可能偏离单一政府决策下的社会最优结果。因此，了解政府内部分割对财政体系效率的影响十分必要。目前，有关政府纵向、横向分割决策的研究相对丰富（张晏和龚六堂，2005；周黎安，2007；傅勇和张晏，2007；孙秀

林和周飞舟，2013），关于部门间协调的研究则方兴未艾（Qian and Mok，2016；Gilli et al.，2018；郑新业等，2019）。强化政府部门间关系的研究有助于促进财政与其他政策工具的协调和合作。

1. 现行央地财政关系的特征

财政央地关系是影响中国财政体系运行效率的主要因素。自分税制改革以来，我国央地财政关系整体上呈现“财权上收中央，事权下放地方”的特点，总体符合现代财政体制的原则：在收入层面，税基的流动性和地区间税收竞争约束了地方征税能力；在支出层面，由地方根据实际情况安排支出有助于消除信息不对称的效率损失（Oates，1972）。这一体制也导致我国在治理负外部性、调节收入分配、调控经济波动方面的表现相对较差（王永钦等，2007；张克中等，2011；陈思霞和卢盛峰，2014）。要理解这些问题的成因和解决方法，必须理解央地财政关系的基本事实：不同地方的财政能力具有显著差异。

一是财政征收能力差异。图9展示了2017年中国各地区本级人均财政收支水平，从横坐标人均GDP水平排序可见，随着地区人均GDP上升，人均财政收入水平也越高，但人均财政支出没有呈现出类似关系，表明了落后地区更依赖公共财政支出项目。

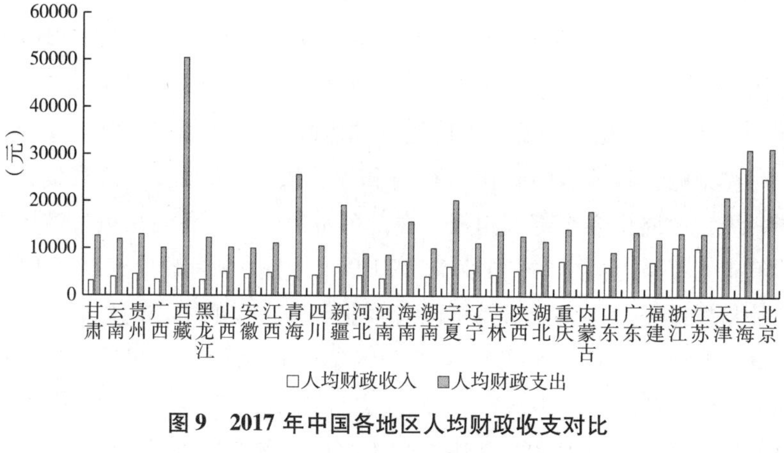

图9　2017年中国各地区人均财政收支对比

图9中的巨额财政收支差额，由大规模的中央对地方转移支付和税收返还加以补齐。图10展示了中国各地区本级人均财政收支差额与获得人均中央财政补助收入的数据。一方面，我国各地区一般公共财政缺口与人均GDP水平

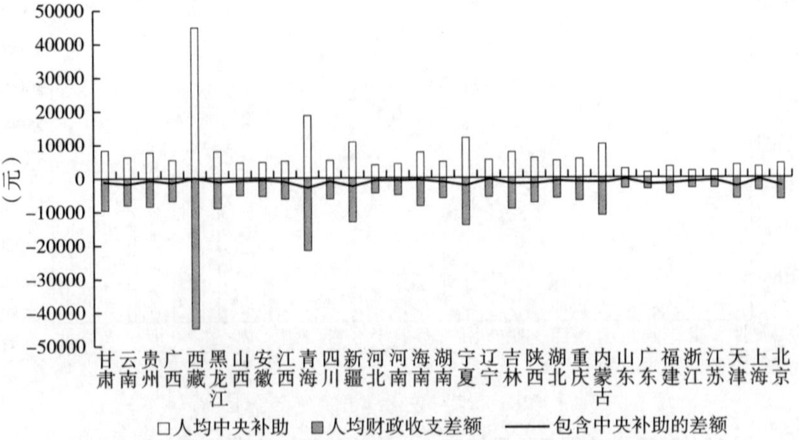

图 10　2017 年中国各地区人均财政收支差额与转移支付

之间不存在明显的正相关关系。另一方面，中央政府的转移支付和税收返还与地区财政缺口规模基本一致，表明中央政府转移支付使地方政府满足预算平衡的原则。这种安排既会削弱地方政府通过举债填补财政缺口的动机，但也可能强化地方政府寄希望于中央政府为地方财政收支缺口“兜底”（Bailout）的不当预期。

二是地区土地出让收入能力和国有企业资产规模的差异。土地使用权出让收入是我国政府性基金收入的重要组成部分，2018 年在我国财政收入中占据约 25%，而且土地出让收入的自主支配性较强（黄阳华，2019），对地方建设意义重大。尽管国有企业资产并不能直接转化为地方政府的资金，但当地方财政出现危机或风险事件时，国有企业资产可能在一定范围内转化为地方政府的偿债资产（沈沛龙和樊欢，2012）。图 11 展示了不同地区土地出让收入和地方国有企业资产规模，可以看出两者具有一定的正相关性。

综上，我国地区财政能力差异巨大。经济发达地区具有较强的财政征收能力，而落后地区，特别是少数民族聚居的地区财政能力较弱，更依赖中央政府转移支付。一方面，在现行财政收支责任分配下，财政能力差异导致地方政府的决策空间受限，决策结果偏离社会最优。另一方面，巨大的转移支付挤占了中央政府的支出空间，但占地方政府财政的比重却在下降（见图 12），反映了地方政府正更多依赖土地出让收入、债务等手段为财政支出筹资。中央转移支付对地方政府的影响力下降，将不利于规范地方政府的财政活动。

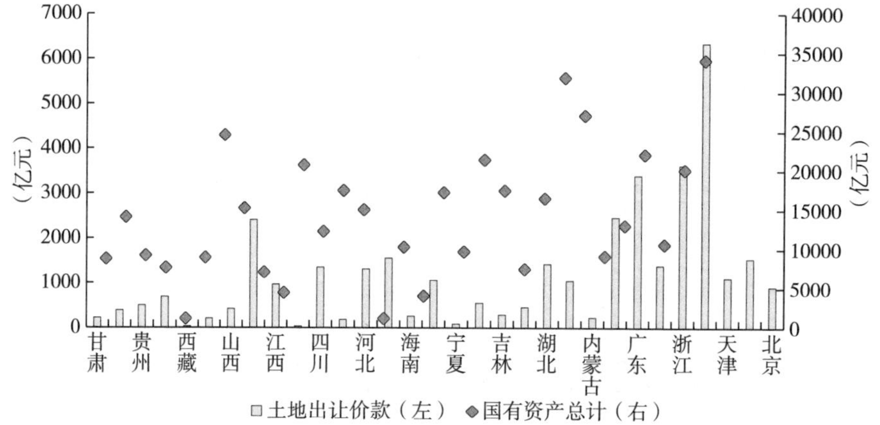

图 11　2017 年中国各地区国有土地出让价款与地方国有企业资产总额

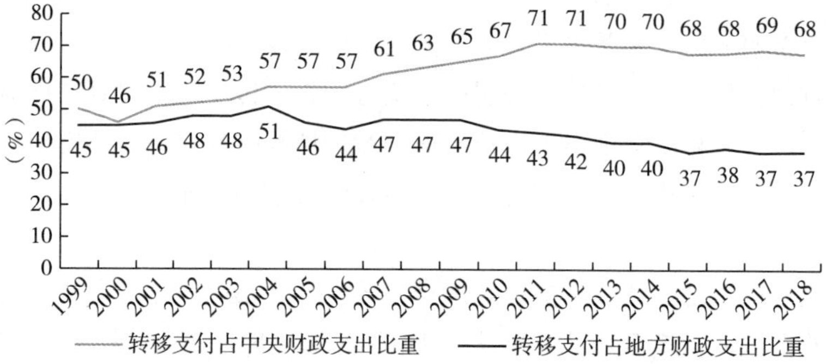

图 12　转移支付占中央和地方财政支出的比重

2. 央地财政关系亟待重构

当前，中央政府在公共品供给、外部性治理以及调节收入分配方面都承担着较轻的支出责任，地方政府承担的支出责任更大（见图 13）。这种央地财政安排导致了大量国家治理问题。在负外部性层面，环境污染治理通过空间溢出效应产生正外部性，但在辖区竞争下地方政府可能会对本地企业放松环保标准和执法力度。在调控经济波动方面，财政无法正确发挥其自动稳定器的作用。首先，因为个人所得税占比偏低，经济周期难以通过此渠道影响消费者决策。另外，当经济衰退时，承担地区社会保障责任的地方政府就面临收入下滑、开支增加的局面，从而导致地方政府预算的顺周期特性，恶化经济波动和长期经济增长表现。再有，财政的相机抉择功能在当前的央地关系下受到制约。中央

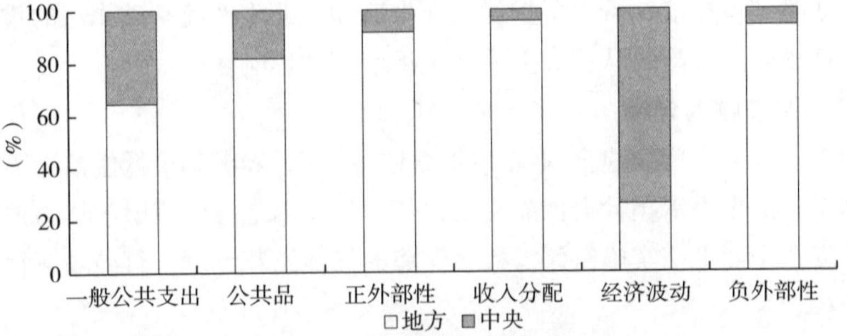

图 13　2017 年财政支出央地划分

政府对地方政府的转移支付只能用于弥补地方政府因衰退引发的财力缺口，而中央投资带来的基础设施开支又因时滞问题无法帮助经济及时复苏。失业保险和救助项目都由困难时期缺乏资金的地方政府负责，难以应对危机。在调节收入分配方面，我国的社会保险和社会保障体系以地区划分，由地方承担，恶化了区域之间的收入分配。首先，这种体制会使部分地区陷入"经济发展缓慢—社会保障压力大—生产性公共投资不足—经济发展缓慢"的恶性循环，被沉重的社会保障负担拖慢社会发展的步伐。另外，分割化的社会保障体系难以保障外出务工人员，限制了他们就业的稳定性和持久性。这种分割化的体系与户籍制度相互交织，严重制约劳动力自由流动。最后，当地方政府选择以高标准社会保障水平作为吸引高端人才的竞争工具时，地区差距将因财政能力不同而进一步扩大。

"十四五"时期，应大幅调整这一支出结构以解决当前央地财政问题，整体方向是中央政府逐步缩减转移支付规模，承担更多财政支出责任，特别是增加跨区域负外部性治理、医疗、就业、养老和最低生活保障等方面的支出责任，以财政规则而非资金支持引导地方政府行为。

（1）治理外部性行为

由中央政府统一协调跨区域环境污染治理，构建地区间环境保护转移支付体系，可以实现地区间激励相容，促进地区间的污染治理相互监督。承接上一部分的思路，"十四五"时期应该征收全国统一的、更严格、更广泛的环境污染税和碳排放税，替代环境污染管控政策。

（2）调控经济波动

解决经济波动调控问题除了构建全国统一的社会保障体系外，还需要强化中央的战略储备职能，着力保护对民众生活和工业生产起基础作用的重点上游行业，抵御经济风险，从源头上减轻经济波动的影响。

（3）调节收入分配

中央应加大力度构建全国统一的就业、医疗、养老和最低生活保障等社会保障体系，由中央承担社会保障支出责任，防止因地方政府财政压力缩减社会保障力度，全面推广实施医保等社会保障的异地结算制度，打破城乡社会保障不均现状。

3. 财政规则改革与财政激励转变

以控制政府债务为例，徐建国和张勋（Xu and Zhang，2014）指出，地方债务问题的主要风险因素在于地方政府的财权和事权不匹配，以及债务期限和债务资金用途不匹配。中央政府主要采取“开前门，堵后门”、实施债务置换、设置债务限额、设定终身问责制等举措限制地方政府借债。这些制度限制了地方举债的规模和方式，增大了政府负债透明度；通过借新还旧和债务展期，使期限结构和收益周期相匹配；通过严肃问责调整官员借债激励，实现激励相容。

4. 部门间政策协调与财政目标的实现

中国政府行政管制能力较强，还有大量政府部门和其控制的经济主体参与调控市场经济运作。除了常见的财政部和中国人民银行外，中国还拥有国家发改委以及国有企业这两类能够影响财政目标实现的主体。表 1 总结了这四类主体对实现各个财政目标的影响范围。可见，发改委的职能与财政部多有重叠，甚至有人称财政部相对于发改委只是承担“出纳”的责任。郑新业等人（2019）的研究表明，财政部和发改委之间的政策是基于部门自身的目标和工具，并综合其他部门的决策行为综合考虑的结果。根据上文提出的“更综合的公共财政分析框架”，综合考虑各个财政目标对于求解最优财政收支结构是必要的，无论是发改委、中国人民银行或国有企业都不可能完整地替代财政部的全部职能。

表 2　不同主体对财政目标的影响范围

主体/目标	公共品	正外部性	负外部性	经济稳定	收入分配
财政部	√	√	√	√	√
发改委	√	√	√	√	—
人民银行	—	—	—	√	—
国有企业	√	√	—	—	—

注："√"表示有影响，"—"表示无影响。

五、当财政具有"外部性"：大国财政与政策外溢

上述分析都在讨论封闭经济中的财政决策。然而，中国已经成为世界第二大经济体，所采取的各项财政政策已经足以对世界市场和跨国投资行为产生影响，我国也在受到他国经济社会政策的影响。在理论层面，财政决策中考虑他国因素至少有三重原因：不同国家在财政决策上存在策略互动；税基的流动导致本国所得税的税基结构偏离封闭经济的情况（Kanbur and Tuomala，2013；Dai et al.，2020）；开放经济下政府债券在世界市场流通。一国的财政收入、支出和债务引发其他国家反应，反过来影响本国的财政政策效果。已有研究分析了国家之间税率下调引发"税率战"的情形（Altshuler and Goodspeed，2015），税收竞争可能演变为全面的财政竞争。

1. 支持国际公共品供给，增大对外投资收益

近年，中国对外投资规模迅速增长（见图 14），保障和增大海外投资收益成为我国一项重要任务。考虑到资本的边际回报率取决于配套资本，帮助投资目的地国家建立更完善的基础设施体系是提升我国对外投资收益的有效手段。目前，我国在"一带一路"沿线国家开展大规模基础设施建设，并通过国家开发银行、亚洲基础设施投资银行、丝路基金等主体提供资金支持。国家财政在提供这些资金中起到重要作用。②

② 例如，国开行的第一大股东是财政部，第二大股东是由财政部发行特别国债成立的中国投资有限责任公司的全资子公司；国开行和中国投资有限公司也是丝路基金的出资方；时任财政部部长楼继伟是亚投行首届理事会主席。

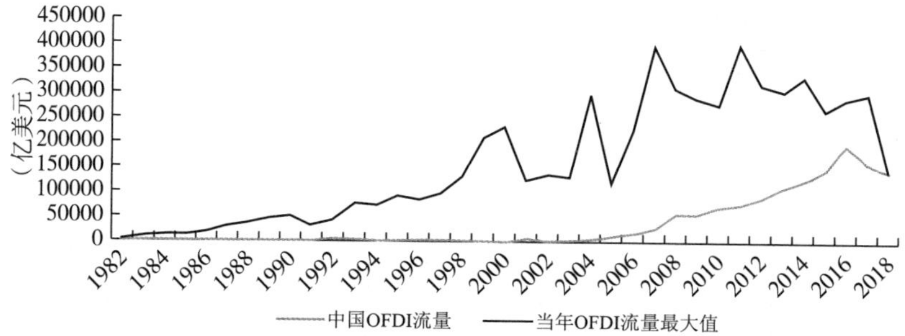

图 14　1982—2018 年中国对外直接投资流量与当年全球最大值对比

2. 新技术及其国际交流的正外部性治理

随着我国不断向产业链上游迈进，高端制造业和高端服务业的竞争性和创新性风险增加。中国已经开始从低风险、低收益的“与发展中国家竞争、与发达国家合作”模式，逐渐转变为高风险、高收益的“与发达国家竞争”模式。中国的新产品、新技术投入市场，将打破以往发达国家的垄断，降低世界市场均衡价格，促进全球市场规模扩张，惠及广大发展中国家。在这个过程中，国内外技术人员的交流互动也会增强，产生技术开发正外部性。为了保障自身利益，美国等发达国家将收紧对中国的贸易政策，限制技术流通。

为了实现我国产业转型升级带来的全球溢出效应，保护高技术产业的发展，传统理论认为财政体系应提供“庇古补贴”。但由于完整产业链中每一个环节的稳定供给和可靠维护都会带来对整个产业链的正外部性（Shen et al.，2019），每一个环节的供应商都希望寻找成熟稳定的产业链上下游，保障国际合作稳定和产业链完整性比补贴本国供应商更重要。类似原则也适用于依赖平台和网络效应的新兴产业，双边市场中任意一侧消费者的行为都会产生平台内部的正外部性收益（Kate and Niels，2019）。例如，使用一款操作系统的软件开发人员越多，愿意选择该操作系统的终端用户也越多，进而吸引更多的软件开发人员。这种正外部性导致一款新产品只有当双边消费者数量超过关键临界水平（critical mass）时才真正具有市场竞争力。前期吸纳新用户所需的补贴规模将非常庞大，传统补贴的作用有限。

在上述领域，政府应强化国际合作，推动建立统一的关税和所得税标准，一方面防止国外产品向国内倾销，另一方面防止国内人才、企业、产品流失。

六、结论与政策主张

本文从公共财政的目标和功能出发，梳理了公共财政在公共品供给、外部性治理、调控经济波动和调节收入分配中的作用。结合财政的支出、税收和债务三类工具的“不可能三角”，本文提出“更综合的公共财政分析框架”，囊括财政最优化决策的四个主要目标。结合中国实际，本文认为财政收支体系改革的方向是稳定总量、调整结构和创新工具。第一，需要改善财政支出结构，减少对劣等公共品和已饱和公共品的供给，提升资金效率。第二，财政支出中用于负外部性治理的部分要适当地由税收工具替代。通过差异化税率改革提高环境污染税、碳排放税收标准，并节省污染物处理的开支。第三，通过增大直接税占比强化财政的自动稳定器作用，并通过建立清晰的财政规则规范政府的自由裁量权，以透明的预算和债务管理调节市场预期，形成与货币政策的良好互补。第四，以税收工具替代财政支出中用于降低收入不平等的部分，提升所得税结构的累进性，并以 1 亿元为起征点设立遗产税，填补税收体系缺口。

在“更综合的公共财政分析框架”的基础上，本文进一步考虑财政体系内部的分割化决策对财政效率的影响。特别地，本文指出在各地区财政能力有显著差异的情况下将过多支出责任落在地方政府肩上，严重限制了部分地区的财政决策空间，加剧了地区不平等，并诱发地方政府债务积累。央地关系改革要将中央政府的定位从政策制定者转向政策制定与执行并重，特别要强化中央政府在跨区域外部性治理、收入分配、社会保障等方面的支出责任。中央对地方财政运行的调控，要逐步从转移支付向财政规则转移。

当下，需要审慎考虑财政政策对国内外经济的影响，也要兼顾国际竞争形势和他国的策略。强化国际税收合作，倡导建立世界税收合作组织（Global Taxation Organization，GTO），协调各国在企业所得税等税种上的税率水平，缓解全球税收竞争。保障海外投资收益，保护国内企业参与国际市场竞争。倡导构建全球税收信息共享数据库，强化各国在税收征管数据上的共享，减少跨国逃税避税行为。对国内新兴技术产业，要创新政策举措，谨慎使用高投入高风险的财政补贴政策，将有限的财政资源投放在保护国内市场，防止海外倾销，引进先进人才和企业等方面。

参考文献

陈思霞、卢盛峰,《分权增加了民生性财政支出吗?——来自中国“省直管县”的自然实验》,《经济学(季刊)》,2014,第13卷(第4期),第1261—1282页。

傅勇、张晏,《中国式分权与财政支出结构偏向:为增长而竞争的代价》,《管理世界》,2007年第3期。第4—12页、第22页。

黄阳华,《中国产业结构演进的制度基础——地方政府最优土地出让行为的视角》,《政治经济学评论》,2019年第5期,第78—100页。

李涛、周业安,《中国地方政府间支出竞争研究——基于中国省级面板数据的经验证据》,《管理世界》,2009年第2期,第12—22页。

刘哲希、任嘉杰、陈小亮,《地方政府债务对经济增长的影响——基于债务规模与债务结构的双重视角》,《改革》,2020年第4期,第100—115页。

沈沛龙、樊欢,《基于可流动性资产负债表的我国政府债务风险研究》,《经济研究》,2012年第2期,第93—105页。

苏治、李媛和徐淑丹,《“结构性”减速下的中国投资结构优化:基于四万亿投资效果的分析》,《财政研究》,2013年第1期,第43—47页。

王永钦、张晏、章元、陈钊和陆铭,《中国的大国发展道路——论分权式改革的得失》,《经济研究》,2007年第1期,第4—16页。

张克中、王娟和崔小勇,《财政分权与环境污染:碳排放的视角》,《中国工业经济》,2011年第10期,第65—75页。

孙秀林、周飞舟,《土地财政与分税制:一个实证解释》,《中国社会科学》,2013年第4期,第40—59页、第205页。

张晏、龚六堂,《分税制改革、财政分权与中国经济增长》,《经济学(季刊)》,2005年第4期,第75—108页。

郑新业、王宇澄和张力,《政府部门间政策协调的理论和经验证据》,《经济研究》,2019年10期,第24—40页。

郑新业、张力,《财政“不可能三角”之可能》,《探索与争鸣》,2017年第9期,第108—116页。

周黎安,《中国地方官员的晋升锦标赛模式研究》,《经济研究》,2007年第7期,第36—50页。

Altshuler, Rosanne, and Timothy J. Goodspeed. 2015. “Follow the Leader? Evidence on European and US Tax Competition.” *Public Finance Review* 43 (4): 485-504.

Aronsson, Thomas, and Olof Johansson-Stenman. 2008. “When the Joneses' Consumption Hurts: Optimal Public Good Provision and Nonlinear Income Taxation.” *Journal of Public Economics* 92 (5-6): 986-97.

Azariadis, Costas. 2016. *A Taylor Rule for Public Debt.* Rochester, NY: Social Science Research Network. SSRN Scholarly Paper.

Bacchetta, Philippe, Elena Perazzi, and Ericvan Wincoop. 2018. “Self-Fulfilling Debt Crises: What Can Monetary Policy Do?” *Journal of International Economics*110: 119-34.

Badinger, Harald. 2012. “Cyclical Expenditure Policy, Output Volatility and Economic

Growth." *Applied Economics* 44 (7): 835–51.

Ballard, Charles L, and Don Fullerton. 1992. "Distortionary Taxes and the Provision of Public Goods." *Journal of Economic Perspectives* 6 (3): 117–31.

Barbier, Edward B., Mikołaj Czajkowski, and Nick Hanley. 2017. "Is the Income Elasticity of the Willingness to Pay for Pollution Control Constant?" *Environmental and Resource Economics* 68 (3): 663–82.

Barro, Robert J. 1979. "On the Determination of the Public Debt." *Journal of Political Economy* 87 (5, Part1): 940–71.

Batina, Raymond G. 1990. "Public Goods and Dynamic Efficiency: The Modified Samuelson Rule." *Journal of Public Economics* 41 (3): 389–400.

Battaglini, Marco, and Stephen Coate. 2008. "A Dynamic Theory of Public Spending, Taxation, and Debt." *American Economic Review* 98 (1): 201–36.

Boadway, Robin, and Michael Keen. 1993. "Public Goods, Self-Selection and Optimal Income Taxation." *International Economic Review* 34 (3): 463–78.

Bohn, Henning. 1988. "Why Do We Have Nominal Government Debt?" *Journal of Monetary Economics* 21 (1): 127–40.

Bosquet, Benoît. 2000. "Environmental Tax Reform: Does It Work? A Survey of the Empirical Evidence." *Ecological Economics* 34 (1): 19–32.

Bovenberg, A. Lans, and Lawrence H. Goulder. 1996. "Optimal Environmental Taxation in the Presence of Other Taxes: General-Equilibrium Analyses." *The American Economic Review* 86 (4): 985–1000.

Buchanan, James M., and Wm. Craig Stubblebine. 1962. "Externality." *Economica* 29 (116): 371–84.

Burkhardt, Jesse, and Nathan W. Chan. 2017. "The Dollars and Sense of Ballot Propositions: Estimating Willingness to Pay for Public Goods Using Aggregate Voting Data." *Journal of the Association of Environmental and Resource Economists* 4 (2): 479–503.

Canzoneri, Matthew, Robert Cumby, and Behzad Diba. 2016. "Optimal Money and Debt Management: Liquidity Provisionvs Tax Smoothing." *Journal of Monetary Economics* 83: 39–53.

Carter, Colin A., Gordon C. Rausser, and Aaron Smith. 2017. "Commodity Storage and the Market Effects of Biofuel Policies." *American Journal of Agricultural Economics* 99 (4): 1027–55.

Chen, Yunmin, Brian Chi-ang Lin, and John E. Anderson. 2016. "Environmental and the-Greened Samuelson Rule." *Journal of Economic Surveys* 30 (3): 482–96.

Chetty, Raj, and Adam Looney. 2006. "Consumption Smoothing and the Welfare Consequences of Social Insurance in Developing Economies." *Journal of Public Economics* 90 (12): 2351–56.

Chiroleu-Assouline, Mireille, and Mouez Fodha. 2006. "Double Dividend Hypothesis, Golden Rule and Welfare Distribution." *Journal of Environmental Economics and Management* 51 (3): 323–35.

Coase, Ronald H. 1960. "The Problem of Social Cost." *The Journal of Law & Economics* 3: 1–44.

Costa, Luís F., and Huw David Dixon. 2010. *Fiscal Policy Under Imperfect Competition: A Survey.* Rochester, NY: Social Science Research Network. SSRN Scholarly Paper.

D'Erasmo, P., E. G. Mendoza, and J. Zhang. 2016. "Chapter 32 - What Is a Sustainable Public Debt?" pp. 2493 - 2597 in *Handbook of Macroeconomics.* Vol. 2, edited by J. B. Taylor and H. Uhlig. Elsevier.

Dai, Darong, Wenzheng Gao, and Guoqiang Tian. 2020. "Relativity, Mobility, and Optimal Nonlinear Income Taxation in an Open Economy." *Journal of Economic Behavior & Organization* 172: 57 - 82.

Devereux, Stephen. 2002. "Can Social Safety Nets Reduce Chronic Poverty?" *Development Policy Review* 20 (5): 657 - 75.

Diamond, Peter A., and James A. Mirrlees. 1971. "Optimal Taxation and PublicProduction II: Tax Rules." *The American Economic Review*61 (3): 261 - 78.

Dybvig, Philip H., and Chester S. Spatt. 1983. "Adoption Externalities as Public Goods." *Journal of Public Economics* 20 (2): 231 - 47.

Epstein, Larry G., and Uzi Segal. 1992. "Quadratic Social Welfare Functions." *Journal of Political Economy* 100 (4): 691 - 712.

Eskeland, Gunnar S. 1994. "A Presumptive Pigovian Tax: Complementing Regulation to Mimic an Emissions Fee." *The World Bank Economic Review* 8 (3): 373 - 94.

Eslava, Marcela. 2006. *The Political Economy of Fiscal Policy: Survey.* Rochester, NY: Social Science Research Network. SSRN Scholarly Paper.

Farhi, Emmanuel, and Xavier Gabaix. 2020. "Optimal Taxation with Behavioral Agents." *American Economic Review*110 (1): 298 - 336.

Farrell, Joseph. 1987. "Information and the Coase Theorem." *Journal of Economic Perspectives* 1 (2): 113 - 29.

Fatas, A., and I. Mihov. 2003. "The Case for Restricting Fiscal Policy Discretion." *The Quarterly Journal of Economics* 118 (4): 1419 - 47.

Fernúndez-Villaverde, Jesús, Pablo Guerrón-Quintana, Keith Kuester, and Juan Rubio-Ramírez. 2015. "Fiscal Volatility Shocks and Economic Activity." *American Economic Review* 105 (11): 3352 - 84.

Fontana, Giuseppe. 2009. *Whither New Consensus Macroeconomics? The Role of Government and Fiscal Policy in Modern Macroeconomics. SSRN Scholarly Paper.* ID1410615. Rochester, NY: Social Science Research Network.

Gilli, Mario, Yuan Li, and Jiwei Qian. 2018. "Logrolling under Fragmented Authoritarianism: Theory and Evidence from China." *Public Choice* 175 (1 - 2): 197 - 214.

Goulder, Lawrence H. 1995. "Environmental Taxation and the Double Dividend: A Reader's Guide." *International Tax and Public Finance* 2 (2): 157 - 83.

Greiner, Alfred. 2011. "Economic Growth, Public Debt and Welfare: Comparing Three Budgetary Rules." *German Economic Review* 12 (2): 205 - 22.

Greiner, Alfred, and Willi Semmler. 2000. "Endogenous Growth, Government Debt and Budgetary Regimes." *Journal of Macroeconomics* 22 (3): 363 - 84.

Groneck, Max. 2010. "A Golden Rule of Public Finance or a Fixed Deficit Regime?: Growth and Welfare Effects of Budget Rules." *Economic Modelling* 27 (2): 523 – 34.

Harsanyi, John C. 1955. "Cardinal Welfare, Individualistic Ethics, and Interpersonal Comparisons of Utility." *Journal of Political Economy* 63 (4): 309 – 21.

Holmström, Bengt, and Jean Tirole. 1998. "Private and Public Supply of Liquidity." *Journal of Political Economy* 106 (1): 1 – 40.

Jackson, Matthew O., and Antonio Nicolò. 2004. "The Strategy-Proof Provision of Public Goods under Congestion and Crowding Preferences." *Journal of Economic Theory* 115 (2): 278 – 308.

Jacobs, Bas, and Ruud A. de Mooij. 2015. "Pigou Meets Mirrlees: On the Irrelevance of Tax Distortions for the Second-Best Pigouvian Tax." *Journal of Environmental Economics and Management* 71: 90 – 108.

Kanbur, Ravi, and Matti Tuomala. 2013. "Relativity, Inequality, and Optimal Nonlinear Income Taxation." *International Economic Review* 54 (4): 1199 – 1217.

Karantounias, Anastasios G. 2018. "Optimal Fiscal Policy with Recursive Preferences." *The Review of Economic Studies* 85 (4): 2283 – 2317.

Kate, Adriaan Ten, and Gunnar Niels. 2019. *Consumer Demand in Two-Sided Markets and the Platform-Specific Nature of Externalities.* Rochester, NY: Social Science Research Network. SSRN Scholarly Paper.

Lindahl, Erik. 1958. "Just Taxation—A Positive Solution." pp. 168 – 76 in *Classics in the Theory of Public Finance, International Economic Association Series*, edited by R. A. Musgrave and A. T. Peacock. London: Palgrave Macmillan UK.

Lucas, Robert E. 1990. "Supply-Side Economics: An Analytical Review." *Oxford Economic Papers* 42 (2): 293 – 316.

Mirrlees, J. A. 1971. "An Exploration in the Theory of Optimum Income Taxation." *The Review of Economic Studies* 38 (2): 175 – 208.

Musgrave, Richard A. 1988. "Public Debt and Intergeneration Equity." In *The Economics of Public Debt: Proceedings of a Conference Held by the International Economic Association at Stanford, California*, International Economic Association Series, eds. Kenneth J. Arrow and Michael J. Boskin. London: Palgrave Macmillan UK, 133 – 48.

Nakajima, Tomoyuki, and Shuhei Takahashi. 2017. "The Optimum Quantity of Debt for Japan." *Journal of the Japanese and International Economies* 46: 17 – 26.

Oates, Wallace E. 1972. *Fiscal Federalism.* New York: Harcourt Brace Jovanovich.

Oates, Wallace E. 1999. "An Essay on Fiscal Federalism." *Journal of Economic Literature* 37 (3): 1120 – 49.

Obara, Takuya, and Shuichi Tsugawa. 2019. "Public Good Provision Financed by Nonlinear Income Tax Under Reduction of Envy." *The B. E. Journal of Economic Analysis & Policy* 19 (4).

Qian, Jiwei, and Ka Ho Mok. 2016. "Dual Decentralization and Fragmented Authoritarianism in Governance: Crowding Out among Social Programmes in China" *Public Administration and Development* 36 (3): 185 – 97.

Saez, Emmanuel. 2001. "Using Elasticities to Derive Optimal Income Tax Rates." *The Review of Economic Studies* 68 (1): 205 – 29.

Samuelson, Paul A. 1954. "The Pure Theory of Public Expenditure." *The Review of Economics and Statistics* 36 (4): 387 – 89.

Schakel, Arjan H. 2010. "Explaining Regional and Local Government: An Empirical Test of the Decentralization Theorem." *Governance* 23 (2): 331 – 55.

Scheuer, Florian, and Iván Werning. 2016. *Mirrlees Meets Diamond-Mirrlees.* Working Paper. 22076. National Bureau of Economic Research.

Schöb, Ronnie. 2005. "The Double-Dividend Hypothesis of Environmental Taxes: A Survey." In *The International Yearbook of Environmental and Resource Economics 2005/2006*, eds. Henk Folmer and Thomas H Tietenberg. Cheltenham, U. K.: Edward Elgar.

Setterfield, Mark. 2007. "Is There a Stabilizing Role for Fiscal Policy in the New Consensus?" *Review of Political Economy* 19 (3): 405 – 18.

Shen, Jim Huangnan, Sarah Tang, and Peter Chow. 2018. *An Inquiry into the Division of the Gains in High-Tech Global Supply Chains—Theory and Evidence.* Rochester, NY: Social Science Research Network. SSRN Scholarly Paper.

Song, Zheng, Kjetil Storesletten, and Fabrizio Zilibotti. 2012. "Rotten Parents and Disciplined Children: A Politico-Economic Theory of Public Expenditure and Debt." *Econometrica* 80 (6): 2785 – 2803.

Strumpf, Koleman S., and Felix Oberholzer-Gee. 2002. "Endogenous Policy Decentralization: Testing the Central Tenet of Economic Federalism." *Journal of Political Economy* 110 (1): 1 – 36.

Tamegawa, Kenichi. 2016. "Rating for Government Debt and Economic Stability." *The Journal of Economic Asymmetries* 13: 35 – 44.

Wilson, John Douglas. 1991. "Optimal Public Good Provision with Limited Lump-Sum Taxation." *The American Economic Review* 81 (1): 153 – 66.

Xu, Jianguo, and Xun Zhang. 2014. "China's Sovereign Debt: A Balance-Sheet Perspective." *China Economic Review* 31: 55 – 73.

Besfamille, Martin. 2004. "Local Public Works and Intergovernmental Transfers under Asymmetric Information." *Journal of Public Economics* 88 (1): 353 – 75.

Bordignon, Massimo, Paolo Manasse, and Guido Tabellini. 2001. "Optimal Regional Redistribution under Asymmetric Information." *American Economic Review* 91 (3): 709 – 23.

Ostrom, Elinor. 1998. "A Behavioral Approach to the Rational Choice Theory of Collective Action: Presidential Address, American Political Science Association, 1997." *American Political Science Review* 92 (1): 1 – 22.

Zusman, Pinhas, and Gordon C. Rausser. 1994. "Intraorganizational Influence Relations and the Optimality of Collective Action." *Journal of Economic Behavior & Organization* 24 (1): 1 – 17.

前沿

Guide

Comparative

传染控制的经济学

马克·戈索维茨

1. 引言

人们珍视健康，也珍视为实现特定健康水平而必须耗费的资源本可能获得的其他东西，还珍视某些有损健康的事物。因此，人们需要做出影响健康的选择，包括个人的选择与集体的选择。对此，一个好的或者说被经济学家认可的行为假设是：人们在特定约束条件下依据福利最大化原则做决策。

就传染病而言，流行病学与相关医学研究可以从传染生物学角度提供相关

* Mark Gersovitz，约翰·霍普金斯大学经济学系教授，主要研究方向为发展经济学、对穷国经济的研究，其长期感兴趣的研究领域包括：储蓄行为与资本市场、农业、公共财政、国际商品市场以及卫生。目前正在进行的研究包括基于理性选择的传染病行为分析；穷国的税收，尤其是税收与企业规模分布的相互作用；以及非洲国家的内战。原文 “The Economics of Infection Control”，发表于 *The Annual Review of Resource Economics*，2011 年，第 3 期，第 277—296 页。披露声明：作者没有对本文的客观性产生可能影响的任何隶属关系、会员关系、资助或财务关系。作者感谢伦敦帝国学院流行病学系与科罗拉多州立大学传染病研究集群为本课题提供的讲授机会，以及组织卓有成效的讨论。本文的部分内容取自如下研究成果：Gersovitz（2001），Gersovitz（2003），Gersovitz and Hammer（2003），Gersovitz and Hammer（2004）等。

约束条件的信息。①这些约束条件包括预防（含疫苗接种）以及治疗的选项及效果。此外，流行病学研究还能帮助理解传染机制，是人传人，还是通过中间宿主（像血吸虫病通过蜗牛），还是通过介体（像疟疾通过蚊子）等等。关键在于，对传染病的经济学分析应该基于数理流行病学的这些成果，否则会造成大量混乱、浪费和重复，并难以吸收他人的早期发现。

当然，流行病学不属于社会科学，并不涉及个人针对不同感染风险、不同预防和治疗选项及其成本如何反应的理论。流行病学也不涉及对策略和信息的考虑至关重要的行为理论，例如性伙伴之间试图评估彼此的风险程度，并根据情况采取相应行动等。流行病学同样不涉及因为个人最优选择与（通过政府的）集体最优选择存在矛盾而建立的公共政策理论，这是属于福利经济学的研究领域，特别是有关外部性的分析。②上述课题均在经济学研究视野之内，因此对人类行为会如何影响传染病流行程度及其全部成本，政府对控制传染能发挥何种作用，经济学研究可以作为流行病学的有益补充，并做出巨大贡献。

经济学家在这一领域业已起步，本文将展示他们已取得的成就，以及在此过程中如何借鉴流行病学的发现，尤其是数学模型和数理流行病学的有关成果。作为研究主题的传染控制经济学理论是抽象的概念，但其最终目的是为现实决策提供指导。

2. 模型的构成要件

为传染病设计控制程序，第一个任务是枚举人们所处的可能的健康状态。在最简化意义上，人们要么处于易感染状态，要么处于被感染并具有传染性的

① 数理流行病学的卓越研究成果包括：Anderson and May（1991），Daley and Gani（1999），Diekmann and Heesterbeek（2000），Keeling and Rohani（2008），以及 Ma and Li（2009）等。在下文中，若没有提及数理流行病学的具体引用来源，可以认为上述文献能提供便捷有效的指导。

② 流行病学家非常清楚，传染病的麻烦在于某个人的行为会影响其他人的福利，而且他们采用质量效应、社群效应或群体免疫（Fine，1993）等术语描述经济学家所说的外部性现象。这些概念同外部性概念的主要区别在于，经济学的外部性概念是基于理性个人独自行动的激励，不同于政策制定者从社会总体利益出发采取行动的激励。还有，政策制定者一方面会考虑个人对结果的评估，另一方面也认识到个人行为加总起来会影响人们的福利水平，但人们缺乏激励把这种影响纳入自身行动决策。此外，流行病学家的关注重点是群体免疫对消灭传染病的作用（Fine，1993），而非在通过干预措施改变传染病的流行程度时，如何权衡相关的成本与收益（Gersovitz and Hammer，2004）。

状态。而在现实中，人们可能已被感染但并不具有传染性。最简化的模型对后者未做区分，本文也是如此。人们可能处于免疫状态，因为曾经被感染并康复，或者因为接种了疫苗，或者具有自然免疫力。人们还可能受致命感染而死亡。模型的下一个任务是描述人们如何从一种健康状态转化为另一种状态。

2.1 约束条件：从易感染者转化为被感染者

任何传染模型的核心，都是通过与被感染者的接触而产生新感染的机制。根据传染病的特征，数理流行病学总结出了很多描述公式（见脚注①）。

最简化的机制是一种所有人的行为方式都相同的人传人模型。具体而言，每个人在每次接触中遇到其他任何人的概率都相同，假如遇到的人是被感染者，则他们受感染的概率相同，另外每个人同他人接触的频率也相同，由此构成了一个同质性的随机匹配模型。形象地说，好比所有人都进入一个房间，与其他人有相同次数的握手，假如握手对象是被感染者，则可能受到感染。

基于上述假设，新感染的人数将由下列公式决定：

$$\text{新感染人数} = \alpha S\pi \tag{1}$$

易感染者每次接触（有传染性的）被感染者的概率为 π，也就是被感染者人数（I）在总人口（N）中所占的比例（即总感染率），$\pi = i = I/N$，这对所有人是相同的。$S\pi$ 代表每次接触被感染者的易感染者的人数。α 代表一个调节因子，包含接触率与被感染者的固有传染力。在基于公式（1）的数理流行病学经典简化模型中，通常只存在两种稳定状态：零感染稳态与流行病稳态。若模型纳入更多复杂因素，显然会出现多重流行病稳态或分叉结果，下文有相关案例介绍。

在数理流行病学中，α 被当作外生于模型机制的固定参数来处理，然而对经济学家来说，该调节因子和其他参数都同个人与政府的选择有密切关系。这里的假设是，选择将取决于总感染率，因为后者会影响受感染的概率。菲利普森（Philipson，2000）称之为“行为的流行弹性”（prevalence elasticity of behavior）。

对某些传染病，需要用多组别模型才能充分描述感染过程，当然缺点是会增加分析的复杂程度。其中最简化的模型包含多个组别，每个组别有不同接触率，但所有组别的成员间做随机接触。接触率较高的组别在总接触人数中占比较高，也更容易受到感染。另外在每次接触被感染者时，人们受感染的概率也可能存在异质性。

在最简化的多组别模型中，相当于仍只有一个房间，人们在其中做随机接触，但不同组别的人的握手频率不同。此类模型的一个核心结论是，疾病的最终传染状态不仅取决于平均接触率，也与接触率的分布状况有关（Anderson and May，1991，第 233 页）。另外在此类模型中，不太活跃的组别的活动水平增加反而可以降低总体感染率（Whitaker and Rentin，1992；Kremer，1996）。由此看来，并非有风险活动的所有外部性都必然是负面效应。

在更复杂的多组别模型中，某些组别的成员与其他组别的成员以不同比率混合起来。例如可能存在多个房间，来自每一对组别的成员可能以特定比率进入特定房间，每个组别的成员可能以特定频率随机握手。西蒙等人（Simon and Jacquez，1992）深入探讨了此类结构化混合模型，重点关注稳态的稳定性。另有研究（Chen，2006b）考察了由个人在风险行为和有成本的安全行为之间做最优选择的多组别模型。还有学者（Huang et al.，1992）提到的多组别模型案例的接触率取决于组别规模，而非固定的频率，此类模型可能得到有正感染率的多重稳态。可能导致多重传染稳态结果的模型在分析处理中很困难。对任何具体模型而言，是否存在多重传染稳态都是一个重要特征，需要尽可能深入理解并分析其影响。

多组别建模的第三种具体方法以两性别（two-sex）建模为代表。当来自两个组别的人进入一个房间后，他们只同来自对方组别的成员接触，而不是同房间里的所有人随机接触。这种方式会带来供给需求问题：两个组别的相对人数和接触率结合起来，必须使来自 A 组别的人同 B 组别的人握手的需要，等于来自 B 组别的人同 A 组别的人握手的需要。更复杂的情形是，不同组别在某种致命疾病面前可能有不同的死亡率，因为不同特征或易感染性会使不同组别的人处于不同的风险水平。由此将导致在初期满足供需平衡的相对人数和接触率，随时间推移不再有效。

大量流行病学研究讨论了使需求能在流行病期间始终等于供给的组对规则（如 Blythe et al.，1991）。关注贸易和补偿问题的经济学研究在这一领域也可以提供借鉴。大组别的人如果想更为频繁地同小组别的不想频繁接触的人握手，可以给第二组别的人付钱，以增加其握手频率。同时，前一组别的人的付款可能降低自己组别的握手需求。每个组别所做的这一利弊权衡，会使两个组别对握手的需求和供给达到平衡。这种流行病学模型起源于对性传播疾病的研究。近期对性交易的经济学分析设计了一个市场静态均衡，价格可发挥平衡供给与需求的作用（Edlund and Korn，2002；Rao et al.，2003；Gertler et al.，2005）。但为研究传染机制，此类模型必须置于动态架构之下。

最后，导致感染风险的接触类型未必需要人与人之间的直接接触。易感染者面临的风险可能来自空气中的病菌、污染的水源，或被感染的介体，而病菌与被感染介体的数量可能受实时动态系统中的人类总感染率的影响。这些过程都必须做专门的模型设计。数理流行病学对该领域的关注由来已久，可以追溯到20世纪头10年罗纳德·罗斯（Ronald Ross）爵士对疟疾的研究。

2.2 约束条件：其他转化

从易感染者到被感染者的转化，是传染病导致的健康状态序列变化的一个中间阶段。序列的开始决定了易感染者的人数，人口增长则给易感染群体提供了重要的输入量。新生儿通常未被感染，但也有某些感染可能通过母亲传递给胎儿，或通过哺乳传递给新生儿。假如传染进程的作用时间较长，则需要考虑人口增长的因素。

模型是否纳入人口增长，可能对定性动态分析和政策启示有重要意义。例如有学者（Geoffard and Philipson，1996，第604页）在讨论不包含出生和死亡的固定人口艾滋病模型时总结说："感染率提高与公共补贴对保护措施的引入形成拉锯作用，这使公共干预的时机成为决定其经济效率的关键因素，如果补贴的实施不够迅速，则普遍感染会使其对保护措施的促进作用失效。"这一表述似乎在说，假如政府干预被延误太久，再采取任何措施都将没有意义。然而，即便政府行动有所延误，感染率高于政府应该通过补贴来限制其达到的水平，这种情形也只会是暂时现象。随着新出生（或新的性活跃）人群进入易感染者的队伍，政府仍可以引入更多预防措施，把感染率拉回社会最优水平。因此，上述总结只是在未考虑易感染人群的新加入人口时才成立。本文第3节还将有更多案例来介绍考虑了新加入者后的重要影响。

从易感染者向被感染者转化之后，根据传染病的特性，还会有其他转化过程。生物学上有几种符合常识的可能结果：被感染者可能长期维持被感染状态，但对其寿命没有特别影响；可能康复，并再次受到感染，也叫作"反复感染"（susceptible-infected-susceptible infection，SIS），这些人经常处于易感染或被感染的循环中，与新生儿一样成为易感染人群的新输入量；被感染者可能在康复后具有免疫力；或者致命传染病可能导致人们死亡，等等。当然也存在多种情形混合的情况，如某些被感染者可能康复，某些可能死亡。与人口增长的情形相似，感染后的转化状态对政策有重要含义，这将在第3节中阐述。

感染后的状态转化对模型的数学处理也很关键。在最简化模型中，要么（a）没有新生儿，如果人们不再处于被感染状态，就会康复并具有免疫力，而且不会死亡；要么（b）可以有新生儿，人们在易感染和被感染之间循环，可能死亡，但不是因为感染本身死亡。对前一种情形，模型可能得出某些解析解（如Francis，1997，2004；Boulier et al.，2006）。对后一种反复感染的情形，模型只能求解出一种相关的状态，即易感染者所占的比例（或者被感染者所占比例，二者之和为1），这是个重要的简化结论。

对于其他状态转化假设，哪怕是用最简单的同质性随机匹配方式，也会得出更难处理的多状态模型。例如，人们可能因为染上传染病而死亡，但在对艾滋病一类的致命疾病建模时，研究者容易忽略死亡因素，因为模型可以把人口总规模视为内生，这等于加入了一个状态变量。吉奥法德和菲利普森（Geoffard and Philipson，1996）在分析艾滋病时就假设，感染会提高个人的贴现率，但不会导致人口减少。另外有学者在研究艾滋病变化机制时也未考虑其致命特征（Chen，2006a，b；Chen and Cottrell，2009）。这样建模虽然容易做数学处理，却没有包含艾滋病的关键性质。我们应抵制这种做法的诱惑，因为它严重违背现实，有关论述另见下文。

2.3　约束条件：干预的可行性

生物医学上的约束条件决定了人们能如何防范感染，以及在被感染之后如何加以应对。在人传人的感染中，干预措施包括各种预防措施和治疗，视具体疾病的情况而定。如果可行，疫苗是关键的预防办法。在某些情况下，需要用测试来获知某人是否受到感染。菲利普森等人（Philipson and Posner，1995；Mechoulan，2004）分析了理性决策者对测试的态度，我（2011）对艾滋病测试做了调查。其他干预措施还包括：（a）在感染存在潜伏期的时候，对可能已被暴露的人实施观察隔离；（b）对确认的被感染者实施隔离。

从行为角度看，干预措施的一个重要方面在于个人或社会总体上能否掌控这些措施。隔离或观察隔离可以由政府强制执行，可以迫使个人遵守，而人们可能成功地逃避隔离约束。不过对大多数干预措施而言，最终决定权显然在个人。预防和治疗措施经常涉及私密行为，难以被监督。即使在理论上可以监督，这些行为可能也过于频繁和分散，使政府只能发挥间接影响。例如政府可以通过补贴洗手液间接鼓励洗手，却不能给洗手本身提供补贴。这些现象对干预措施的实施以及本文第3节要讨论的次优理论有重要含义。

2.4　干预措施的对象锁定

对象锁定决定了哪些人能得到预防和治疗等干预措施。无论对社会计划者还是个人决策者而言，这是介于约束条件和选择之间的因素。我们可以设想出多种安排，其中某些有更大可能性。在理想状态下，我们可以明确考虑识别干预对象的可行性与成本。例如，找到需要治疗的被感染者就是公共卫生主管机构的当务之急，并应该明确纳入模型。另一个例子是接触追踪。但就我所知，目前得到最多研究的只是分析某些对象锁定的选项及其定性含义（Gersovitz and Hammer，2004；Gersovitz，2010）。由此看来，对象锁定更像是约束条件，而非自由选择。

假如对象锁定不花费成本，最理想的预防对象锁定应该只面向不一致的匹配，即未感染者与被感染者的接触。与之类似，治疗的最佳对象锁定应该只面向被感染者。而在现实中，各种类型的对象锁定都是有可能的。公共卫生部门有时采取普遍的治疗对象锁定策略，在难以分辨谁受到感染、治疗成本相对较低、治疗的副作用不严重的情况下，面向所有人实施。预防措施除面向不一致匹配外，也可能面向未感染者、被感染者乃至所有人实施。

2.5　目标设定

经济学研究视角意味着，对传染病的后果及干预方法应开展全面的、以效用为基础的测算评价。传染病控制不能以感染率为唯一目标，根除疾病等结果也必须结合相关的全部成本和收益来评价。目前采取的行动会有直接的成本和收益，但也会对未来的成本尤其是收益产生影响。对未来产生的成本和收益，有充分的理由做贴现计算。无论是个人还是政策制定者，在决策时都必须对全部成本和收益加以权衡，并预测未来的成本和收益，而这些又取决于未来的感染率变化路径。上述考虑意味着以效用的当前贴现值为目标，变量的未来取值基于和同一模型产生的未来场景相一致的理性预期，否则，可能存在把外部性等市场失灵混同于短视决策的危险。即使对理性预期的现实性存在疑问，在说明公共政策的合理性时，我们仍有必要区分外部性造成的影响同错误信息或短视造成的影响。少数学者还单独分析了预期和信息获取发挥的作用（Auld，2003；Chen，2009），奥尔德尤其关注了悲观主义预期的情形。

在任何时候我们都应该考虑到，一个人的福利状况还取决于（保险赔付之外）支付预防和治疗费用后剩下的用于其他产品的收入。因此，用于预防和治疗的资源每增加一点，都会挤占其他用途的资源。一个人是否被感染，以及感染是否妨碍工作可能会影响这个人的实际收入。如果预防措施需要回避有危险的工作活动，也会直接压低收入水平。另外，大多数人或许认为，某个人的福利状况首先取决于感染造成的直接后果，如疼痛、折磨和恐惧等，其次才是感染的间接后果，如对收入的影响等。所以对目标的最佳描述或许是一种状态依存效用函数，使福利水平直接取决于是否受到感染，并使减去健康支出的净收入的效用（和边际效用）非常灵活地同感染状态挂钩。为便于数学处理，还可以采用其他更简单的效用函数表述。可见，在设定传染控制的目标函数时有大量考虑因素，而且不可避免地需要在基于概念的最佳理论建模同数学处理的要求之间权衡取舍。模型的简化处理或许有帮助，但必须充分考虑到相应的影响。

对社会目标而言，最佳办法是设法把人们对自己状况的评估值加总。这种加总或许是累加式的（功利主义方法），或许要采用另外的社会福利函数。成本收益方法则不应该采用，因为该方法回避了对健康结果的价值评估，完全不能解释某些活动为什么应具有公共性质而非私人活动，其政策建议也不是根据外部性及其他市场缺陷（Gersovitz and Hammer，2003）。

总之，在设计传染控制模型时，有许多因素需要斟酌。生物医学方面的考虑是这种多样性的一个重要成因：对不同传染病需要做不同设定。不同设定则会对模型的数学处理有重要影响。所以总体上看，关于传染病控制的研究将产生多种类型的模型，从适合某种传染病的模型中得到的启发，在借用于其他疾病的研究时应保持谨慎。下面将把以上讨论的组成部分拼接成模型，以回答通过干预措施的设计来控制传染病的某些问题。当然，现有经济学研究文献远没有形成完善的模型类型。

3. 模型的构建与运用

3.1 外部性：对传染加以公共控制的主要动机

当人们出于自利做出个人决策时，他们只会考虑直接影响自己的因素。他们对预防和治疗的选择会考虑自身（或许还有较为亲近的人）的收益与成本，但不包含其他人的收益与成本。由于每个人都只是群体中的一员，各人的决策对传染病的总体变量仅有极微小的影响，所以各人不会考虑自身决策导致的传染病变化再产生的影响。可是个人的决策加总起来，却会导致传染病的流行，人们的决策加总起来会对其他人的福利产生作用，形成感染的外部性。因此，个人的决策未必是社会最优结果。经济学家沿着外部性思路采用的理论概念，也就不同于流行病学家采用的羊群效应、质量效应或社群效应等说法。

对于私人激励与社会激励的差异，福利经济学的解决方案是对具有利他福利效应的个人行为提供补贴，而对损害他人利益的个人行为征税。由此继续让个人做决策，但其激励会有所调整。本来不在自己考虑范围之内的社会后果，通过补贴或税收的干预，将内化为个人自己关注的内容。

从机制上讲，测算这种补贴或税收体系的一种办法是三阶段操作：第一阶段，假设社会计划者可以实际控制健康方面的所有决策，通过目标函数（通过对众多个人福利水平的某种测算）的最大化测算出社会最优水平。最重要的一点是，社会计划者会考虑决策对传染病总体发展的影响，这种测算通常由不同学科的应用控制理论家（包括流行病学家）完成，针对不同感染场景，并有悠久历史（Wickwire，1977；Sethi and Staats，1978；Wiemer，1987）。第二阶段，测算出个人在最大化其目标函数时的行为选择，但不考虑对传染病的总体影响。第三阶段，测算出要让个人决策等同于社会计划者的选择，使社会计划者测算出的理想结果能分解到个人决策者，应该在第二阶段安排多少补贴或税收。后两个阶段的操作是福利经济学方法的真正标志，较少得到应用，并且很自然地只是由经济学家采用。③本节其余部分将介绍开展此类三阶段分析的现有成果。

---

③ 有学者设计的模型让面临感染风险的决策者做最大化选择（Chen，2004；2006a，b；2009；Chen and Cottrell，2009），以此考察参数变化对感染率的影响，但不涉及对决策者福利的影响，也未讨论如何能对个人激励加以调整，使其采取社会最优水平的决策。

当然，以上关于约束条件的讨论（第2.1节到第2.4节）中提到，对于传染病采取此类补贴或税收干预未必可行，至少有时不能直接针对社会和私人的成本收益差异。假如没有看到这一事实，没有对模型做相应扩展，则可能导致外部性概念变成一个很模糊的比喻，而不能给实际干预措施的设计提供真正借鉴。例如在性传播疾病中，我们不能对有风险的性行为本身征税，而这在理论上是社会计划者解决方案实施的目标所在。并且与依靠信息采集技术的进步、通过收费来控制交通拥堵和污染的伦敦交通区划方案不同，上述事实显然难以通过监督技术的改进予以克服。对许多健康相关的行为而言，征税或补贴的困难源于其内在本质，技术革新不足以解决问题。我们可以对购买避孕套提供补贴，但这一补贴不等同于给在危险性行为中使用避孕套提供补贴，人们不可能也不愿意直接监督后者。无论如何，免费发放避孕套或许仍不足以使其达到最优使用水平，甚至花钱请人们取走避孕套也不等同于就能使其得到利用。当社会计划者的最优解决方案出于此类原因无法实施时，表面上合意的选择反而会使情况变得更糟，给我们提出次优选择问题。

外部性理论在疫苗上的应用，给许多类似问题提供了一个很好的案例。如果能找到疫苗，它将是一种关键的生物医学干预手段。疫苗的建模相对简单，至少对一阶近似是如此，因为这是一个二选一的决策。对疫苗政策的分析可以具体揭示如何把传染病控制模型的各个部分组合起来。对人们是否遵从干预措施可以做较好的监督，因为疫苗接种是由专业医疗人员完成的。另外尽管必须配合接种，但如果获得免疫力只需要一次注射，则不需要更多的服从配合。对疫苗接种的研究充分揭示了外部性对激励政策的影响。但事实上，某些学者认为在疫苗问题上，并不存在外部性导致的公共政策合理性。对这一观点的考察非常有益于我们了解感染的外部性的本质。

3.2 疫苗接种模型

给人们提供传染病疫苗接种的公共计划经常被作为用政策克服外部性的绝好案例，这是因为人们通常不会考虑自身获得免疫力后，不再会感染他人带来的收益。然而菲利普森（2000，第1763—1764页）不同意这一基于外部性的说法：

> 的确，根据对疾病预防的正外部性的正统观点，经济学家通常支持对

> 传染病预防采取积极的公共行动……然而，他们很少尝试去解释疾病发生模式，或者在个人根据约束条件做出最优决策的社会中对公共干预效果加以评估。近期开展的此类研究则质疑了经济学古老教科书中的观点……

弗朗西斯（Francis，1997）在考察疫苗接种时，首次对传染病控制做了规范的动态分析，把社会最优与私人最优做对比，以考察外部性的本质。他强调，如果有任何组别给易感染者造成外部性，那是来自被感染者，而非未接种的易感染者。因此他指出，需要把从易感染者到被感染者的转化明确纳入动态模型，才便于理解外部性，这也表明芬恩和克拉克森等人（Fine and Clarkson，1986；Brito et al.，1991；Xu，1999；Kureishi，2009）的研究采用静态分析方法有其不足之处。

不过在弗朗西斯（1997）的模型中，并不存在外部性，或者说不存在证明需要政府干预的外部性。实际上，他的假设似乎是有意识地为激发未来的研究而设计的。他假设，不存在无感染和无免疫力的新生人口，因此易感染人群没有这一输入量；另外没有人从感染中康复，也没有人因为任何原因死亡。这套关于健康状态转化顺序的假设成为其结论的核心。在弗朗西斯的模型中，成本和收益都是贴现值，如果感染率较低，疫苗接种的即期收益也就较低，所以把疫苗接种的成本推迟就是值得的。

我（2003）之前对弗朗西斯的上述结论做过如下直觉描述：如果没有新生和死亡，也无人接种疫苗，则感染会扩大——如公式（1）的描述——因此易感染者所占比例会持续下降，被感染者所占比例持续上升。随着被感染者比例的上升，剩余易感染者被感染的风险将增加，通过疫苗接种获得免疫力的收益也会提高。最终，被感染者所占比例（感染率）会达到一个临界值，使接种疫苗的收益等于接种疫苗的成本（后者为常数）。无论是从社会还是个人视角看，如果任何人接种疫苗是值得的，那么对所有易感染者接种疫苗也都是值得的，因为如果不这样做，被感染者所占比例（以及易感染者被感染的概率）仍会继续提高。总体感染率不可能下降，因为没有新出生的易感染者，没有被感染者的康复或死亡，这些都是关键的状态转化假设。此时，让感染率维持稳态水平的唯一办法，就是一旦达到临界值后对所有易感染者接种疫苗。因此在稳态情形下，易感染者所占比例为零。

由于临界值对社会行动与个人行动而言是相同的，就不存在外部性，至少不存在表明需要干预措施的外部性。或许有人会推测，政府可能希望把临界值设定在更低水平，以更早达到。但为什么要这样做呢？政府为了使感染率达到临界值，需要给所有人接种疫苗，因此没有易感染者会因为感染率的不再提升而受益。换言之，一旦达到私人临界值，每个人反正都会接种疫苗，而如果每个人都会接种，也就不会有人因为降低总感染率而提前接种并由此获益。所以政府提前给所有人接种疫苗并无意义，政府和私人的临界值是相同的。

我之前的研究分析了如下情形，有新出生人口，有死亡人口，但死亡人数仅为现存人口的一定比例，任何组别的人都呈渐进式死亡，这是数理流行病学中为数学处理而采取的很传统的假设（Gersovitz，2003）。上述关于出生和死亡的假设是与弗朗西斯模型（1997）的唯一不同之处，关键在于，依旧假设被感染者从来不会康复。

假如政府像社会计划者那样采取行动，可以控制谁接种疫苗，它将最大化汉密尔顿函数的现值（Gersovitz，2003）：

$$\begin{aligned} H = N\{ V_0 - [p_I i + w_q q] + T \} \\ + \lambda_N N[\epsilon - \delta] \\ + (\lambda_i N) [\alpha s \pi - \epsilon i] \\ + (\lambda_u N) [q - \epsilon u] \end{aligned} \tag{2}$$

公式（2）的第一行是社会计划者的目标：V_0 是某人在无感染情况下的效用的货币价值，p_I 是受到感染造成的成本（因此这一目标比有非健康产品支出的状态依存效用函数更简单），i 是所有 N 个人中被感染者所占比例，w_q 是包含所有税收或补贴在内的疫苗接种的成本（对社会计划者而言，等于实际发生的成本 p_q），q 是所有 N 个人中目前被接种者所占比例，T 是因为 w_q 与 p_q 的差异而发生的税收或补贴总和（对社会计划者而言，为0）。公式的第二行是附加拉格朗日乘数 $\lambda_N N$，表示总人数 N 的变化，其中 ϵ 为出生率，δ 为死亡率。第三行是附加拉格朗日乘数 $\lambda_i N$，表示感染者所占比例 i 的变化，其中对社会计划者而言，$\pi = i$；s 是易感染者所占比例；α 与公式（1）中的含义相同。第四行是附加拉格朗日乘数 $\lambda_u N$，表示曾经接种疫苗且目前仍存活者所占比例 u 的变化。请注意：$i + s + u = 1$。

公式（2）的汉密尔顿函数可以推导出社会计划者实施疫苗接种最优策略所需的标准条件。最优解确立了一个由疫苗接种维持的稳态感染水平，不是所有易感染者都会获得接种。如果认为稳态情况下的最优选择是对每个人都接种，则会导致矛盾。因为若采用普遍接种策略，对所有新出现的易感染者接种，则会稀释被感染者在总人口中所占比例，把感染率降低到稳态水平之下，而这一结论与在稳态感染率水平上每个人都接种疫苗的概念相悖。因此社会计划者的最优策略是对一定比例的易感染者接种疫苗，该比例严格小于1，一旦达到稳态感染率，则继续对包括新生人口在内的易感染者实施部分接种，并使易感染者、已接种者和被感染者所占比例保持不变。

对于典型的个人，可以理解为同社会计划者一样用公式（2）的汉密尔顿函数来决定何时接种疫苗，只是个人把 π 视为外生因素（尽管由于其具有典型性，π 应该等于 i）。另外，如果政府对接种疫苗提供补贴，以比率 $t_q<0$ 把最优决策做分散化处理，则有（w_q-p_q）$=t_qp_q$，而且 T 不等于0。典型的个人最优决策还涉及稳态感染率，但如果没有干预，则不同于政府的目标。没有政府干预时，私人临界值会高于社会临界值，因为前者未包含对其他人受感染的总体概率的影响。当政府对最优稳态做分散化决策处理时，会对疫苗接种提供补贴，并做如下设定：

$$t_q^* = \frac{-\epsilon[p_I - p_q(r+\delta)]}{(r+\delta)(p_I - \epsilon p_q)} < 0 \tag{3}$$

事实上，出生人口给总人口带来了异质性：不是所有人都生活在同一时刻，未出生的人也不能与已出生的人一起做决策。只要出生率为正，无论其是否超过死亡率，无论总人口增长是否为正，都会得到补贴为正的结果。

我之前的研究还表明，如果被感染者康复后再度成为易感染者，康复可能起到与正出生率类似的作用，导致外部性，给政府干预提供理由，得出与公式(3)类似的推导结果（Gersovitz，2003）。与人口出生和死亡的问题相似，同弗朗西斯模型（1997）的主要区别在于是否存在向易感染人群转化的假设。在两种情形下，补贴的绝对值都负向取决于疫苗接种的成本和利率，正向取决于感染的成本，但与转化参数 α 完全无关。补贴的绝对值正向取决于出生率，在前一情形中负向取决于自然死亡率，在后一情形中正向取决于康复率。

在这两个模型中，政府干预的目标都是通过降低疾病流行水平，提高福利。只有当感染的成本无限大，或疫苗接种的成本为零时，政府的最优稳态感染率才会等于零，使传染病被完全消灭。但这只能是渐进的形式，因为被感染者人群只会逐渐消失，每个时期只有固定比例的被感染者死亡或康复，这是为数学处理而设定的假设的结果。还有，在感染成本无限大或疫苗接种成本为零的情形下，政府稳态与私人稳态重合，而且由于稳态感染率都是零，彻底消灭传染病并不需要政府的干预。

弗朗西斯与布里埃等人（Francis，2004；Boulier et al.，2006）的研究提供了更多关于外部性与疫苗接种的例子。在他们的模型中，人们的健康状态可以从易感染者转化为：（a）若接种疫苗，成为已接种并免疫的状态（布里埃等人的研究中允许出现疫苗接种失败）；（b）被感染后康复的状态。没有贴现，因此接种疫苗的任何人都是在传染初期被接种，但弗朗西斯设置了一个（有能力约束的）疫苗接种最大比例；也不存在人口出生和死亡。这些假设是特定的，但对于相比利率、出生和死亡来说进程较快的传染病，或许是较恰当的近似描述。这两篇论文的主要关注点都是季节性流感，而且作为求解技巧做了一个附加假设，即传染病在最优化期限内（当 $t=\infty$）会接近稳态。不过即使对季节性流感等疾病而言，该假设仍存在争议，因为我们不能假定流感季节结束正好是对应模型的稳态趋近，而非随着天气或人们行为的变化导致感染出现季节性减少。

还有研究提出了另一套假设条件（Kribs-Zaleta and Velasco-Hernandez，2000），模型采用固定的疫苗接种率，但如果疫苗只是部分有效，会导致多重稳态结果。该模型中存在人口出生和死亡（但不是由感染本身导致），出生始终等于死亡，所以不存在人口净增长。人们会从感染中康复，再次成为易感染者，疫苗只能提供部分免疫力，免疫力随时间递减。疫苗接种率不是最优决定的，因此接下来的问题是：如果对多大比例的人进行疫苗接种做出最优选择，稳态是否有唯一解。后来的研究（Chen，2006a；Chen and Cottrell，2009）考察了与上述相似的模型，但假设人们在感染后不会康复，个人做最优化决策，仍会在这些条件下出现多重稳态的结果。不过后来这些研究未考察社会计划者的问题，也就没有发现外部性。布里埃等人（2006）的研究同后面两篇论文在多重稳态方面的结论差异或许在于，布里埃等人的最优化是在期初完成，而且由于人口不存在流入和流出，疫苗接种不需要持续开展。

我们做个对比：以上研究的结论是通过补贴把传染病控制在一定水平，但不是彻底消灭；而吉奥法德等人（Geoffard and Philipson，1997，第 222 页）则认为，由于无法根除传染病，“通过庇古税类型的补贴解决因为正外部性而供给不足的疫苗接种问题，这一经典理由应值得商榷”。④其实，根除传染病的政策并不意味着通过补贴最优化地抵消外部性的政策。相对于收益而言，根除疾病的代价可能过高，但仍有充分理由通过最优化的疫苗接种补贴来减轻传染病的流行程度。而且根据那些假设感染只会渐进式消失的现有模型，当根除疾病在有限时间内可行时，首要研究任务之一仍是对疫苗接种做建模分析。⑤

在这一阶段，弗朗西斯与菲利普森（Francis，1997；Philipson，2000）的研究对疫苗接种外部性理由的反对，除一个不能广泛适用的案例外，似乎不具有普遍性。他们的观点更多是出于学术探讨，是对未来研究的启发，而非政策指导。当然，要描绘与疫苗接种有关的外部性影响的全貌，还需更多努力。

3.3 更普遍的预防与治疗模型

在人们可以阻止传染的预防行动中，疫苗接种只是一个选项。另外，被感染者还可以接受治疗。对于通过随机同质性匹配实现人传人、被感染后不能康复或康复后可能再度被感染的反复传染（SIS）疾病，被感染者的比例将由如下公式决定：

$$\dot{i} = \alpha(1 - i)i - (\beta + \epsilon)i \quad (4)$$

对这一数理流行病学重要公式的推导，可参见我和哈默（Gersovitz and

④ 在 Geoffard and Philipson（1997）的模型里，人口的一定比例会死亡，这使任何组别都不会在有限时间内全部死亡，因此该模型中的疾病消灭最多是渐进式的。此外，他们在疫苗需求的异质性假设之下没有提供关于消灭传染病的社会最优结果，故难以将其结论同我的研究（Gersovitz，2003）做直接比较。最后，在假设疾病可以在有限时间内消除的关于根除疾病的简短讨论中，他们没有分析消灭疾病在何时是最优解，而只是对其成本和收益的上限和下限做了较弱的分析（Geoffard and Philipson，第 227 页）。

⑤ Barrett and Hoel（2007）讨论了在有限时间内消灭传染病的情形，但其模型设定存在疑问。如果被感染者是终生携带者，则在目前的所有被感染者都死亡之前，疾病不可能完全消灭，而描述疾病消灭可能需要叠代模型。假如人们可能康复，则疾病消灭至少要求足够的时间，使最后一名被感染者康复或者死亡。这些是细微的必要条件，在有限时间内消灭疾病的模型必须将它们纳入考虑。然而 Barrett and Hoel 的模型设定并未明确，受感染的每一个人将如何在有限时间内死亡或康复，以及如何能实现疾病消灭。他们在其文献的第 631 页引入了公式（3），似乎是作为在有限时间内死亡或康复模型的替代机制，并将疫苗接种作为唯一的干预手段。但根据我对此问题的理解，这种模型设定缺乏从一种健康状态到另一种健康状态（易感染者、被感染者、康复者、免疫者、被接种者、死亡者等）的流行病学转化机制基础，以实现有限时间内的疾病消灭。尤其是，该公式似乎意味着疫苗接种会直接让人们脱离被感染者（而非易感染者）群体，因此也有与 Francis（1997）的研究类似的谬误。

Hammer，2004）的研究。上式右侧的第一项对应公式（1）中用比例 $\pi = i$ 表示的新感染者；第二项表示康复后重新成为易感染者的比率 β，和新出生后成为易感染者的比率 ϵ。

预防和治疗选项的自然表述是让 α 与某种预防投入 a 挂钩，该投入的增加会降低 α 的数值，另外使 β 与某种治疗投入 b 挂钩，该投入的增加会提高 β 的数值。与大多数研究文献不同，这一设定不是要么做要么不做的选择，而是让投入成为一个连续变量，这种性质能对应医疗支出的广泛区间变化，并具有边际收益递减的特征。除贴近现实外，该假设还为最优化问题提供了凹性函数基础，尽管仍不能保证问题可以求解。这种设定不同于从患者内省（意即让人们自己出去找到一个处方，为其付款，并遵照执行）中产生的僵化假设，更能代表为实现类型广泛的预防和治疗必须花费的所有支出的普遍情形。投入是有成本的，而这些成本的总和取决于每种干预措施的对象锁定，这又决定了接受预防和治疗的人所占的总体比例。

预防措施的组合还可能包含疫苗接种，从而在模型中增加免疫状态。又或者，治疗不会促进康复，但会避免死亡。此外，对于介体传播的感染，预防措施可以采取更多形式。例如对于疟疾，我们可以通过躲避携带疟原虫的蚊子来保护人体：杀灭蚊虫，阻止蚊虫的孵化与成长，防止蚊子叮咬人体，包括让被感染者不被蚊子叮咬等。对任何此类因素的表述，都需要比公式（4）更复杂的模型。

所有这些情形都涉及如下任务：决定最优干预措施组合，以便从私人或社会的角度实现福利最大化（Gersovitz and Hammer，2004，2005；Gersovitz，2010）。最优化的一阶条件直接明了，但仍有一些技术问题。一个问题是，即使假设干预措施的边际收益递减，动态最优化的充分二阶条件仍不能满足。此外，即使对非常简单的仅有一种干预措施的最优选择模型，在社会问题和私人问题上仍可能出现多重最优稳态。戈德曼和莱特伍德（Goldman and Lightwood，2002）等人分析过治疗的情形。涉及最优化问题的模型的多重稳态不同于不涉及最优化的动态系统的多重稳态。例如公式（3）的反复感染模型的最优化会产生二维动态系统，有一个状态变量和一个共态变量，但由于求最优解的要求，该系统不能循环运转（Skiba，1978；Grass et al.，2008）。

与有关疫苗政策的讨论相同，由于个人决策并不考虑社会后果，社会解与私人解是不一致的。对此的核心直觉是，人们若在被感染群体中停留时间过长，会给其他人造成危险（Gersovitz and Hammer，2004）。之所以如此，是因为人们太容易加入被感染群体，或没有足够努力脱离该群体。因此，涉及预防和治疗的选择都反映了外部性的影响。感染后的状态转化决定了应把干预内部化。例如在基于公式（4）的反复感染模型中，最优结果是给预防和治疗都提供补贴并采取相同比率，因为个人在预防和治疗方面都不会做得太多，而且程度也不相同。然而，当状态转化是从感染到死亡的时候，即使不考虑保险缺陷等因素，仅根据外部性也意味着应该给预防提供补贴，而对治疗征税（Skåtun，2003；Gersovitz and Hammer，2004）。在现实中，对疾病折磨和死亡进行补偿的保险总是不完全的，因此上述发现没有多少政策意义，但能帮助我们理解隔离的外部性的理论本质。⑥至于介体传播的疾病，对预防的补贴比率取决于预防的类型，一种类型是对那些治疗可以帮助人们康复的传染病，应按照与治疗相同的比率为预防提供补贴（Gersovitz and Hammer，2004）。所以，干预措施的设计很大程度上取决于状态转化，但与对象锁定的类型无关（有关分析见 Gersovitz and Hammer，2004）。

在反复感染模型中，如果感染的成本提高，社会计划者的最优稳态感染率就会下降。如果贴现率上升，最优稳态感染率就会提高，因为降低感染率要求更多地投资于健康干预，而回报是在将来逐步实现的。干预价格的提高对感染率的影响较为复杂，至少是源自某些直觉能发现的原因。考虑如下情形：我们必须做一定数量的某种干预但不能做更多，同时可以选择另一种干预的数量。此时，前一种（受限制的）干预行动的价格提高等于增加感染的成本，随着另一种干预的投入以最优化的方式增加，社会最优的感染率就会下降。另外，我们可以假设价格提高的某种干预措施在数量上是可变的，但它是唯一可行的干预选择。此时，干预行动价格提高的直接效应是减少其使用，从而导致感染率的净提高。在决定行动反应时，对象锁定的形式也会产生影响（Gersovitz and Hammer，2004）。

从理论上讲，政府可以通过税收与补贴的传统策略把外部性内部化。然而如上文所述，在实践中有大量预防和治疗行为难以观察，不能实施征税或补

---

⑥ 在这方面，经济流行病学研究文献主要采用了线性目标函数，使保险的问题能够得到巧妙处理。Gersovitz and Hammer（2005）的一项研究利用的效用函数，让非健康品支出的边际效用递减，但采取完全保险的假设。现有研究还没有采用非完全保险的完全状态依存函数的先例。

贴，例如在性传播疾病中过于私密的行为。这种情况提出了次优问题，尤其是当预防或治疗手段出现改进的时候。

流行病学家担心，当预防或治疗手段改进后，人们会放松对传染病的预防和康复的努力程度，他们将该现象称为“抑制解除”（disinhibition）。抑制解除的效应可能非常强大，反而导致感染率上升。不过，流行病学家的关注点不在于此类变化的综合福利影响（包括对预防与治疗的成本的效应），他们也没有区分最优策略得到实施或没有实施的情况，而这从福利角度看非常重要。经济学家担心的则是，当外部性没有得到纠正时，看似不错的创新反而可能导致福利下降，即所谓的贫困化（immiserization）。该原理的一个特定应用场景是：预防和治疗的创新可能导致贫困化，但需要什么条件？

我的一项研究考察了抑制解除和贫困化问题，对基于公式（4）的反复感染模型做了调整，使函数 α 和 β 不仅取决于各自的投入，还取决于函数中表示技术进步的一个移位参数（Gersovitz，2010）。在社会计划者把外部性内部化的时候（即采取社会最优策略），预防或治疗的技术改进都不可能导致贫困化。即使感染率上升，在考虑感染的全部影响（包括预防和治疗的成本）后，人们的福利水平依然会得到提高。

该研究显示，如果感染的外部性没有（或不能）通过最优补贴实现内部化，造成贫困化的一个必要条件是：抑制解除的效应非常强大，使感染率在技术进步之后出现提高（Gersovitz，2010）。对于不会使相关健康投入的边际产出 a 降低的预防技术改进，这种极端的抑制解除效应不可能出现。对这一结论的直观解释是，预防技术的改进会增加人们保持不受感染的概率，从而提高未感染状态的价值。所以在考虑了预防或治疗水平的所有内生调整之后，感染率仍会下降。可是治疗技术的改进却会降低未感染状态的价值，因为在感染后康复、回到未感染状态变得更加容易。即使投入的边际产出 b 与治疗技术改进彼此独立，在两种对象锁定情形下，治疗的改进仍会导致感染率提高，并可能导致贫困化。这两种情形分别是：（a）预防的对象锁定是未感染者；（b）预防的对象锁定是所有人，且易感染者所占比例超过50%。不过我的研究还提到了特定的函数形式 $\alpha(a)$ 和 β（b），使上述对象锁定情形不会导致感染率提高（Gersovitz，2010）。托克斯瓦尔德（Toxvaerd，2010a，b）的研究同样考察了次优选择问题。拉克达瓦拉等人（Lakdawalla et al.，2006）则针对那些会导致死亡而非康复的疾病，分析了贫困化现象。当然，这一问题并非他们的主要关注点，我们有必要研究能否拓展其分析思路，以找出此类传染病出现贫困化结果的条件。

4. 结论

通过政策对传染病做最优应对需要坚实的理论架构，以理解手段和目的，以及在私人部门与公共部门之间应该由谁来做哪些事情。流行病学与经济学的结合可以提供这样的理论基础。经济学进入这一合作领域时间不长，但可以带来重要帮助，而合作的首批成果就是提供深刻的认识。如果没有合适的理论架构，我们将不清楚应该从经验规律中总结些什么，以及如何把这些知识用于评估不同的传染控制策略。

目前，对于建模所需的各组成要件及其对政策定性分析的作用已取得了若干研究进展。不过模型是抽象的理念，针对特定疾病还需要做专门设定。只有结合特定传染病，我们才能枚举预防和治疗的具体方式，并弄清楚付出的努力同取得的成果之间的联系。迄今为止，经济学家针对特定传染病所做的大多数研究都是个人对艾滋病流行的某些行为反应，而且主要面向发达国家的同性恋群体（如 Ahituv et al.，1996；Dow and Philipson，1996；Boozer and Philipson，2000；Bhattacharya et al.，2003；Auld，2006；Lakdawalla et al.，2006；Francis，2008）。经济学家还针对其他传染病开展了若干研究，包括恰加斯氏病（Castillo-Riqueline et al.，2008）、肠内寄生虫病（Miguel and Kremer，2004）、疟疾（Cohen and Dupas，2010）与血吸虫病（Wiemer，1987）等。这些研究都没有充分采用本文介绍的动态外部性研究方法（Gersovitz and Hammer，2004），因此无法得出与政府干预有关的最终结论。

（余江 译）

参考文献

Ahituv A，Hotz VJ，Philipson T. 1996. The responsiveness of the demand for condoms to the local prevalence of AIDS. *J. Hum. Resour.* 31：869 – 97.

Anderson RM，May RM. 1991. *Infectious Diseases of Humans：Dynamics and Control.* Oxford，UK：Oxford Univ. Press.

Auld MC. 2003. Choices，beliefs，and infectious disease dynamics. *J. Health Econ.* 22：

361 – 77.

Auld MC. 2006. Estimating behavioral response to the AIDS epidemic. *Contrib. Econ. Anal. Policy* 5: Artic. 12.

Barrett S, Hoel M. 2007. Optimal disease eradication. *Environ. Dev. Econ.* 12: 627 – 52.

Bhattacharya J, Goldman D, Sood N. 2003. The link between public and private insurance and HIV-related mortality. *J. Health Econ.* 22: 1105 – 22.

Blythe SP, Castillo-Chavez C, Palmer JS, Cheng M. 1991. Toward a unified theory of sexual mixing and pair formation. *Math. Biosci.* 107: 379 – 405.

Boozer MA, Philipson TJ. 2000. The impact of public testing for human immunodeficiency virus. *J. Hum. Resour.* 35: 419 – 46.

Boulier BL, Datta TS, Goldfarb RS. 2006. Vaccination externalities. *B. E. J. Econ. Anal. Policy* 7: 23.

Brito DI, Sheshinski E, Intriligator MD. 1991. Externalities and compulsory vaccinations. *J. Public Econ.* 45: 69 – 90.

Castillo-Riquelme M, Chalibi Z, Lord J, Guhl F, Campbell-Lendram D, et al. 2008. Modeling geographic variation in the cost-effectiveness of control policies for infectious vector diseases: the example of Chagas disease. *J. Health Econ.* 27: 405 – 26.

Chen FH. 2004. Rational behavioral response and the transmission of STDs. *Theor. Popul. Biol.* 66: 307 – 16.

Chen FH. 2006a. A susceptible-infected epidemic model with voluntary vaccinations. *Math. Biol.* 53: 253 – 72.

Chen FH. 2006b. On the transmission of HIV with self-protective behavior and preferred mixing. *Math. Biosci.* 199: 141 – 59.

Chen FH. 2009. Modeling the effect of information quality on risk behavior change and the transmission of infectious diseases. *Math. Biosci.* 217: 125 – 33.

Chen FH, Cottrell A. 2009. Dynamic equilibria in an epidemic model with voluntary vaccinations. *J. Biol. Dyn.* 3: 357 – 75.

Cohen J, Dupas P. 2010. Free distribution or cost-sharing? Evidence from a randomized malaria prevention experiment. *Q. J. Econ.* 125: 1 – 45.

Daley DJ, Gani J. 1999. *Epidemic Modelling: An Introduction.* Cambridge, UK: Cambridge Univ. Press.

Diekmann O, Heesterbeek JAP. 2000. *Mathematical Epidemiology of Infectious Diseases: Model Building, Analysis and Interpretation.* Chichester: Wiley.

Dow WH, Philipson T. 1996. An empirical examination of the implications of assortative matching on the incidence of HIV. *J. Health Econ.* 15: 735 – 49.

Edlund L, Korn E. 2002. A theory of prostitution. *J. Polit. Econ.* 110: 181 – 214.

Fine PEM. 1993. Herd immunity: history, theory and practice. *Epidemiol. Rev.* 15: 265 – 302.

Fine PEM, Clarkson JA. 1986. Individual versus public priorities in the determination of optimal vaccination policies. *Am. J. Epidemiol.* 124: 1012 – 20.

Francis AM. 2008. The economics of sexuality: the effect of HIV/AIDS on homosexual behavior in the United States. *J. Health Econ.* 27: 675 - 89.

Francis PJ. 1997. Dynamic epidemiology and the market for vaccinations. *J. Public Econ.* 63: 383 - 406.

Francis PJ. 2004. Optimal tax/subsidy combinations for the flu season. *J. Econ. Dyn. Control* 28: 2037 - 54.

Geoffard P-Y, Philipson T. 1996. Rational epidemics and their public control. *Int. Econ. Rev.* 37: 603 - 24.

Geoffard P-Y, Philipson T. 1997. Disease eradication: private versus public vaccination. *Am. Econ. Rev.* 87: 222 - 30.

Gersovitz M. 2001 (1999). *Human behaviour and the transmission of infectious disease: an economist's perspective. The Joseph Fisher Lecture.* Reprinted in *Australia's Economy in the International Context: The Joseph Fisher Lectures*, Vol. 2, ed. K Anderson, pp. 445 - 65. Adelaide: Univ. Adelaide.

Gersovitz M. 2003. Births, recoveries, vaccinations and externalities. In *Economics for an Imperfect World: Essays in Honor of Joseph E. Stiglitz*, ed. R Arnott, B Greenwald, R Kanbur, B Nalebuff, pp. 469 - 83. Cambridge, MA: Mass. Inst. Technol. Univ. Press.

Gersovitz M. 2010. *Disinhibition and immiserization in a model of susceptible-infected-susceptible (SIS) diseases.* Unpubl. Pap., Johns Hopkins Univ., Baltimore.

Gersovitz M. 2011. HIV testing: principles and practice. *World Bank Res. Obs.* 26: 1 - 41.

Gersovitz M, Hammer JS. 2003. Infectious diseases, public policy, and the marriage of economics and epidemiology. *World Bank Res. Obs.* 18: 129 - 57.

Gersovitz M, Hammer JS. 2004. The economical control of infectious diseases. *Econ. J.* 114: 1 - 27.

Gersovitz M, Hammer JS. 2005. Tax/subsidy policies toward vector-borne infectious diseases. *J. Public Econ.* 89: 647 - 74.

Gertler P, Shah M, Bertozzi SM. 2005. Risky business: the market for unprotected commercial sex. *J. Polit. Econ.* 113: 518 - 50.

Goldman SM, Lightwood J. 2002. Cost optimization in the SIS model of infectious disease with treatment. *Top. Econ. Anal. Policy* 2: Artic. 4

Grass D, Caulkins JP, Feichtinger G, Tragler G, Behrens DA. 2008. *Optimal Control of Nonlinear Processes: With Applications in Drugs, Corruption, and Terror.* Berlin: Springer.

Huang W, Cooke KL, Castillo-Chavez C. 1992. Stability and bifurcation for a multiple-group model for the dynamics of HIV/AIDS transmission. *SIAM J. Appl. Math.* 52: 835 - 54

Keeling MJ, Rohani P. 2008. *Modeling Infectious Diseases in Humans and Animals.* Princeton: Princeton Univ. Press.

Kremer M. 1996. Integrating behavioral choice into epidemiological models of AIDS. *Q. J. Econ.* 111: 549 - 73.

Kribs-Zaleta CM, Velasco-Hernández JX. 2000. A simple vaccination model with multiple endemic states. *Math. Biosci.* 164: 183 - 201.

Kureishi W. 2009. Partial vaccination programs and the eradication of infectious diseases. *Econ. Bull.* 29: 2758 – 69

Lakdawalla D, Sood N, Goldman D. 2006. HIV breakthroughs and risky sexual behavior. *Q. J. Econ.* 121: 1063 – 102.

Ma Z, Li J, eds. 2009. *Dynamical Modeling and Analysis of Epidemics.* Hackensack, NJ: World Sci.

Mechoulan S. 2004. HIV testing: a Trojan horse? *Top. Econ. Anal. Policy* 4: Artic. 18.

Miguel E, Kremer M. 2004. Worms: identifying impacts on education and health in the presence of treatment externalities. *Econometrica* 72: 159 – 217.

Philipson TJ, Posner RA. 1995. A theoretical and empirical investigation of the effects of public health subsidies for STD testing. *Q. J. Econ.* 110: 445 – 74.

Philipson TJ. 2000. Economic epidemiology and infectious diseases. In *Handbook of Health Economics*, ed. AJ Cuyler, JP Newhouse, pp. 1761 – 69. Amsterdam: North Holland.

Rao V, Gupta I, Lokshin M, Jana S. 2003. Sex workers and the cost of safe sex: the compensating differential for condom use among Calcutta prostitutes. *J. Dev. Econ.* 71: 585 – 603.

Sethi SP, Staats PW. 1978. Optimal control of some simple deterministic epidemic models. *J. Oper. Res. Soc.* 29: 129 – 36.

Simon CP, Jacquez JA. 1992. Reproduction numbers and the stability of equilibria of SI models for heterogeneous populations. *SIAM J. Appl. Math.* 52: 541 – 76.

Skåtun JD. 2003. The overprovision of infectious disease medicine. *Econ. Lett.* 80: 61 – 66.

Skiba AK. 1978. Optimal growth with a convex-concave production function. *Econometrica* 46: 527 – 39.

Toxvaerd F. 2010a. *Infection, acquired immunity and externalities in treatment.* Unpubl. Pap., Cambridge Univ., Cambridge, UK.

Toxvaerd F. 2010b. *Recurrent infection and externalities in prevention.* Unpubl. Pap., Cambridge Univ., Cambridge, UK.

Whitaker L, Rentin AM. 1992. A theoretical problem of interpreting the recently reported increase of homosexual gonorrhea. *Eur. J. Epidemiol.* 8: 187 – 91.

Wickwire K. 1977. Mathematical models for the control of pests and infectious diseases: a survey. *Theor. Popul. Biol.* 11: 182 – 238.

Wiemer C. 1987. Optimal disease control through combined use of preventive and curative measures. *J. Dev. Econ.* 25: 301 – 19.

Xu X. 1999. Technological improvements in vaccine efficacy and individual incentive to vaccinate. *Econ. Lett.* 65: 359 – 64.

新冠疫情导致的经济不确定性

斯科特·贝克尔　尼克·布鲁姆　斯蒂文·戴维斯　斯蒂芬·特里

新冠疫情暴发引发了不确定性的大幅上升。几乎各个方面都存在高度的不确定性：病毒的传染性、流行性和致命性；组织并部署抗原和抗体测试；医疗卫生系统应对极端挑战的能力；开发和部署安全有效的疫苗所需的时间；死亡率的最终规模；社会距离、关停市场等防控举措的持续时间和有效性；疫情的短期经济影响和政策应对；疫情缓解后的复苏速度；政府临时干预政策是否会持续；由疫情引发的消费模式转变将持续到何种程度；企业存活、新企业形成、研发、人力资本投资等对生产率有中长期影响的因素受到的冲击。①

我们的目标是评估上述由新冠疫情引起的不确定性对宏观经济的近期和中

* Scott Baker，美国西北大学凯洛格管理学院（Kellogg School of Management）金融学副教授，主要研究领域为：实证宏观经济学、家庭金融、不确定性的经济学、劳动经济学。Nick Bloom，斯坦福大学经济学教授，主要研究领域为：对企业和国家管理实践的测度和解释，不确定性的原因和后果，创新、信息技术及其影响因素（如税收、贸易和管制等）。Steven J. Davis，芝加哥大学布斯商学院国际商务和经济学杰出教授，主要研究领域为：商业动态、雇佣时间、失业以及经济不确定性的影响等。Stephen J. Terry，波士顿大学经济系宏观经济学助理教授。作者感谢美国国家科学基金会、斯隆基金会和芝加哥布斯商学院的财务支持。原文写于 2020 年 4 月 4 日。

① 关于新冠肺炎传播和死亡率的流行病学模型关键参数的不确定性衡量，详见 Atkeson（2020a）、Bendavid and Bhattacharya（2020）、Dewatripont et al.（2020）、Fauci et al.（2020）、Li et al.（2020）、Linton et al.（2020）和 Vogel et al.（2020）等的文献。针对疾病的行为响应、各种检测、社会距离和隔离制度，在标准的流行病学模型以及扩展中涵盖了哪些关键参数值，详见 Anderson et al.（2020），Atkeson（2020b），Berger、Herkenhoff and Mongey（2020），（转下页）

期影响。第一步必要的工作，是将宏观经济变量引入统计模型以量化不确定性。这方面的工作会面临如下几个显著的挑战：

- 新冠疫情暴发后以惊人的速度蔓延。以美国为例，2020 年 2 月失业率达 3.5%，是 67 年来的最低水平。在仅仅 6 周之后，情况就发生了极大的变化：在过去两周内，近 1000 万美国人申请失业救济（Chaney and Morath，2020）。除此之外，还有数百万人失业，虽然他们还未提交申请。由于形势变化极其突然，基于过去统计分析以及历史数据的方法不太可能得到合适且有前瞻性的不确定性度量。
- 另一个挑战是缺乏与当前危机有高度相似性的历史参照。尽管一个世纪前的西班牙流感大流行在死亡率方面有一定的可比性（Barro、Ursua and Weng，2020），但它发生在截然不同的社会、政治和经济背景下。而且，当前世界对疫情的防控与缓解政策，其规模也是史无前例的。
- 数据的时效性在实证方面是一个关键的挑战。要评估由新冠疫情导致的不确定性对当前和未来宏观经济的影响，我们需要实时或接近实时的度量指标。

简而言之，我们需要实时且有前瞻性的经济不确定性的度量指标。基于上述要求，我们评估了五种不确定性的度量指标。其中，一些指标在经济不确定性及其影响的文献中占有重要位置，而另一些指标则相对较新。相关文献综述，请参见布鲁姆（Bloom，2014）的文章；有关本文考虑的度量指标概述，请参见表 1。

股票市场的波动性（Stock Market Volatility）指标。例如，恐慌指数（VIX）反映了标准普尔 500 指数期权所隐含的前瞻性波动率。图 1 显示，从 2020 年 1 月 15 日至 2020 年 3 月 31 日，新冠疫情的冲击使 VIX 指数上升了将

Eichenbaum、Rebello and Trabant（2020），Ferguson et al.（2020），以及 Stock（2020a）等的文献。有关强有力的抗原和抗体临床试验转变疫情形势的潜在可能性研究，请详见 Romer and Shah（2020）和 Stock（2020b）的文献。关于股票市场效应，参见 Alfaro et al.（2020）、Baker et al.（2020）和 Toda（2020）。因疫情扩散引起供应方高度不平衡性，由这种不平衡性造成的复杂性研究，参见 Guerrieri et al.（2020）。有关潜在的中长期宏观经济后果，参见 Barro、Ursua and Weng（2020）和 Jorda、Singh and Taylor（2020）的文献。

表 1　新冠疫情危机下美国宏观不确定性指标

指标	举例	更新频率	时间滞后(天)	前瞻性	其他细节	新冠疫情综合适用性
金融市场的波动率	VIX，（每日或隔日）实际波动率	日报	0	有	1 个月至 10 年的隐含波动率	* * *
基于报纸的衡量指标	经济政策不确定性指数（EPU）或股市波动跟踪指数（EMV）	日报	1	有	详细分类	* * *
商业预期调查	DMP，商业预期调查（SBU）	月报	20	有	部门、区域和企业规模	* * *
专业预测人士调查	专业预测人士调查分歧	季报	30	有	多个结果变量（GDP、就业等）	* *
时间序列模型	GDP Garch 模型 JLN 宏观测度	月报	90	无	多个结果变量（GDP、就业等）	*

注：更新频率和时间滞后是指例子中最频繁和最快速产生的指标。前瞻性意味着该指标至少部分反映了对未来发展的预期，而不是历史数据。EPU 是 Baker、Bloom and Davis（2016）的经济政策不确定性指数，EMV 是 Baker、Bloom、Davis and Kost（2019）的股市波动跟踪指数。两者都有每日和每月的版本。DMP 是 Bloom et al.（2019）在文献中描述的英国决策者小组，SBU 是 Altig et al.（2020b）在文献中描述的美国商业不确定性调查。SPF 来源于 Croushore and Stark（2019）在文献中描述的费城联邦储备银行对专业预测人士的调查。JLN 宏观是指 Jurado、Ludvigson and Ng（2015）基于时间序列模型的预测不确定性测度。

近 500%。该前瞻性度量指标始于 1990 年且每日实时更新。我们可在较短的回顾窗口中计算出实际波动率，快速反映经济状况的突发变化。日收益率的实际波动率可以追溯到 19 世纪末。

基于报纸的衡量指标（Newspaper-Based Measures）。例如，贝克尔、布鲁姆和戴维斯（Baker、Bloom and Davis，2016）的经济政策不确定性指数

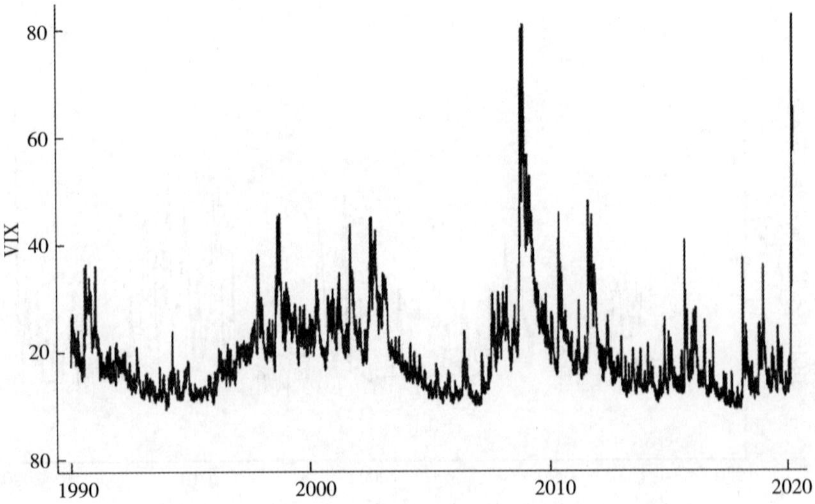

图1　1990 年以来 VIX（隐含股票收益波动率）日度数据

注：芝加哥期权交易所的标准普尔 500 指数的每日隐含波动率（在下一个月中），以年化单位形式表示。我们绘制了 1990 年 1 月 2 日到 2020 年 3 月 31 日的数据折线图。数据可以在该网站下载：https：//fred. stlouisfed. org/series/VIXCLS。

（EPU）。① 该指数每日更新，涵盖了大约 2000 家美国报纸，主要反映报纸文章中包含“经济”、“政策” 和 “不确定性” 相关条目的出现频率。该指标将 1985 年到 2010 年的数值标准化为 100，因此高于 100 的值反映出高于平均的不确定性。图 2 描绘了日度经济政策不确定性指数的月平均值，该平均值从 2020 年 1 月的 100 左右猛增到 2020 年 3 月的 400 左右，达到了有史以来的最大值。以美国主要报纸平衡面板为基础的月度美国经济政策不确定性指数表现出类似的变化趋势，并在 2020 年 3 月达到峰值。②

基于报纸的不确定性衡量指标具有前瞻性，因为它反映了新闻工作者感受并表达出来的实时不确定性。这些指标可以追溯到 1900 年的美国，通过 www. policyuncertainty. com 查阅许多国家（或地区）的数据。贝克尔、布鲁姆和戴维斯（2016）给出了一个能够提取经济不确定性来源及其随时间变化趋势的现成方法。例如，贝克尔、布鲁姆、戴维斯、科斯特、萨蒙和维拉蒂奥辛

① 具体指数可在的官方网站 www. policyuncertainty. com 获取。同时可参见 www. worlduncertaintyindex. com 上的全球不确定性指数，该指数基于《经济学人》智库报告而非报纸。

② 月度 EPU 指数可从 http：//www. policyuncertainty. com/us_monthly. html 获得。

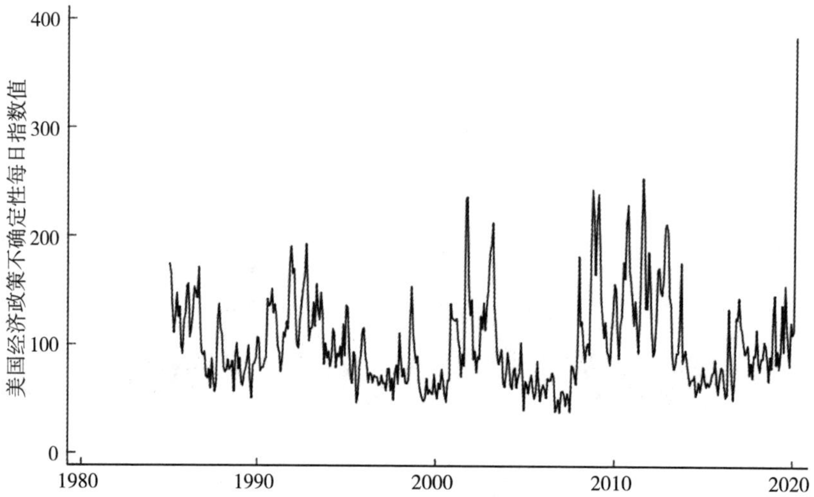

图 2 美国经济政策不确定性指数，
1985 年 1 月至 2020 年 3 月每日指数值的月度平均值

注：每日指标数值可从 www. policyunsurety. com/media/all_ daily_ policy_ data. csv 下载。有关指数构建的详细信息，请参见 Baker、Bloom and Davis（2016）的文献。图中绘制了 1985 年 1 月 1 日到 2020 年 3 月 31 日的数据曲线图。

（Baker、Bloom、Davis、Kost、Sammon and Viratyosin，2020）的报告显示，1990 年 3 月超过 90% 的有关经济政策不确定性的报纸文章提到“COVID”、“冠状病毒”、“流行病”或其他与传染性疾病相关的术语。

贝克尔、布鲁姆、戴维斯和科斯特（2019）开发了一种基于新闻媒体的股票市场波动率（EMV）追踪器，该追踪器与恐慌指数的走势密切相关。该文构建的指数有助于对导致股票市场动荡的新闻动态进行定量探究，这与新闻工作者的实时看法相吻合。将他们的方法运用于传染病的研究，我们发现自 2020 年 2 月的最后一周以来，COVID –19 是新闻媒体有关股市波动的主要话题。与其形成鲜明对照的是，埃博拉病毒、SARS、H1N1 等其他暴发于 1985 年之后的传染病对股市波动的影响很小。

商业预期调查（Business Expectation Surveys）。其中包括美国商业不确定性月度固定样本调查和英国月度决策者固定样本数据。① 以上调查在一年的

① 具体数据可从 www. frbatlanta. org/research/surveys/business-uncertainty 和 http：//decisionmaker-panel. com/ 获取。

展望期内得出了每家公司未来销售增长率的五点概率分布（具体值及其概率）。基于给定月份，通过计算每个公司对于未来增长率预期的主观标准差，并对该月内的所有公司数据进行汇总，可以得出有关未来销售增长率主观不确定性的宏观度量。

基于美国和英国销售增长率不确定性的调查结果，图 3 绘制了其时间序列数据走势。2020 年 3 月，两国的不确定性指数均显著上升，远高于其（近期）历史上的任何峰值。尽管如此，我们还是认为 3 月份的数值偏低，因为它主要反映了上半个月的调查反馈结果。的确，基于 2020 年 3 月前两周的前景展望，两项调查均表明情况在未来将迅速恶化。图 4 运用决策者固定样本的数据，描绘了 2020 年 3 月这段时间内新冠疫情引致的不确定性如何迅速上升。

这些商业预期调查用于衡量公司对实际情况的实时观察是很有价值的。在首次调查后的 5—20 天内，就会产生可用数据。同时还可以及时修改以添加其他问题，如新冠疫情可能持续期内的商业预期。商业预期调查的主要缺点是，每月建立样本和调查的成本，以及需要积累一定的历史数据作为参照点。但

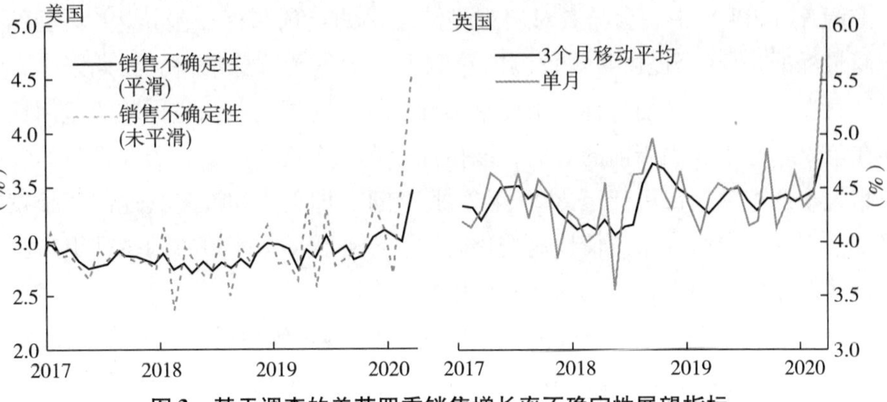

图 3　基于调查的美英四季销售增长率不确定性展望指标

（月度，2017 年 1 月—2020 年 3 月）

左图资料来源：亚特兰大联邦储备银行、斯坦福大学和芝加哥大学布斯商学院进行的商业不确定性调查的数据。有关商业不确定性调查数据的详细描述，请参见 Altig et al.（2020b）的文献以及以下网址：https：//www. frbatlanta. org/research/surveys/businessuncertainty。

右图资料来源：英格兰银行、诺丁汉大学和斯坦福大学进行的决策者小组调查。详细信息和背景，请参见 Bloom et al.（2019）的文献和 www. decisionmakerpanel. com。

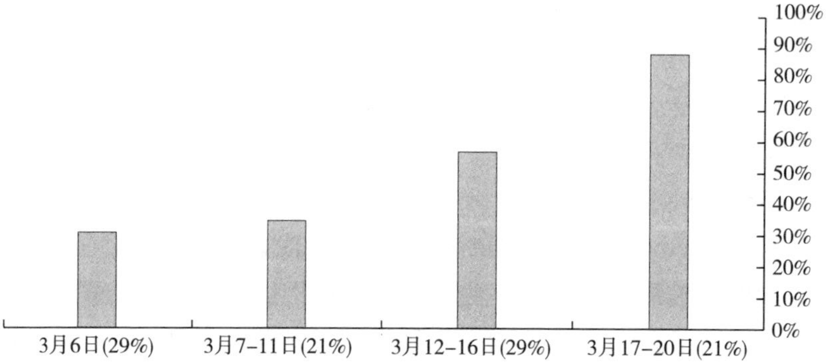

图4　2020 年 3 月新冠疫情引起的不确定性迅速上升

（截至 2020 年 3 月调查提交日期，将新冠疫情列为最不确定因素的英国公司占比）

资料来源：由英格兰银行、诺丁汉大学和斯坦福大学进行的决策者小组调查，以及 Bloom et al.（2019）和 www. decisionmakerpanel. com。

是，这些调查一旦到位，便具有很高的灵活性，可以快速设置针对当前经济状况和政策的特定问题。美国和英国的商业预期调查，都将在 2020 年 4 月份基本落实针对有关新冠疫情发展态势影响的前瞻性问题。

预测人士的分歧（Forecaster Disagreement）。主要例子包括在专业预测人士调查（SPF）中，参与者对宏观经济结果的点预测存在差异。① 典型的分歧衡量标准是 50 个提供常规预测的预测人士的点预测标准差。长期以来，人们一直在用这种分歧衡量标准来度量不确定性，对于这些衡量标准的适用性也存在争议。鉴于我们当前的目的，该指标存在一个现实问题：当前最新的专业预测人士调查数据仅更新至 2020 年 2 月 14 日，即美国和许多其他国家暴发新冠疫情之前。当前处于疫情快速变化时期，专业预测人士调查的季度更新频率导致数据滞后时间太长，减弱了其可用性。

统计预测不确定性（Statistical Forecast Uncertainty）。正如胡拉多等人（Jurado、Ludvigson and Ng，2015）所述，统计预测不确定性的例子包括拟合美国工业产值的 GARCH（广义自回归条件异方差）模型隐含的条件波动性或大规模时间序列模型隐含的预测不确定性。② 可以使用以上衡量方法生成实际波动率的时变度量，进而预测 GDP 增长、工业生产、就业、贸易以及其他标

---

① 具体参见 https：//www. philadelphiafed. org/research-and-data/real-time-center/survey-of-professionalforecasters。

② 参见 https：//www. sydneyludvigson. com/data-and-appendixes。

准度量指标的不确定性。通过这些不确定性的统计度量指标可以得到时间序列数据中的重复关系，例如，许多经济时间序列的波动性很可能在经济衰退期上升，但在经历了突然的转变和百年一遇的震荡后，其滞后性（backward-looking）使该指标变得不那么有用。此类统计模型中关键输入数据的长滞后，是该实时不确定性度量方法的另一个严重局限，尤其是在受到突发和异常的冲击之后。许多关键的经济数据类型，其滞后达到 90 天。截至本文成稿当天（4 月 4 日），即使是周五的劳工统计局就业情况报告也是过时的，因为它没有反映我们上面提到的 1000 多万新增失业人口。

为了阐述使用前瞻性度量方法预测新冠疫情的短期宏观经济影响，我们借鉴了贝克尔、布鲁姆和特里（2020）构建的灾害影响实证模型。① 该文使用多个国家的自然灾害、政变、革命和恐怖袭击等事件，通过一阶矩和不确定性衡量渠道估算灾害冲击对国家产出增长的影响。该文采用向量自回归实证模型，其中以灾害为工具变量进行冲击识别，适用于 38 个国家自 1987 年至 2017 年的季度数据。

根据其估计模型以及美国实际 GDP 数据，我们采用如下步骤：基于 2020 年 2 月 24 日至 3 月 31 日标准普尔 500 指数下跌 28%，我们对新冠疫情冲击进行了一阶矩层面的校准。我们基于同期隐含股市波动的上升进行新冠疫情冲击不确定性层面的校准。贝克尔、布鲁姆、戴维斯、科斯特、萨蒙和维拉蒂奥辛（2020）提供的证据表明，近段时间新冠疫情的扩散导致了股票市场的崩溃和波动性上升。我们将这些校准后的冲击代入用于 2020 年第二季度的 BBT 估计模型中，其中我们将其他同期冲击和前期的所有冲击设置为 0。

图 5 展现了自 2020 年第二季度开始对美国实际 GDP 年同比增长的动态预测。根据 BBT 模型中的点估计，相比于 2019 年第二季度，2020 年第二季度产出下降近 9%（需要明确的是，这个季度的衰退率转换到年度约为 36%）。该点估计值表明，2020 年第四季度的峰值产出预期同比收缩 11%，此后还将出现 5 个季度的产出同比下降。在 90% 置信度下，峰值产出响应的置信区间扩展到同比收缩近 20%。正如图 5 所示，预测的产出收缩约 60% 可由新冠疫情

① 关于估计新冠疫情诱致型不确定性对美国经济的影响，请参见 Leduc and Liu（2020）。

引起的不确定性予以解释。①

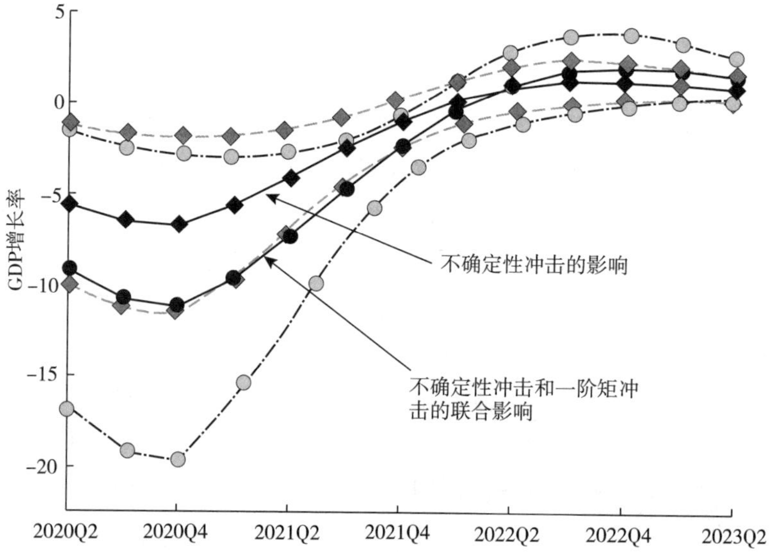

图 5　新冠疫情冲击对美国年度实际 GDP 增长率的影响预期

注：该图绘制了在 Baker、Bloom and Terry（2020）的 VAR-IV（在险价值—信息价值）估计模型中年度实际 GDP 增长率对一阶矩和不确定性冲击的反应路径。我们代入从 1987 年第一季度到 2020 年第一季度的美国数据，根据 2020 年第一季度最后几周美国股市下跌，将 2020 年第二季度的一阶矩震荡设定为 -2.3 倍标准差，并基于同期 VIX 的上升将不确定性震荡设定为 1.5 倍标准差。虚线表示 90% 的置信区间。

简而言之，我们的研究表明新冠疫情将导致产出大幅收缩，产出收缩的一半以上由新冠肺炎引发的经济不确定性导致。然而，新冠肺炎的实际影响可能比我们研究得出的数字更大。首先，我们将 2020 年第一季度的冲击值设为 0，但新冠疫情在该季度的后六周（尤其是后三周）开始影响美国经济及金融市场。其次，在新冠疫情暴发后，有一些潜在的重要机制在发挥作用，这些机制在贝克尔、布鲁姆和特里（2020）模型适用的灾难事件中没有起到作用或起着较小的作用。例如，新冠疫情导致企业在创新、培训和管理改进方面的支出大幅削减，我们预计这将降低 2021 年甚至更长期的生产率。这些以无形资本

① Baker、Bloom and Terry（2020）使用了一种更复杂的方法来校准不确定性冲击的大小，该方法得到了公司层面和加总层面的股市波动。在此运用他们的方法意味着到 2020 年第四季度，产出峰值收缩幅度将接近 10%，相比略小。原因在于他们的校准方法会得到较小的不确定性冲击。了解更多内容，请参见他们的文章。

形式进行的投资具有不可逆性，对不确定性特别敏感（例如 Barrero、Bloom and Wright，2017）。此外，美国的研发支出以及其他形式的创新活动（对美国及全球经济而言）可能比贝克尔、布鲁姆和特里（2020）模型所用样本中的大多数国家和灾难更为重要。最后，为应对新冠疫情的暴发，学校普遍停课，大量员工在家办公，这些在短期和长期内均有可能拉低生产率。

综上所述，新冠疫情造成了巨大的不确定性冲击，比 2008—2009 年金融危机相关冲击的规模更大，与 1929—1933 年大萧条时期不确定性上升的幅度更接近。我们可以使用股票市场波动指标、基于报纸的经济不确定性指标以及汇总的企业层面不确定性调查，实时跟踪和描述这种不确定性的大幅增加。通过使用股票市场波动指标校准新冠疫情的一阶矩、二阶矩数据，并将它们加入灾害影响统计实证模型中，得到 2020 年第二季度美国实际 GDP 隐含同比收缩率为 9%，预计在两个月后达到同比收缩率峰值 11%。本文的说明性研究表明，一半以上的收缩是由新冠疫情引发的经济不确定性导致的。可以肯定的是，我们对 GDP 增长预测的置信区间很宽。而且正如本文讨论的，我们有理由认为本文的说明性研究低估了新冠肺炎疫情可能产生的后果。

（上海交大上海高级金融学院　江林锴　译 上海交大安泰经济与管理学院许志伟 校）

参考文献

Ahir, Hites, Nicholas Bloom and Davide Furceri, 2019. “The World Uncertainty Index,” Stanford mimeo.

Alfaro, Laura, Anusha Chari, Andrew Greenland and Peter K. Shott, 2020. “Aggregate and Firm-Level Stock Returns During Pandemics, in Real Time,” working paper, 2 April.

Altig, David, Jose Maria Barrero, Nick Bloom, Steven J. Davis, Brent Meyer, Emil Mihaylov and Nick Parker, 2020a. “American Firms Foresee a Huge Negative Impact of the Coronavirus,” Technical Report, Federal Reserve Bank of Atlanta, 23 March.

Altig, David, Jose Maria Barrero, Nick Bloom, Steven J. Davis, Brent Meyer and Nick Parker, 2020b. “Surveying Business Uncertainty” NBER Working Paper 25956. Revised, March 2020. Forthcoming, *Journal of Econometrics*.

Anderson, Roy M., Hans Heersterbeek, Don Klinkenberg, and T. Dierdre Hollingsworth, 2020. “How Will Country-based Mitigation Measures Influence the Course of the Covid-19 Epidemic?” *The Lancet*, 395, no. 10228 (March).

Atkeson, Andrew, 2020a. "How Deadly Is Covid-19? Understanding the Difficulties with Estimation of Fatality Rate," working paper, 31 March 2020.

Atkeson, Andrew, 2020b. "What Will Be the Economic Impact of COVID-19 in the US? Rough Estimates of Disease Scenarios," NBER Working Paper 26867, March.

Baker, Scott, Nicholas Bloom and Steven J. Davis, 2016. "Measuring Economic Policy Uncertainty," *Quarterly Journal of Economics*, November.

Baker, Scott Baker, Nicholas Bloom, Steven J. Davis and Kyle Kost, 2019. "Policy News and Equity Market Volatility," NBER working paper 25720.

Baker, Scott, Nicholas Bloom, Steven J. Davis, Kyle Kost, Marco Sammon and Tasaneeya Viratyosin, 2020. "The Unprecedented Stock Market Reaction to COVID-19," *Covid Economics: Vetted and Real-Time Papers*, 1, 3 April.

Baker, Scott, Nicholas Bloom and Stephen Terry, 2020. "Does Uncertainty Reduce Growth? Using Disasters as Natural Experiments," at http://people.bu.edu/stephent/files/BBT.pdf.

Barrero, Jose, Nicholas Bloom and Ian Wright, 2017. "Short and Long Run Uncertainty," NBER Working Paper 23676.

Barro, Robert J., Jose F. Ursua and Joanna Weng, 2020. "The Coronovirus and the Great Influenza Pandemic—Lessons from the 'Spanish Flu' for the Coronavirus's Potential Effects on Mortality and Economic Activity," CESifo Working Paper No. 8166.

Bendavid, Eran and Jay Bhattacharya, 2020. "Is Coronavirus as Deadly as They Say?" *Wall Street Journal*, 24 March.

Bloom, Nicholas, 2014. "Fluctuations in Uncertainty," *Journal of Economic Perspectivesm*, Spring 2014.

Bloom, Nicholas, Scarlet Chen, Phil Bunn, Paul Mizen, Pawel Smietanka and Greg Thwaites, 2019. "The Impact of Brexit on UK Firms," NBER Working Paper 26218, September.

Chaney, Sarah and Eric Morath, 2020. "Record 6.6 Million Americans Sought Unemployment Benefits Last Week," *Wall Street Journal*, 3 April.

Croushore, Dean and Tom Stark, 2019. "Fifty Years of the Survey of Professional Forecasters," *Economic Insights*, Federal Reserve Bank of Philadelphia.

Dewatripont, Mathias, Michel Goldman, Eric Muraille and Jean-Philippe Platteau, 2020. "Rapidly Identifying Workers Who Are Immune to COVID-19 and Virus-Free Is a Priority for Restarting the Economy," *VOX CEPR Policy Portal*, 23 March.

Eichenbaum, Martin S., Sergio Rebelo and Mathias Trabandt, 2020. "The Macroeconomics of Epidemics," NBER Working Paper 26882, March.

Fauci, Anthony S., H. Clifford Lane and Robert R. Redfield, 2020. "Covid-19—Navigating the Uncharted," *New England Journal of Medicine*, 26 March. DOI: 10.1056/NEJMe2002387.

Ferguson, Neal et al., 2020. "Impact of Non-Pharmaceutical Interventions to Reduce Covid-19 Mortality and Healthcare Demand," Imperical College COVID-19 Response Team.

Guerreri, Veronica, Guido Lorenzoni, Ludwig Straub and Ivan Werning, 2020. "Macroeconomic Implications of COVID-19: Can Negative Supply Shocks Cause Demand Shortages?" working paper, 2 April.

Jorda, Ocar, Sanjay R. Singh and Alan M. Taylor, 2020. "Longer-Run Economic Consequences of Pandemics," *Covid Economics: Vetted and Real-Time Papers*, 1, 3 April.

Jurado, Kyle, Sydney Ludvigson and Serena Ng, 2015. "Measuring Uncertainty," *American Economic Review*, 105, no. 3 (March).

Leduc, Sylvain and Zheng Liu, 2020. "The Uncertainty Channel of the Coronavirus," *Economic Letters*, Federal Reserve Bank of San Francisco, 30 March.

Li, Ruiyun, Sen Pei, Bin Chen, Yimeng Song, Tao Zhang, Wan Yang and Jeffrey Shaman, 2020. "Substantial Undocuented Infection Facilitates the Rapid Dissemination of Novel Coronavirus (SARS - CoV2)," *Science*, 16 March. DOI: 10.1126/science. abb3221.

Linton, N. M. et al., 2020. "Incubation Period and Other Epidemiological Characteristics of 2019 Novel Coronavirus Infections with Right Truncation: A Statistical Analysis of Publicly, available case data," *Journal of Clinical Medicine* 9, no. 2 (17 February).

Romer, Paul and Rajiv Shah, 2020. "Testing Is Our Way Out," *Wall Street Journal*, 3 April.

Stock, James H 2020a. "Data Gaps and the Policy Responseto the Novel Coronavirus," NBER Working Paper 26902, March,

Stock, James H., 2020b. "Random Testing Is Urgently Needed," 23 March.

Toda, Alexis Akira, 2020. "Susceptible-Infected-Recovered (SIR) Dynamics of Covid-19 and Economic Impact," *Covid Economics: Vetted and Real-Time Papers*, 1, 3 April.

Vogel, Gretchen, 2020. "New Blood Tests for Antibodies could Show True Scale of Coronavirus Pandemic," *Science*, 19 March.

比较制度分析

Comparative Studies

Comparative

为何印度政府既失败又成功?

德维什·卡普尔

关于印度这个国家，最引人注目的是它的表现如此多样化，从难以胜任到令人钦佩。

一方面，兰特·普里切特（2009）恰如其分地将印度描述为“头脑指挥不了四肢的国家”。他写道：“从衡量（印度）政府行政能力的出勤率、绩效和腐败等基本因素看，印度就是一个‘头脑指挥不了四肢的国家’，其制定的出色政策与当地现实脱节。”印度政府在基本公共服务方面表现很差，比如初等教育、公共卫生、供水、卫生设施和环境质量。虽然从政府角度看它有效地管理着世界上最大的武装力量之一，但在管理公共服务机构方面却不那么有效。很多关于印度的研究文献讨论了那些未能产生有意义结果的项目，这或许源于政客和官僚的执行不力和寻租行为，或者因为对某些社会群体造成了歧视（Niehaus and Sukhtankar，2013；Fisman、Schulz and Vig，2014；Sheahan et

---

* Devesh Kapur，约翰·霍普金斯大学 Paul H. Nitze 高级国际研究院（SAIS）南亚研究 Starr 基金会讲席教授。作者感谢 Arvind Subramanian 许多令人鼓舞的想法和见解，这对本文提供了很大的帮助，并感谢 Shoumitro Chatterjee 进行了无数的讨论和技术帮助。作者还要感谢 Pratap Bhanu Mehta、Sharun Mukand、Gulzar Natrajan、Lant Pritchett、Neelanjan Sircar、TV Somanathan 和 Milan Vaishnav 的有益评论。Sumitra Badrinathan、Jashan Bajwa、Saksham Khosla 和 Vaishnavi Rupavatharam 提供了出色的研究协助并感谢原期刊的编辑所做的工作。原文“Why Does the Indian State Both Fail and Succeed?”发表于 *Journal of Economic Perspectives*，Vol. 34，No. 1，2020，第 31—54 页。

al.，2018；Lehne、Shapiro and Vanden Eynde，2018）。曾有学者（Sukhtankar and Vaishnav，2015）全面回顾了关于印度腐败的研究。

但另一方面，印度政府在成功完成复杂任务和大规模行动方面有着出色的表现。它多次举行亿万选民参与的选举——在2019年大选中有近9亿选民参与——且没有发生全国性争端。在过去10年中，它扩展了大型项目，例如统一身份认证系统（Aadhaar），这是世界上最大的生物识别项目（在启动后的7年内，已有10亿人注册）。最近，它实施了商品和服务税（GST），这是近几年最雄心勃勃的税收改革之一。印度在合同执行能力方面的排名较低，但其凶杀率已从1990年的每10万人5.1下降至2016年的3.2（UNODC，2019）。

本文的第1部分阐述了印度政府的表现，着重论述它在有效履行一些困难职能的同时又极不胜任其他职能的矛盾现象。本文认为印度政府在某些情况和环境下表现较好，具体而言，在宏观经济结果方面的表现要好于在微观经济结果方面的表现；在公共服务提供有内置退出机制且不定期时，表现要好于公共服务提供和问责常规化且更依赖地方政府能力时；在涉及等级制度和地位的社会规范与价值观影响较小的物品和服务上，表现要好于这些规范和价值可发挥灵活影响的领域。

第2部分对这些失败和成功的模式提出了几种解释：基层政府的人员短缺；印度过早实现民主的后果；以及种姓、性别和宗教造成的长期社会分裂。第3部分讨论了有关印度政府表现不佳的两个解释——印度政府部门规模过大以及被裙带政治裹挟。这两个解释虽然常被提及，但进一步探究后发现并不那么令人信服。最后的结论部分简要评论了印度政府能力的某些变化模式，其中之一便是，尽管在宏观经济方面变得更加令人担忧，但是昔日在微观层面的劣势已得到显著改善。

1. 参差不齐的表现

关于政府角色及其有效性的文献汗牛充栋（有关近期概述，请参阅Bardhan，2016）。有一部分强调政府在保护产权方面的作用，以及对自身施加限制以使政府不至于沦为没收的工具。另一部分文献关注在发展的背景下建立有效政府对于实现发展目标和减少贫困的重要性（Page and Pande，2018）。本文更多关注政府在提供如经济稳定、卫生、教育与监管等基本服务方面的积极作用。①

财政结果

政府构建的核心是财政：就像主权国家对合法暴力拥有垄断权一样，政府也试图垄断以税收形式从公众手中合法征收资源的权力。对于来自直接税（不同于间接税）、自然资源或外国援助的收入尤其如此（Brautigam、Fjeldstad and Moore，2008；Besley and Persson，2013）。对治理不善和公共服务提供匮乏的解释经常与国家的征税能力不足联系在一起：公民纳税越少，他们的国家主人翁感越低，对服务和问责制，或者惩治腐败行为的要求也越低（Persson and Rothstein，2015）。

对于独立前的英属印度，如果以军事能力和对暴力的垄断权衡量，它有一个强政府；但是如果以收入（以及相应的公共品支出）衡量，那么它有一个弱政府。政府收入在国民收入中的占比在 1871 年为 2%，在 1920—1930 年仅为 3%—5%，相较而言，在两次世界大战的间歇期，英国为 19%，日本为 29%（Roy，2011）。按人均水平计算，在 1920—1930 年，英属马来联邦的平均支出是英属印度的 10 倍以上，英属锡兰（今斯里兰卡）的平均支出超过英属印度 3 倍，而诸如菲律宾等其他英属殖民地和荷属东印度群岛的支出是英属印度的两倍以上，而法属印度支那的支出比英属印度高出 40%—50%（Roy，1996）。

如表 1 所示，在 1947 年独立后，印度的弱财政状况有所改善，但幅度有限，其税收占 GDP 比重从 1950—1951 年的 6% 攀升至 2016—2017 年的近 18%。在 20 世纪 50 年代到 80 年代，印度试图通过进口替代实现工业化的想法使它越来越依赖间接税（消费税和贸易税）。结果，直接税在税收总额中的占比从 1950—1951 年的 36% 下降到 1989—1990 年的 14%。此后，该比例在 2007—2008 年攀升到 36%，然后在 2016—2017 年下降到 32%，低于独立后的水平。事实上，既然商品和服务税已经开始实施，印度对间接税的依赖很可能

① Rodrik and Subramanian（2003）为政府在市场中的作用提供了一个功能性定义：创造市场，即提供法治和产权保护、确保合同的神圣性；稳定和矫正市场，即涉及健全的中央银行和稳健的监管机构；使市场合法化，即涉及税收和再分配政策，以及发出声音并促进政治参与的平权运动；补充市场，即提供基础设施和人力资本等公共品；削弱市场，即通过国家对生产资料的所有权以及命令与控制政策对市场的过度干预。

会进一步增加。

表1　印度税收与GDP之比的水平与结构变化

年份	联邦税收			邦税收			合计	直接税收/税收总额（%）
	直接税	间接税	税收总额	直接税	间接税	税收总额		
1950—1951	1.23	2.20	3.43	0.99	1.61	2.60	6.03	36.8
1965—1966	1.62	4.56	6.19	0.92	3.02	3.94	10.13	25.1
1989—1990	1.21	6.44	7.65	1.01	6.81	7.83	15.48	14.3
2016—2017	3.46	3.54	7.00	2.26	8.50	10.82	17.82	32.1

注："邦税收"包括联邦转移给各邦的税收。

资料来源：印度财政部（2018，表1.8）。

随着经济发展，财政能力通常会提高。如图1A所示，印度的整体税收努力（以所得税纳税人的数量衡量）似乎与其发展水平（以人均GDP衡量）相当。② 如果仅以税收占GDP的比重衡量税收努力，结果也类似。

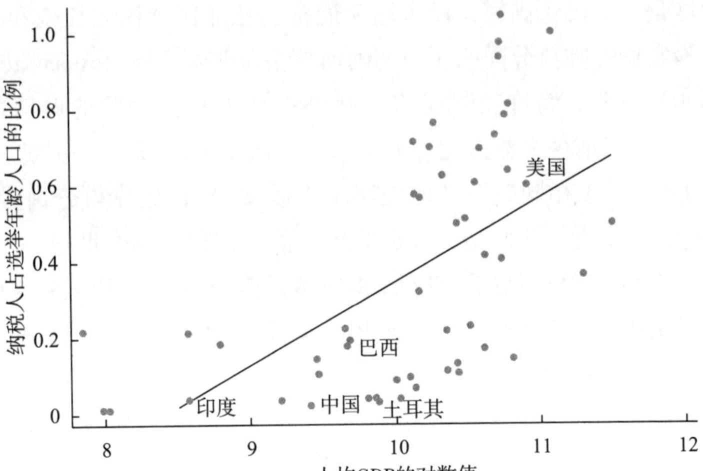

图1A　纳税人占人口的比例

② 这里的讨论借鉴了印度2015—2016年的*Economic Survey*（印度财政部，2016），该调查首次强调了税收—收入—民主的关系。

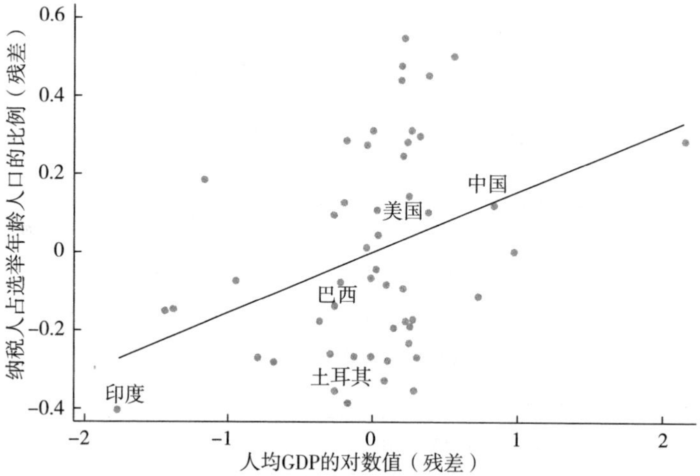

图 1B　控制民主得分的纳税人占人口的比例

注：样本包括 52 个国家或地区。经合组织的数据集（该图的基础）共有 77 个国家或地区。其中有两个国家没有政体 IV 数据；在其余国家中，只有 53 个国家有纳税人数目数据，一个国家没有 GDP 数据，因而最终样本为 52 个。

资料来源：Centre for Tax Policy and Administration（2011）。

但印度是一个民主国家，民主国家通常会比非民主国家征税和支出更多，可能是因为它们面临再分配的压力。阿西莫格鲁和罗宾逊（Acemoglu and Robinson，2000）认为，特许经营权的扩展可被视为对再分配的可信预先承诺。图 1A 显示了一国纳税人数占比与人均 GDP 对数之间的关系。实线只是最佳拟合线。图 1B 描绘了相同关系，但控制了以政体 IV 数据库得分衡量的民主水平。③ 从这个角度看，印度是一个负的离群值。在过去半个世纪，印度一直是民主国家中人均 GDP 最低的。此外，印度的税收努力——以人均 GDP 对应的纳税人数量衡量——大大低于人们对民主国家的期望（如果以税收占 GDP 比重衡量税收努力，结果也是类似的）。也就是说，印度不是因为它的收入相对较低而征税不足，而在于尽管它是一个民主国家，仍存在征税不足的现象。税收和纳税人展现的这种模式，在支出上同样存在。

③ 为了在一个图形上证明这种多元关系，我求助于 Frisch-Waugh 定理。我得到的残差来自两个回归：（1）基于政体 IV 得分的纳税人占人口比例，以及（2）基于政体 IV 得分的人均 GDP 的对数。该图在（2）的残差上绘制了（1）的残差。Frisch-Waugh 定理保证回归线的斜率与人均 GDP 和基于政体 IV 得分的纳税人占人口比例的多元回归相同。因此，在轴上将绘制残差值。感谢 Shoumitro Chatterjee 所做的分析。

印度各级政府的财政能力也表现出惊人的差异。印度是一个离群的国家，因为其邦政府（许多邦的人口比大多数国家都多）直接税收占其总收入的比例非常低：2016 年约为 6%，相比之下，巴西为 19%，德国为 44%（印度财政部，2018）。印度农村基层政府对自身资源的依赖仅为 6%（巴西和德国的第三层级政府为 40%），而印度征收的直接税仅为其全部资源价值的 4%（相比之下，巴西大约为 19%、德国大约为 26%）。结果就是，印度联邦政府和邦政府的人均支出比地方基层政府平均高出 15—20 倍（印度财政部，2018）。

宏观经济结果

在过去 40 年中，印度经济增长的持续时间、稳定性和相对较高的增长率都令人瞩目（正如 Lamba and Subramanian 讨论的那样）。印度在 1947 年独立后的前 30 年中采取了削弱市场的政策，但从 1980 年左右（尤其是 1991 年以后）开始修正了路线，为经济注入了比印度过往以及其他发展中国家更强劲的活力。

印度在宏观经济稳定方面取得的成就，体现在较低的通胀率、较低的外债水平以及比对应国家更保守的货币政策上。但是，它的财政政策不太谨慎：与其他新兴市场经济体相比，尽管其整体债务水平要谨慎得多，但其平均财政赤字水平仍然很高（根据 IMF 的数据）。约什等人（Joshi and Little，1994）指出，在 1991 年之前，印度在通胀、货币政策和外债方面的宏观经济政策（在 17 个样本国家中）是最“保守”的。印度的通胀率在 21 世纪头 10 年中期确实有所上升，到 2008 年达到 10%—11%，并在数年内一直保持两位数的通胀率。但是，此后印度的通胀率在 2018—2019 年急剧下降至 3%—5%。印度的汇率管理也非常谨慎，随着时间的推移从固定汇率转变为弹性汇率，并避免了已在其他地方导致货币危机的货币高估。根据发展中国家宏观经济表现的一项综合指标，自 1995 年以来，印度有 25 年未进入国际货币基金组织的救助计划。此外，截至 2019 年 11 月 1 日，印度的外汇储备超过了 4400 亿美元，位居世界第六。

印度在通胀控制方面一直表现得相当不错，这主要归因于对通胀的政治厌恶由民主体制制度化了。对于通胀的负面影响，大量穷人首当其冲，部分原因是他们无法获得金融工具来保护自己免受通胀的影响，而且他们的投票率很高。因此，尽管印度中央银行（印度储备银行）缺乏常规的法定独立性，但民主政治帮助它锚定和控制了通胀预期。

关键服务方面的微观经济结果

自独立之后的70多年来，印度的社会经济指标有了显著改善。表2列出了一些基本指标的变化。表3聚焦20世纪90年代初印度经济自由化以来的时期。

表2 印度的一些社会经济指标

	1950年之前	2016年
识字率（占人口百分比）	18[a]	76[d]
预期寿命（年）	32[a]	68.7[e]
孕产妇死亡率（每10万人）	1321[b]	130[e]
实际人均GDP（2011年美元）[c]	824	6125

资料来源：a. India Census Commissioner（1951）；b. 对1957—1960年的估计值（Radkar，2012，第120页，表1）；c. Bolt et al.（2018）；d. 从National Sample Survey Office（2015）的数据推断，其估计5岁及以上人口识字率为76%；e. CBHI（2019）。

表3 后自由时期社会结果的变化

指标	1988—1999（NFHS-2）	2005—2006（NFHS-3）	2015—2016（NFHS-4）
用电的家庭占比（%）	60.1	67.9	88.2
有改善饮用水源的家庭占比（%）	77.9[a]	87.9	89.9
婴儿死亡率（每1000个新生儿）	68	57	41
女性识字率（%）	41.8	55.1	68.4
受教育10年及以上的女性占比（%）	14.3	22.3	35.7
出生时的性别比率（过去五年每1000个新生男婴对应的新生女婴）	926[b]	914	919
凶杀率（每10万人）[c]	4.6	3.9	3.2

资料来源：印度全国家庭健康调查（National Family Health Surveys，不同轮次）；a. 指的是来自水管和手动泵的饮用水；b. 0—6年；c. UNODC（2019）。

关于这些结果的一个潜在问题是某些改进是否掩盖了质量低劣的问题。例如，一个家庭可能有电或饮用水，但这并不能说明服务的质量如何。这个观点有可取之处，但另一方面，并没有迹象表明早期的服务质量很好，而后来的数量扩展是以质量为代价的。

这里出现的一种模式是，进步通常发生在国家以规划、协调、资助电气化或道路连通等方式来提供服务。2015 年，印度 88% 的人口用上了电，这一比例大大高于根据电气化与人均 GDP 之间的简单跨国关联所预测的 66%。但是，在改变“刚性”的社会规范和行为偏好方面，印度进展很慢。例如，2015 年印度有 39% 的人口露天排便，这一比例也大大高于根据露天排便与人均 GDP 之间的简单关联所预测的 14%。④ 在涉及妇女和儿童福利的问题上，如表 3 所示，印度政府在某些方面的表现较差。印度反常的性别比例反映了社会对男孩的强烈偏好，尽管有法律禁令，但改善程度有限。

关键职能的间断性和持续性履行

在那些间断性地提供公共服务并接受问责的活动中，印度政府表现较好，一旦这些活动完成，政府就自动退出。此处考虑三个具有重要职能的宪法和法定机构。印度的选举由印度选举委员会组织，该委员会通常有数百名官员。在全国大选期间，它对国家、邦和地方层面的所有官僚机构都有监督权，这些机构有数百万计的官员，是选举委员会官员人数的上万倍。但这份监督权仅在宣布选举时间表与公布选举结果这段时期（通常是几个月）存续（Quraishi, 2019）。另一个机构是划界委员会（Delimitation Commission），该委员会定期成立以根据上一次人口普查来重新分配联邦议会和邦议会选区，并在向联邦议会提交报告后解散。⑤ 它的每份报告均被原本应充满分歧的议会一致通过，使印度避免了困扰美国许多州关于划分不公正选区的党派纷争。印度的财政联邦制——纵向和横向的税收共享——处于财政委员会的严格指导下，该委员会每五年成立一次，在提出建议后解散，而该委员会的建议也大体得到了印度现任联邦政府和邦政府的广泛接受。

印度政府在限时退出的活动中表现较好的地方不仅限于法定机构。2019 年初，印度组织了灵修大会（Kumbha Mela），堪称“世界上最大的人类聚会”，现已被联合国教科文组织列为“人类非物质文化遗产”，为此还建立了一个临时城市（位于 Prayagraj），占地 2500 公顷。约有 2.2 亿人参加了为期 50 天的

---

④ 有关电力供应和露天排便跨国相关性的数字，请参阅 *Journal of Economic Perspectives* 网站上本文的在线附录。

⑤ 根据印度宪法 82 条，议会在每次人口普查之后应当依法颁布一个划界法案。

灵修大会，而最后一天的参与人数超过1000万，且没有发生任何严重的不幸事故。⑥

印度的公共卫生服务还有很多不足之处。然而，到2016年1月13日，印度整整五年全国没有出现小儿麻痹症，取得了公共卫生领域的里程碑。迟至20世纪80年代，印度每年都还有成千上万的儿童感染小儿麻痹症。甚至到2009年，印度还报告了741例小儿麻痹症病例，比世界上任何其他国家都要多。在消灭小儿麻痹症方面，印度面临着艰巨的挑战：人口密度和出生率高、卫生条件差、痢疾广泛存在、出行不便以及部分人口不愿接受脊髓灰质炎疫苗。每年要求1.72亿名儿童在1—2天内接种两次疫苗，如此大规模的工作，需要大约250万名志愿者和15万名疫苗接种管理监督员的协助，需要国家强大的后勤和协调能力作后盾。⑦ 同样，印度在临时高度集中化的“任务模式”中也表现良好。

印度人口普查是另一个例子。它每10年一次。在进行2011年人口普查时，有270万名官员访问了7935个城镇和60万个村庄的家庭，且人均费用不到0.50美元。与前面的例子一样，该活动同样是由似乎在日常工作中表现不佳的公共雇员实施的（实际上，普查结果需要相当长的时间来处理），但是在有时限且在结束后自动退出的间断性活动中，他们的表现更佳。

但是，对持续存在的监管机构而言，印度政府的表现则好坏参半。至少直到近期，印度储备银行和印度证券交易委员会等主要金融监管机构通常被认为表现良好。然而，目前因印度各银行不良资产率太高导致的金融危机，引发了对监管架构的严重怀疑。电力监管机构的表现平平无奇；环境监管乏善可陈；电信监管机构起步时良好，但似乎因偏袒某家公司，如今已蒙上一层阴影（Kapur and Khosla，2019）。联邦层级的监管机构通常比邦层级的表现要好。

自经济自由化以来，印度政府在该国经济中的作用已经从直接生产转向了监管。但是，监管机构的大量增多加剧了监管的碎片化，进一步放慢了决策过程。例如，由于印度宪法规定，农业是印度“各邦的事务”，所以农业改革必须由各个邦分别实施，从而使农业销售方面的诸多改革搁浅。的确，如果说“经济自由化意味着政府退出，那么监管型政府的崛起就证明了政府并没有退

⑥ 相比之下，更加富裕的沙特组织的麦加朝圣活动约有240万人，历时5—6天。

⑦ 参见Polio Global Eradication Initiative（2016）。

出，只是换了个身份”（Kapur and Khosla，2019，第5页）。

这种监管转变进一步推动了印度的“司法化”，因为所有纠纷最终都落到司法部门（Mehta，2007）。印度的司法部门已成为政府能力的重要特征；这超出了其保护权利并制衡其他政府部门的传统裁判角色。为了应对行政和立法机关以及其他监管机构行动能力和合法性的减弱，司法部门通过占据其权限范围外的职能，进入了真空地带。由司法机构参与裁定的经济问题包括配置公共资产、制定环境质量标准、监管公用事业以及推动破产程序。即使那些必须由其他监管机构做出决策的案件也通常会被上诉至印度最高法院。至少在近期，印度最高法院一直被评为两个最受信任的公共机构（另一个为军队）之一（CS-DS，2015）。

2. 可能的解释

应该如何解释印度政府参差不齐的表现呢？在本节中，我们考虑几种可能的解释。在下一节中，我们将排除两种不合理的传统解释。

解释1　地方政府资源匮乏

印度各级政府的公共雇员结构与诸如美国和中国等其他大国形成鲜明对比，如图2所示。

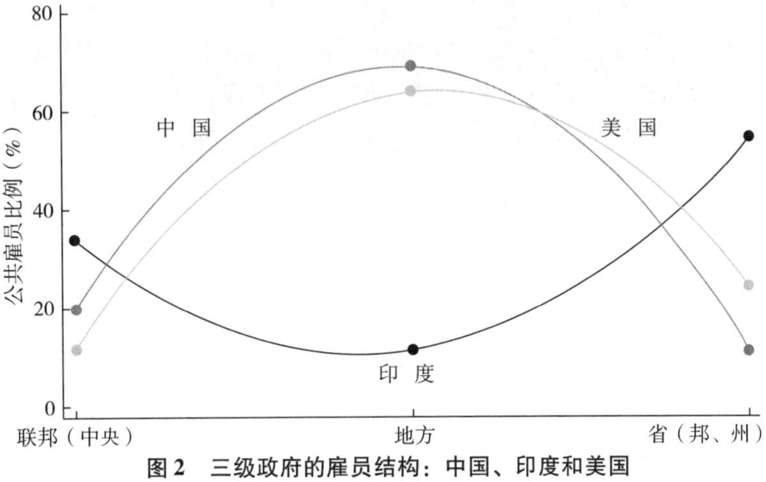

图2　三级政府的雇员结构：中国、印度和美国

注：印度是2011—2012年的数据，中国是1998年的数据，美国是2012—2013年的数据。

资料来源：印度的数据来自 Ministry of Finance（2012，2018）；中国的数据来自 Ang（2012）；美国的数据来自 US Census Bureau。

在美国，2/3 的政府雇员为地方政府工作。以中国为例，从 1954 年到 1998 年，“中央一级的公共雇员平均占总数的 16%，省一级占 17%，市一级占 22%，县一级占 34%，乡镇一级占 10%。平均而言，省以下级别的公共雇员占 66%，而县政府所占的比例最大”（Ang，2012，第 693 页）。从 1980 年到 1998 年，中国中央层级的政府职员从 12% 增长到 20%，而省级政府的比例从 1979 年的 18% 下降到 1998 年的 11%，在一定程度上反映了责任从省级行政机构向省级以下行政机构的稳步下放（Ang，2012）。

相比之下，在 1980—2012 年，印度联邦政府雇员的占比从 21. 1% 下降到 14. 3%，地方政府雇员的占比从 13. 8% 下降到 12. 0%，而邦政府层级的比例从 36. 3% 上升到 40. 8%。⑧ 因此，美国或中国地方政府雇员在政府总雇员中的占比是印度的 5 倍。

地方政府支出也有类似的倾斜。印度地方政府支出仅占政府总支出的 3%，而美国为 27%，中国为 51%（Ren，2015）。鉴于基本公共品——从初级保健到教育，从供水到卫生，从治安到（城市）规划——是由地方政府提供（或应由地方政府提供）的，因此印度许多基本公共服务的供给不足可能与最低级别的政府资源（包括财务和人力）匮乏有关。

对于大型联邦国家的公共雇员在各级政府的纵向分布如何影响政府效率，或者政府雇员在各部门之间的横向分布如何影响政府表现，我们尚缺乏了解。无论政府官僚如何精心设计发展计划，最终的实际效果还是要取决于一线地方官员如何有效地实施这些计划（Pritchett，2009）。由于迫使地方官员承担过多的任务，官僚机构的资源约束影响了地方政府的表现，而无法实现专业化分工则会对发展计划产生不利影响（Dasgupta and Kapur，2019）。

解释 2　早熟的民主

印度民主的持久性与关于民主的理论背道而驰。一项关于民主与发展关系的备受赞誉的研究发现，由于收入和文化水平低以及种族和宗教冲突严重，印度是一个典型的例外：“按照预测，印度在整个时期都应该是专制的……印度的民主制度如履薄冰”（Przeworski et al.，2000）。特别是 1950 年印度宪法赋

⑧ 公共雇员的平衡处于“准政府”之下，其中包括国有企业、各类权力机构、各委员会和监管机构等。数据来自印度政府的年度经济调查，年份包括 2017—2018 年、2011—2012 年、2001—2002 年、1995—1996 年、1984—1985 年、1974—1975 年和 1972—1973 年。

予男女享有普选权时，印度的人均实际 GDP 低于英国、美国、瑞典或荷兰等西方民主国家一个世纪或更早以前的水平（当然，那时普选权还是闻所未闻的事）。印度实现普选权时，其识字率仅为 18%，预期寿命仅为 32 岁。

此外，1950 年印度同时实现了国家层面的民主和普选权。西方大多数国家/地区的公民选举权扩张都是渐进的，从男性财产所有者到所有男性、再到女性、后来（在某些国家）再到边缘化的群体。在东亚国家，在经济发展和国家构建的进程中，普选权的出现明显要靠后得多。大多数拉丁美洲国家即使经济增长了，其民主也经历了周期性逆转。在西方民主国家和东亚，普选权都是在国家奠定教育和卫生基础，并在此基础上逐渐构建福利国家之后才出现的。

印度政府的孱弱，是印度民主早于人们根据以往经验的预期造成的吗？我们认为，印度民主的特殊性以三种不同的方式导致了政府表现的参差不齐。

第一，早熟的民主往往妨碍有利于再分配的公共品提供。在向民主转型之前已经经历了经济发展的国家倾向于采用能限制统治精英没收权力的民主制度。但是，如果在国家经济发展之前追求民主，实行的民主制度通常会增强政府的再分配权力。

出于上述相关原因，早熟的民主会导致公共品供给不足。我们早些时候曾提出，与其他民主国家相比，早熟的民主似乎降低了印度政府增加税收的能力，从而进一步削弱了它为公共品提供资金的财政能力。在转向再分配之前没有提供充足的公共品，削弱了印度政府自身的合法性和可信度，不利于创造可以加强公民与政府之间社会契约的良性循环。这导致了“退出”（用赫希曼 1970 年的说法）：印度中产阶级感到自己没有从国家那里获得足够的公共品，于是退出并倾向于私人提供，因此也不愿纳税。这进一步损害了印度政府的合法性和能力（反映在印度纳税人数量低）。在印度扭转这些反常状况的过程中，退出、缺乏信任以及薄弱的财政能力在低层政府中尤为严重，而低层政府要负责提供关键服务，例如医疗、教育、供水和卫生设施。低层政府普遍不愿增加收入和地方税（例如财产税），因为这是讨好人民的机会。这造成了公共服务提供不足—人民退出—政府合法性受损—资源减少—公共服务提供更少的恶性循环。

再分配压力也可以解释监管效力的差异。电力部门是一个明显的例子，政客压低对农民和家庭的收费，并试图通过对工商企业收取更高的费用来进行交叉补贴，从而在电力部门造成严重扭曲。

第二，早熟的民主与社会分裂和选举动员一起，有利于创造狭义的“俱乐部商品”。印度关于基本公共服务提供不足的问题，在其他繁荣的选举制民主国家很少见。如果政客对选民做出回应，那么选民为什么不要求基本的公共服务，例如教育、医疗、供水和卫生设施？针对这一点，学者们试图从印度社会的异质性，尤其是等级社会中找到答案（Banerjee、Iyer and Somanathan，2005）。政客一直依赖定向转移支付计划和补贴。贫困农民可能更喜欢定向转移支付，而不是诸如教育之类的公共服务，因为农民通常都有很高的贴现率（Keefer and Khemani，2004）。另外，政客可能会提供“私人”公共品，例如住房或其他针对特定个人和少数群体的物质激励，而不是通过制度手段提供公共品。这种行为部分是由于社会分裂，部分是由于缺乏提供广泛公共品的可信政治承诺（与私人转移支付和补贴相对）。因此，选举竞争围绕着将公共资源作为“俱乐部商品”——具有排他性的商品——进行分配，而不是给广大民众提供公共品。同样，中上阶层人士通常也会退出该体系，选择市场解决方案，而不是选择质量低劣且不可靠的公共服务，这进一步减少了政府改变现有体系的压力。

早熟的民主削弱政府能力的第三种方式是，在不完善的民主体制中，不可信的政客往往看重那些显而易见且可以迅速提供的公共品（如基础设施）而不是长期投资（如人力资本或环境质量）。这种模式与选举民主中不可信政客面临的信号有关，也与“眼球”政治有关（Mani and Mukand，2007）。政客总是优先解决饥荒而不是营养不良问题（Dreze and Sen，1989），因为前者更显而易见。同样，在公共品提供上，政客更注重肉眼可见的数量，而不是质量（Hirschman，1967）。尽管这种模式可能在许多民主国家都存在，但印度的民主制度可能尤其容易受到影响，因为其识字率较低、社会高度分裂，向特定群体“发出信号”的眼球政治变得更加突出。

解释3　社会等级和分裂的持续存在

印度宪法的起草者安培德卡尔（B. R. Ambedkar）出生于“贱民”阶层。安培德卡尔担心，“印度的民主只是印度本质上不民主的装饰”。⑨ 他认为，种姓制度是“一个概念，它是一种心智状态”，因此仅仅通过宪法措施不能根

⑨　参见 Constituent Assembly Debates（1948）。

除。这种“心智状态”已经嵌入印度顽固的社会习俗中。这就是所谓的“社会失败”，使得在必须通过公共政策和规划以解决与种姓或性别相关问题的领域，更容易发生政府失败。

印度宪法的制定者试图建立一种“可以抵消顽固的文化形态影响”的制度，因此，他们试图将权力集中在联邦（Khosla，即将出版）。让权力远离地方意味着他们相信权力的行使可以采取渐进的方式，因为随着政治权力的下移，政府与社会之间的界限会变得更加模糊。事后看，我们发现许多平等主义的希望都落空了。与社会隔绝的国家精英制定了意求进步的政策，然而，在一个等级极其分明的社会中，政策的执行往往会遭到地方精英的颠覆。不过在过去70年中，这种情况逐渐变少了。

尽管印度宪法禁止种姓歧视，但种姓歧视仍然是社会和政治现实。从历史上看，种姓制度得以世代延续的关键机制是内婚制，即只允许种姓内部通婚。安培德卡尔（1936）曾指出：“在社会已经由其他纽带紧密相连的地方，婚姻只是生活中的普通事件。但是，在社会分崩离析的情况下，作为一种约束的婚姻就变得非常必要。打破种姓制度的真正补救办法是种姓之间通婚。没有其他东西可以充当种姓问题的解决方法。”但是，民主国家可以在多大程度上干预婚姻选择呢？

在印度，社会失败还表现在性别歧视上。世界经济论坛2018年性别差距指数将印度列为149个国家中的第108位。它在健康和生存方面的排名是147位，在教育方面的排名是142位。其女性劳动参与率从2004—2005年的42.7%下降到2017—2018年的23.3%，是阿拉伯世界以外最低的国家之一。

再举一个例子，最近的一个重大扶贫项目——总理的点亮计划（the Pradhan Mantri Ujjwala Yojana）——为贫困家庭提供了燃气接入，以帮助妇女摆脱高污染和费时的固体燃料。该计划于2016年5月启动，到2019年末已为8000万贫困家庭提供了燃气接入。但是，尽管使用固体燃料会对健康产生不利影响，而且已经有了燃气灶，仍有许多妇女继续使用固体燃料做饭。尽管为燃气罐加气的成本是一个重要的考虑因素，但信念和态度似乎也很重要。最近的一项调查发现，超过85%的受访者将固体燃料视为符合家庭成员饮食口味和健康的更好选择（Gupta et al.，2019）。在印度家庭中，通常负责做饭的年轻女性的健康价值不如其他基本上只吃饭不做饭的家庭成员。民主国家可以确保家庭拥有更健康的烹饪燃料选择，但是对于解决家庭事务，它只能做这么多，至少在短期内是如此。

在研究印度时考虑社会因素的学者更关注社会异质性如何影响选举激励，从而使集体行动更加困难（Bardhan，1986）并减少投资于政府能力的激励（Besley and Persson，2011）。几项实证研究表明，印度的社会多样性阻碍了发展表现，尤其是政府对公共品的提供（Banerjee、Iyer and Somanathan，2005；Balasubramaniam、Chatterjee and Mustard，2014）。

如果普选权导致政府代表了中位数选民的利益（Alesina and Rodrik，1994），那么印度选举民主制的成功就意味着印度也很可能反映出社会在诸如种姓和性别等社会等级问题上的偏好。这就解释了为什么印度在提供道路或电气化之类的“硬”公共品方面要比提供卫生设施等“软”公共品方面做得要好，因为处理人类废弃物被视为“肮脏”的且只有最低等级的种姓才会从事。同样，相较于改善因家庭内部分配不均导致的营养不良，政府更擅长提高粮食产量（在过去半个世纪中提高了4倍）。相较于改善教育成果，政府更擅长建立学校和提供自行车以提高女孩的入学率，因为教室内发生的事情受种姓和性别规范的影响。在改善令人担忧的性别比例、女性劳动参与率低（以及下降）或针对妇女的普遍社会暴力方面，印度政府的表现甚至更差，而所有这些在不同程度上都根植于社会规范。在这些方面下，政府失败反映的是社会失败。

3. 两个没有说服力的传统解释

没有说服力的解释1：印度政府的规模太大

一个有关印度政府的传统讽刺性描述是，其效率低下的原因是它太大了，工作人员过多并且懒政，还试图收取租金。但是，如果以人员数量衡量，印度政府的规模其实是相对较小的。⑩

在20世纪90年代初期，全球政府雇员占人口的平均比例为4.7%。在亚洲国家，这一比例为2.6%。在印度，这一比例仅为2%（Schiavo-Campo、De Tom-

⑩ 当然，可能出现即使公职人员的数量更少，但他们的薪酬仍然可能相对较高，从而导致政府吞噬了很大一部分收入来养活自己的雇员。尽管相对于人均收入公职人员的薪酬增长更快，但从比较的角度看，公职人员的薪酬支出在印度政府总支出中所占的比例仍相对较低。

maso and Mukherjee, 1997)。印度政府的核心部门——警察、法官和税务官僚——是20国集团中最小的之一。确实，尽管政府雇员的绝对规模在20世纪90年代中期达到顶峰，但相对而言，联邦和地方政府规模开始下降的时间要早得多，如图3所示。

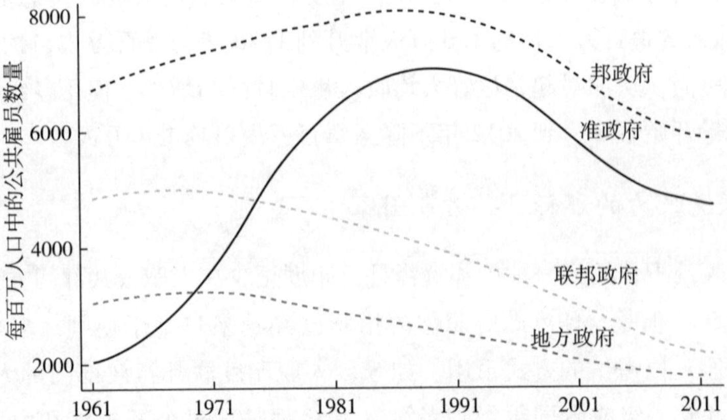

图3 印度各级政府中的公共雇员

资料来源：Ministry of Finance（1973、1975、1985、1996、2012、2018）。

不过，这些数字实际上夸大了印度联邦政府的规模。印度联邦政府的人事部署有一个值得注意的方面，在2014年的324万雇员（不包括军事人员）中，仅印度铁路和邮政公司的雇员就有132万。印度铁路占联邦政府就业的很大一部分；它在1957年占联邦政府总就业人数的57%，而在2014年仍占40%。此外，非军事安全人员（隶属内政部或者是国防部的平民）又有138万（截至2014年1月1日）。实际上，由于联邦准军事部队的大规模扩张，联邦政府层级的雇员人数增长最显著的是内政部，从1984年的32.5万增加到2014年的97.2万。

最多只有13%的印度联邦政府雇员受雇于与发展相关的核心部门，这些雇员的总数并不大。2014年，印度联邦政府各部委秘书处的工作人员不足3万人。

将印度联邦政府与美国联邦政府的文职人员规模进行比较是有启发性的。请记住，印度联邦政府下有大量的公共企业和公共部门银行。即便如此，按人口进行标准化处理后，印度联邦政府的规模只有美国联邦政府的一半：具体而言，在2014年，美国每千人口拥有8.07名联邦政府文职雇员，低于1995年的10.4

名，而印度每千人口只有4.51名联邦政府文职雇员，低于1995年的8.47名。⑪

印度政府的第二个特点是，尽管经济在快速增长，但公共雇员人数却持续下降。高收入国家往往政府支出占GDP比例更高，人均收入较高的国家往往有规模较大的政府部门雇员，特别是在公共服务部门，比如法律、公共秩序，以及医疗保健等社会服务部门。但是，印度各级政府的公职人员总数从20世纪60年代初的每百万人口约1.6万人上升到1986年的每百万人口约1.9万人的峰值。然而，从那时起，尽管人均收入稳定且强劲增长，但是各级政府的公职人员数量开始下降，到2012年下降至每百万人口约1.4万人。

没有说服力的解释2：裙带国家

对于表现不佳的另一种传统解释是，印度至少在入职公共部门方面是一个“裙带国家”。但是，印度政府职位的招聘已经越来越基于规则，多半（并且越来越多地）以考试的方式录用。如今，入职印度联邦行政部门的人中，4/5以上是以联邦一级或者同等级别考试（其余都是通过公开招聘和由联邦公共服务委员会这个自治宪法机构组织面试）的方式录用的。当美国或墨西哥的新政府上台时，会有一个实质性的空档期，因为要为数百个高级职位选出合适的新政治人选。印度新政府上台时，通常会对官僚机构内部进行改组，但很少有通过新的外部任命加入进来的人员。⑫

从20世纪60年代到90年代，大约有3/5的印度高级联邦官僚是通过考试录用的。在2015—2016年，有超过290万人参加了联邦公务员录用考试，其中5659人被录用，平均录用率为1/500。在1950—1951年，有1/10的应试者被录用。随着时间的推移，参加考试人员的录用率在下降。⑬

---

⑪ 这些估算基于各种来源：US Office of Personnel Management（1940—2014），US Postal Service（2014），Government of India（2015），Ministry of Heavy Industries and Public Enterprises（2018），Reserve Bank of India（2018）和World Bank National Accounts data。

⑫ 为了增加公务员队伍中的通才干部，经过激烈辩论之后，印度联邦政府于2019年4月首次在关键政策职位（联合秘书）中招募“领域专家”（具有部门经验的专家）。招募工作由印度联邦公共服务委员会组织，而招募的总数仅为9人。

⑬ 印度政府也有选择地通过其他方式招募人才。例如，被印度军官重点培训学校（国防科学院）录取的申请人比例是美国（西点军校）的200倍以上。印度的数据是2014—2016年的平均值，美国的数据是2017—2018年的平均值。进行比较的数据，印度的来自UPSC Annual Reports（2014—2015），美国的来自West Point Admissions Class Profile，Princeton Review。

邦和地方各级政府的招聘更容易出现贿赂和裙带现象。但即使在这两级政府部门，公共服务部门的招聘也几乎完全以考试为基准，考试由邦公共服务委员会、人员甄选委员会、专业考试委员会和统一服务招聘委员会（针对警察和消防人员）组织（取决于干部和邦）。当然这也无法杜绝作弊（例如泄漏试卷）。选拔经常被法院中止，有时会被它推翻，结果许多职位经常人手空缺，而不是人手过多。⑭

印度政府各部门职位的大量空缺也削弱了印度政府表现不佳的主要原因是人才招募存在裙带关系这一假说的说服力。印度中央政府中大约有1/5的职位空缺；同样，在最近这10年中的任何特定时间，所有高等法院法官职位都有1/3的空缺，而最高法院法官职位有1/5的空缺。印度理工学院（由联邦政府管理）有大约1/3的教师职位空缺。在邦一级，大约有1/4的地区法官和警察职位空缺。

政府职位空缺数量庞大的可能原因有：资金短缺；某些司法干预措施可能会冻结政府的招聘行为；或者对于特定工作，由于供给有限，没有足够的合适人选（例如，印度理工学院的职位空缺）。某些领域的高空缺率也可能是政客蓄意为之的结果。例如，警察和司法部门的高空缺率确保了法律和秩序的薄弱。这不仅能确保政客的诡计不受制约，而且公民必须找到政客而不是通过国家机构来解决争端，从而可以让政客施恩于民。

但是在大多数情况下，这些因素无法解释整个国家机器的人员空缺，如武装部队或农业官员的空缺。从2006年到2014年，印度联邦政府的年平均招聘人数仅略高于10万人，而劳动力每年以大约900万的速度增长。⑮ 尽管有用党派支持者填充国家公职的明显政治需求，以及有严重的失业问题，但是这些空缺仍然存在。在大多数情况下，政府对公共部门工作人员的需求相对于潜在供应者可谓九牛一毛。⑯ 街区发展办公室是为农村地区约25万人口提供服务的地方一级重要的行政管理机构，在一项研究中，我们（Dasgupta and Kapur，

---

⑭ 选择公共服务的人可能有更高的腐败倾向，这可能破坏以能力为基础的正向选择（Hanna and Wang，2017）。

⑮ 数据来自 *Report of the Seventh Central Pay Commission*（GOI 2015），附件3，第45页。

⑯ 2019年初，在全国范围内展开的针对印度铁路非技术职位的招聘（搬运工、焊工和轨道维护工）吸引了1900万份申请，涉及6.3万个职位。2018年，有9.3万名申请人在北方邦警察局争夺62个劳工工作。近20万人在孟买警察部门中争夺1137个警官职位。

2019）发现，官方批准的全部职位平均存在48%的空缺。如果所有这些已批准的职位空缺被填补，《全国农村就业保障法案》（NREGA）这一政府旗舰项目将使就业职位供给增加约10%。

当然，在印度有许多裙带的例子。某些类型的工作（例如教师和医务工作者）存在的旷工情况（Muralidharan et al.，2017），以及“合同工”（例如学校教师）的增加都与寻租和政治结盟有关，这降低了政府的效力。导致“裙带政府”盛行的另一个根源是普遍存在的“买官”现象，其中租金丰厚的职位可以随意转让给那些能给上级官员支付更多的人。大量研究表明，买官对印度官僚体系的效力产生了负面影响，包括水利（Wade，1982）、教师（Ramachandran et al.，2018）、卫生工作者（Purohit、Martineau and Sheikh，2016）、精英公务员（Iyer and Mani，2012）和警察系统（Das and Sabharwal，2017）。在某些情况下，高级官员退休后高调出任监管之职，而以这种方式任命的监管者的表现参差不齐。

但总的来说，现实的情况是印度政府主要由封闭的高薪职业官僚提供服务，这些官僚是通过竞争激烈的正式考试录用的，其职业稳定且任期长久，成员之间的联系紧密，而且有专门的公共就业法（与标准劳动法相对）和内部晋升机制。这些标准表明，印度的核心官僚体系符合韦伯式官僚的大多数条件，不同于裙带政府。在裙带政府中，官僚的招聘和职业生涯基本上由政治标准和个人标准决定（Rauch and Evans，2000；Dahlström、Lapuente and Teorell，2012）。但是，印度政府的表现一直不太理想。

4. 一些结论性思考

从1994年到2019年，印度人口增加了4.18亿。在这25年中，新增的人数超过了独立时的总人数（1951年人口普查为3.61亿），比美国总人口还多（只有美国1/3的面积）。然而，印度的弱政府却通过民主手段在20世纪90年代初设法实施了一系列经济改革，从那时起实施的经济政策为过去25年持续而强劲的经济增长奠定了基础。

研究政府角色的文献常常渴望建立一个适度的政府：既不会弱到不能制定和实施满足广泛公共利益的政策，也不会强到能用其“掠夺之手”破坏私有产权、市场和合同。这就要求建立一个合格的官僚体系和外部制衡机制，包括对行政权力的宪法约束、权力分立、选举规则、独立的司法机构、自由媒体以及各种其他因素。

但是，正如本文指出的，印度表面上具有许多这样的制度特征，然而政府表现还有许多不足之处。印度政府在一些间断性的活动中表现更好，其中的物品或服务是狭义的“俱乐部商品”，小型的技术官僚机构就足以应付。在租金和社会分裂重叠的领域，它做得不太好。在需要改变微观行为的事务上，它做得最差。我们认为，原因在于地方政府人员不足、早熟的民主、以非常规顺序确立的普选权以及体现在种姓和性别歧视上的“社会失败”。

印度的经验突显了关于政府能力研究的缺陷；对“制度”方面的强调通常会忽略政府的“组织”方面，甚至文献大多集中在狭隘的公务员管理结构以及激励和监督上（有关概述请参见 Finan、Olken and Pande，2017）。但是，关于公关部门人事管理实践如何影响政府表现的分析通常很少，例如内在动机的作用，薪酬结构（而不是薪酬水平），晋升渠道，买官，地方官僚机构的团队组成和物质条件，以及官僚机构在不同职能部门以及地方、邦和联邦政府等不同层级上的分布。

关于印度政府及其能力的发展，最值得关注的趋势也许是微观和一线执行方面的改善。然而，在宏观政策制定的层面上，有关政府能力的问题越来越多。

印度政府的一线执行能力正在显著提高，表现为迅速扩大项目规模以覆盖数千万甚至数亿人口的能力。在这 10 年中，印度已成功为超过 3.5 亿人开设了银行账户，为超过 8000 万家庭提供了燃气接入，建造了覆盖 6 亿人口的约 1 亿个厕所，并已开始实施覆盖数千万农民的直接现金转移项目。尽管这些项目都还存在数量、质量、及时性和排他性方面的挑战，但毫无疑问，印度正在提高将投入转化为产出的能力。当然，将这些产出转换为实际的表现又是另一回事。建造厕所与使用厕所不同，更不用说卫生和健康成果了。但这是一个开始。

通过利用技术来实施大规模的项目，印度的一些“前端”弱点正在得到缓解。这方面的例子有，创建覆盖全部人口的统一身份认证系统（Aadhaar），以及开发统一支付接口作为数字支付平台。随着从乡村道路到电气化和数字接入等连通性的显著改善，用于改善公共项目提供以及促进市场更好运行的平台得到了加强。

但是，尽管技术已大大降低了诸如申请护照、驾照和水电费支付等事务的交易成本，但技术自己并不能将水引入或引出房屋，或者在排放前对之进行处理。对于所有这些，印度需要一个更加有效率的政府，尤其需要资源更充足的地方政府，且其问责机制应该更多地是“向下”面向公民，而不是“向上”面向更高一级的官僚和政客。

与微观层面的改善相反，印度政府的宏观政策能力令人担忧。自独立以来，观察人士赞赏印度植根于精英官僚体系的政府能力及其政策制定能力，同时悲叹其一线官员实施项目的严重无能。过去的印度政府尽管头重脚轻，但取得了较好的宏观表现，与微观层面平庸的执行情况形成了鲜明的对比。

今天，这种模式似乎正在逆转。即使印度公共项目的执行情况有所改善，但经济增长仍然出现了停滞（如果没有下降的话，正如 Lamba and Subramanian 讨论的那样）。从最高法院到选举委员会，从印度储备银行到其统计机构，印度政府和民主核心机构的自主权似乎承受着越来越大的政治压力。印度政府是“弱政府”的说法正在失真，但是可以确保更有效地执行贫困项目的强政府也可能会限制公民自由，对民主制度的容忍度也会降低。有时，人们应当小心对待自己的诉求，因为它们有可能成真。

（中国政法大学　黄健栓　译）

参考文献

Acemoglu, Daron, and James A. Robinson. 2000. “Why Did the West Extend the Franchise? Democracy, Inequality, and Growth in Historical Perspective.” *Quarterly Journal of Economics* 115 (4): 1167 –99.

Alesina, Alberto, and Dani Rodrik. 1994. “Distributive Politics and Economic Growth.” *Quarterly Journal of Economics* 109 (2): 465 –90.

Ambedkar, B. R. 1936. *Annihilation of Caste*. Lahore: printed by the author.

Ang, Yuen Yuen. 2012. “Counting Cadres: A Comparative View of the Size of China’s Public Employment.” *China Quarterly* 211: 676 –96.

Balasubramaniam, Divya, Santanu Chatterjee, and David B. Mustard. 2014. “Got Water? Social Divisions and Access to Public Goods in Rural India.” *Economica* 81 (321): 140 –60.

Banerjee, Abhijit, Lakshmi Iyer, and Rohini Somanathan. 2005. “History, Social Divisions, and Public Goods in Rural India.” *Journal of the European Economic Association* 3 (2 –3): 639 –47.

Bardhan, Pranab. 1986. *The Political Economy of Development in India*. Delhi: Oxford University Press.

Bardhan, Pranab. 2016. "State and Development: The Need for a Reappraisal of the Current Literature." *Journal of Economic Literature* 54 (3): 862 – 92.

Besley, Timothy, and Torsten Persson. 2011. *Pillars of Prosperity: The Political Economics of Development Clusters.* Oxford: Princeton University Press.

Besley, Timothy, and Torsten Persson. 2013. "Taxation and Development." In *Handbook of Public Economics*, edited by Alan Auerbach, Raj Chetty, Martin Feldstein, and Emmanuel Saez, 51 – 110. Amsterdam: North Holland.

Bolt, Jutta, Robert Inklaar, Herman de Jong, and Jan Luiten van Zanden. 2018. "Rebasing 'Maddison': New Income Comparisons and the Shape of Long-Run Economic Development." Maddison Project Working Paper 10.

Brautigam, Deborah, Odd-Helge Fjeldstad, and Mick Moore, eds. 2008. *Taxation and State-Building in Developing Countries: Capacity and Consent.* Cambridge: Cambridge University Press.

Central Bureau of Health Intelligence (CBHI). *2019. National Health Profile 2019.* . New Delhi: Ministry of Health and Family Welfare.

Centre for the Study of Developing Societies (CSDS). 2015. "Trust in Institutions." In *Democracy in India: A Citizens' Perspective*, 53 – 74. Delhi: Lokniti.

Centre for Tax Policy and Administration. 2011. *Tax Administration in OECD and Selected Non-OECD Countries: Comparative Information Series* (2010). Paris: OECD.

Constituent Assembly Debates. 1948. "Constituent Assembly of India Debates (Proceedings) — Volume VII." New Delhi, India, November 4, 1948. https://www.constitutionofindia.net/constitution_assembly_debates/volume/7/%C2%AD1948-11-04.

Dahlström, Carl, Victor Lapuente, and Jan Teorell. 2012. "The Merit of Meritocratization: Politics, Bureaucracy, and the Institutional Deterrents of Corruption." *Political Research Quarterly* 65 (3): 656 – 68.

Das, Sabyasachi, and Gaurav Sabharwal. 2017. "Whom Are You Doing a Favor to? Political Alignment and Allocation of Public Servants." https://dassabyasachi.files.wordpress.com/2014/05/alignment_paper_april2017_v4.pdf (accessed April 3, 2019).

Dasgupta, Aditya, and Devesh Kapur. 2019. "The Political Economy of Bureaucratic Overload: Evidence from Rural Development Officials in India." Unpublished.

Dreze, Jean, and Amartya Sen. 1989. *Hunger and Public Action.* Oxford: Clarendon Press.

Finan, Frederico, Benjamin A. Olken, and Rohini Pande. 2017. "The Personnel Economics of the Developing State." In *Handbook of Economic Field Experiments*, edited by Abhijit Vinayak Banerjee and Esther Duflo, 467 – 514. Amsterdam: North Holland.

Fisman, Raymond, Florian Schulz, and Vikrant Vig. 2014. "The Private Returns to Public Office." *Journal of Political Economy* 122 (4): 806 – 62.

Government of India (GOI). 2015. *Report of the Seventh Central Pay Commission.* New Delhi: Governmentof India.

Gupta, Aashish, Sangita Vyas, Payal Hathi, Nazar Khalid, Nikhil Srivastav, Dean Spears, and Diane Coffey. 2019. "Persistence of Solid Fuel Use Despite Increases in LPG Ownership: New Survey Evidence from Rural North India." https://www.google.com/url?sa=t&rct=j&q=

&esrc = s&source = web&cd = 5&ved = 2ahUKEwi64obzqeXlAhUkwFkKHUVaBJAQFjAEegQIAxAC &url = https% 3A% 2F% 2Friceinstitute. org% 2Fwp-content% 2Fthemes% 2Frice% 2Fdownloadpdf. php% 3Fpfile% 3Dhttps% 3A% 2F% 2Friceinstitute. org% 2Fwp-content% 2Fuploads% 2F2019% 2F03% 2Fgupta-vyas-et-al-2019-persistence-of-solid-fuel-use-in-rural-north-india. pdf&usg = AOv-Vaw1jI52d2bxur7aDjBtzIsln (accessed April 3, 2019).

Hanna, Rema, and Shing-Yi Wang. 2017. "Dishonesty and Selection into Public Service: Evidence from India." *American Economic Journal: Economic Policy* 9 (3): 262 – 90.

Hirschman, Albert O. 1967. *Development Projects Observed.* Washington, DC: Brookings Institution.

Hirschman, Albert O. 1970. *Exit, Voice, and Loyalty: Responses to Decline in Firms, Organizations, and States.* Cambridge: Harvard University Press.

India Census Commissioner. 1951. *Census of India.* New Delhi: India Census Commissioner.

Iyer, Lakshmi, and Anandi Mani. 2012. "Traveling Agents: Political Change and Bureaucratic Turnover in India." *Review of Economics and Statistics* 94 (3): 723 – 39.

Joshi, Vijay, and I. M. D. Little. 1994. *India: Macroeconomics and Political Economy, 1964 – 1991.* Washington, DC: World Bank.

Kapur, Devesh, and Madhav Khosla, eds. 2019. *Regulation in India: Design, Capacity, Performance.* Oxford: Hart Publishing.

Keefer, Philip, and Stuti Khemani. 2004. "Why Do the Poor Receive Poor Services?" *Economic and Political Weekly* 39 (9): 935 – 43.

Khosla, Madhav. Forthcoming. *India's Founding Moment: The Constitution of a Most Surprising Democracy.* Cambridge: Harvard University Press.

Lehne, Jonathan, Jacob N. Shapiro, and Oliver Vanden Eynde. 2018. "Building Connections: Political Corruption and Road Construction in India." *Journal of Development Economics* 131: 62 – 78.

Mani, Anandi, and Sharun Mukand. 2007. "Democracy, Visibility and Public Good Provision." *Journal of Development Economics* 83 (2): 506 – 29.

Mehta, Pratap Bhanu. 2007. "India's Unlikely Democracy: The Rise of Judicial Sovereignty." *Journal of Democracy* 18 (2): 70 – 83.

Ministry of Finance. 2018. *Economic Survey, 2017 – 18.* New Delhi: Government of India.

Ministry of Finance. 2016. *Economic Survey, 2015 – 16.* New Delhi: Government of India.

Ministry of Finance. 2012. *Economic Survey, 2011 – 12.* New Delhi: Government of India.

Ministry of Finance. 2002. *Economic Survey, 2001 – 02.* New Delhi: Government of India.

Ministry of Finance. 1996. *Economic Survey, 1995 – 96.* New Delhi: Government of India.

Ministry of Finance. 1985. *Economic Survey, 1984 – 85.* New Delhi: Government of India.

Ministry of Finance. 1975. *Economic Survey, 1974 – 75.* New Delhi: Government of India.

Ministry of Finance. 1973. *Economic Survey, 1972 – 73.* New Delhi: Government of India.

Ministry of Health and Family Welfare. 2017. *India Fact Sheet 2015 – 16.* Mumbai: International Institute for Population Sciences.

Ministry of Heavy Industries and Public Enterprises. 2018. *Public Enterprises Survey 2016 –*

17. New Delhi: Government of India.

Muralidharan, Karthik, Jishnu Das, Alaka Holla, and Aakash Mohpal. 2017. "The Fiscal Cost of Weak Governance: Evidence from Teacher Absence in India." *Journal of Public Economics* 145: 116 – 35.

National Sample Survey Office. 2015. *Key Indicators of Social Consumption in India: Education (NSS 71st Round)*. New Delhi: Ministry of Statistics and Programme Implementation.

Niehaus, Paul, and Sandip Sukhtankar. 2013. "Corruption Dynamics: The Golden Goose Effect." *American Economic Journal: Economic Policy* 5 (4): 230 – 69.

Page, Lucy, and Rohini Pande. 2018. "Ending Global Poverty: Why Money Isn't Enough." *Journal of Economic Perspectives* 32 (4): 173 – 200.

Persson, Anna, and Bo Rothstein. 2015. "It's My Money: Why Big Government May Be Good Government." *Comparative Politics* 47 (2): 231 – 49.

Polio Global Eradication Initiative. 2016. *Polio in India: Fact Sheet.* Geneva: Polio Global Eradication Initiative.

Princeton Review. n. d. "United States Military Academy." https://www.princetonreview.com/college/united-states-military-academy-1023919.

Pritchett, Lant. 2009. "A Review of Edward Luce's 'In Spite of the Gods: The Strange Rise of Modern India.'" *Journal of Economic Literature* 47 (3): 771 – 80.

Przeworski, Adam, Michael E. Alvarez, Jose Antonio Cheibub, and Fernando Limongi. 2000. *Democracy and Development: Political Institutions and Well-Being in the World, 1950 – 1990.* Cambridge: Cambridge University Press.

Purohit, Bhaskar, Tim Martineau, and Kabir Sheikh. 2016. "Opening the Black Box of Transfer Systems in Public Sector Health Services in a Western State in India." *BMC Health Services Research* 16 (1): 419.

Quraishi, S. Y. 2019. "What It Takes to Run an Election for India." *New York Times*, April 25. https://www.nytimes.com/2019/04/25/opinion/india-elections.html.

Radkar, Anjali. 2012. "Risk of Maternal Mortality: Indian Scenario." In *Global Health: A Challenge for Interdisciplinary Research*, edited by Martin Kappas, Uwe Groß, and Dermot Kelleher, 117 – 32. Göttingen: Universitätsverlag Göttingen.

Ramachandran, Vimala, Tara Béteille, Toby Linden, Sangeeta Dey, Sangeeta Goyal, and Prerna Goel Chatterjee. 2018. *Getting the Right Teachers into the Right Schools: Managing India's Teacher Workforce.* Washington, DC: World Bank.

Rauch, James E., and Peter B. Evans. 2000. "Bureaucratic Structure and Bureaucratic Performance in Less Developed Countries." *Journal of Public Economics* 75 (1): 49 – 71.

Ren, Xuefei. 2015. "City Power and Urban Fiscal Crises: The USA, China, and India." *International Journal of Urban Sciences* 19 (1): 73 – 81.

Reserve Bank of India. 2018. "Basic Statistical Returns of Scheduled Commercial Banks in India." https://www.rbi.org.in/Scripts/AnnualPublications.aspx?head = Basic + Statistical + Returns.

Rodrik, Dani, and Arvind Subramanian. 2003. "The Primacy of Institutions (and What This

Does and Does Not Mean). " *Finance and Development* 40 (2): 31 - 34.

Roy, Tirthankar. 1996. "The Role of the State in Initiating Development: A Study of Interwar South and Southeast Asia. " *Indian Economic and Social History Review* 33 (4): 373 - 401.

Roy, Tirthankar. 2011. *The Economic History of India*, 1857 - 1947. Oxford: Oxford University Press.

Schiavo-Campo, Salvatore, Giulio de Tommaso, and Amitabha Mukherjee. 1997. "Government Employment and Pay: A Global and Regional Perspective. " Policy Research Working Paper 1771.

Sheahan, Megan, Yanyan Liu, Christopher B. Barrett, and Sudha Narayanan. 2018. "Preferential Resource Spending under an Employment Guarantee: The Political Economy of MGNREGS in Andhra Pradesh. " *World Bank Economic Review* 32 (3): 551 - 69.

Sukhtankar, Sandip, and Milan Vaishnav. 2015. "Corruption in India: Bridging Research Evidence and Policy Options. " *India Policy Forum* 11: 193 - 276.

Union Public Service Commission UPSC. 2014 - 2016. "Annual Reports. " https://www.upsc.gov.in/annual-reports.

United Nations Office on Drugs and Crime (UNODC). 2019. *Global Study on Homicide 2019*. Vienna: UNODC.

US Office of Personnel Management. 1940 - 2014. "Historical Federal Workforce Tables: Executive Branch Civilian Employment since 1940. " https://www.opm.gov/policy-data-oversight/data-analysis-documentation/federal-employment-reports/historical-tables/executive-branchcivilian-employment-since-1940/.

US Postal Service. 2014. 2014 *Annual Report to Congress*. Washington, DC: USPS.

Wade, Robert. 1982. "The System of Administrative and Political Corruption: Canal Irrigation in South India. " *Journal of Development Studies* 18 (3): 287 - 328.

新书架

New Books

叙事如何影响经济走势与个人决策

评《叙事经济学》

朱 宁

自从罗伯特·希勒教授在2017年美国经济学会年会上给出以“叙事经济学”为题的主席演讲以来，“叙事经济学”这一概念在《叙事经济学》一书出版之前，就已经在全球广泛传播。我本人就在五六个不同的场合，听希勒教授做过不同形式的分享。在当今竞争如此激烈的出版界，能够在出版之前就吸引了无数眼球，进行了无数宣传的著作，估计屈指可数。

在之前的宣讲中，希勒教授往往会利用不同时期和国家面对的问题，揭示叙事对经济社会行为的影响。比如，为什么有的时代（比如20世纪70年代）经济比较注重节俭，而有的时代（比如当下的中国）经济比较注重消费？为什么有的时候（比如2007年）投资者有很强的信心，而有的时候（比如2008年末）投资者却非常绝望？为什么有的时候（19世纪末期）整个市场会特别看重用固定的货币（比如黄金）作为整个货币体系的锚或者衡量标准，而有的时候（19世纪下半叶的大多数时间）人们又会认为利用黄金和白银的复本位制可以构建一个更好的全球金融体系？有的时候（20世纪20年代的美国）社会公众认为技术进步可以提升劳动生产率，因此推动经济的发展，但有的时候（20世纪30年代大萧条前后），大家又对技术进步非常担忧和恐惧，认为技术进步之后，会进一步取代劳动力在整个经济活动中的重要作用，可能会导致更

* 朱宁，上海高级金融学院副院长、金融学教授，清华大学国家金融研究院副院长。

多的人失业，这种失业又会导致经济陷入进一步的衰退。

在2020年达沃斯的一场闭门会议上，我、樊纲教授、希勒教授和肯尼斯·罗高夫教授同台，分析全球经济。尽管当时新冠疫情刚刚暴发，但是希勒教授已经敏锐地指出，疫情有可能根本性地改变经济中的很多叙事，进而在今后一段时间对全球经济和金融体系产生严重的冲击和深远的影响。

希勒其人

《叙事经济学》一书自问世以来，已经产生了全球性的影响，最近中译本问世，我个人也非常高兴。自从1999年在耶鲁求学开始，我和希勒教授已经认识20多年。希勒教授不但是我从事研究的导师和合作者及亲密的朋友，更是对我之前的两本著作（《投资人的敌人》和《刚性泡沫》）给予了非常高的评价和强力的推荐序言。所以，值《叙事经济学》问世，我也非常乐意分享我对希勒教授这本新书的看法，以及希勒教授在过去20年中学术思想和学术理念的发展变化。

虽然希勒在大家心目中环绕着诺奖得主的光环，但是对希勒教授而言，是否获得诺奖其实影响并不是很大，因为在获奖之前，他已经是一位非常多产的经济学家，对政策界、实践界和出版界都有广泛的影响力。对我而言，希勒教授一直是非常亲切、和蔼且谦虚的良师益友。

我是20年前在耶鲁大学求学的时候第一次见到希勒教授的，他给我的第一印象，让我想起了我在北京大学求学时的校训——思想自由，兼容并包。希勒教授在宏观经济学开课时，首先强调，希望大家听完他的宏观经济学之后，再去听听其他教授的宏观经济学。他说当代的宏观经济学流派如此之多，思维如此之广泛，如果只听他的一面之词，很可能无法完整和准确地了解当代的宏观经济学。在之后很多年的求学过程中，我再也没有听过老师在开课的时候宣传不但要听自己的课更要听其他老师的课，这给我留下了极为深刻的印象。

两年的学习之后，我有幸请到希勒教授做我的博士论文导师，那时候他还没有获得诺奖，时间相对充裕。我们经常利用他的午餐时间，进行很多讨论。话题可能聚焦于我的博士论文，也会涉及他最近看到的某一篇媒体文章、新闻报道，或者对某一事件的看法。在我毕业之后，我每次回耶鲁还会继续和希勒教授共进午餐，天南海北，无所不聊，甚至有一次还曾聊到我第一个孩子的名字选择。在我们的交流中，我不仅对希勒教授的学术研究有了更多的了解，讨论了我们的论文，得到了他的指导，更重要的是，他对学术研究、经济、世界形势以及个人事业发展的思考，对我产生了很大的启发和影响。

自从2000年起，我开始参加希勒教授和2017年诺奖得主理查德·塞勒教授共同组织的美国国民经济研究局“行为经济研讨小组”，这个研讨小组由希勒教授和塞勒教授在30多年前创建。研讨小组一般每年举行三次会议，春秋季各一次，夏季是一次更集中的研讨会，会议的地点往往在波士顿和芝加哥，与会者是这个领域里的二三十位学术带头人或者专家。在研讨会上，我们围绕行为经济、行为金融有关的话题，展开非常广泛、开放且深入的讨论。我个人认为，这个研讨小组对于过去三四十年行为经济学和行为金融学的高速发展，及其在全社会日益增加的影响，做出了不可磨灭的贡献。我也从中观察到，一个教授可以专注于自己的研究，但是如果真要让研究有生命力、有影响力且持续发展，就一定要能够培养一个团队，创建一个平台，培育一种鼓励和呵护学术研究的氛围。这种观察对我后来选择回国并参与创建上海高级金融学院产生了不小的影响。

希勒教授不仅对我的学术研究有非常大的影响，他的品德和行为更是让我受益良多。过去三四年，我和他一直在冬季达沃斯的不同活动里见面。每年论坛，希勒教授无论多忙、无论他的日程排得多满，只要有人在会场和他打招呼，向他提任何问题，无论提问者是诺奖得主、各国政要或是普通的媒体记者，只要时间允许，他都会非常耐心地和大家分享他的想法。有的时候他的回答可能非常简短，坦诚相告这些领域并不是他的专长，但如果是他擅长和熟悉的领域，他就会尽可能地详细阐述，体现了学者谦逊求真的本色。

2015年《华尔街日报》头版有一则消息，报道美联航因为超卖头等舱机票拒绝希勒教授登机，在美国引起一场轩然大波。但是当《华尔街日报》采访希勒教授的时候，他的太太替他回答说，这一事件当然很令人遗憾，但希勒教授从来没有认为因为他获得了诺奖，就应该享受任何不同于别人的待遇。根据我过去四五年的观察，希勒教授在获得诺奖之后，一点都没有改变他谦逊、友善、好学和好奇的可贵品质。

唯一的一次“例外”，是有一年我带领上海高级金融学院的同学去耶鲁访问，请希勒教授一起去纽黑文校区的长城外卖中餐厅吃快餐（因为这是离希勒办公室最近的餐厅之一）。希勒教授在午餐时和我开玩笑说，你现在享受的是皇室待遇。我说我们都已经开始吃盒饭了，怎么还享受皇室待遇呢？希勒教授说：“我下周要去欧洲某个国家，这个国家的国王想要跟我共进午餐，但是我现在还没有排出时间来。”我觉得这样一个打趣既体现了他对我的友好，也显示了希勒教授惜时如金，认为时间是最宝贵、最稀缺资源的一贯看法。

从这个意义上讲，我觉得，希勒教授一直以来不仅给自己的学生、同事、合作者，以及很多经济金融领域的实践者，带来了思维上的财富，很多他身体力行的价值观，也非常值得学习和令人尊重。

从《非理性繁荣》到《叙事经济学》

在过去半个世纪里，希勒教授对行为经济学和行为金融学的思考并不是一成不变的，而是在观察经济现象和获取更多其他人的研究过程中，不断地调整、深化和升华。

希勒教授在过去20年里发表论文的速度明显下降，这一定程度上是他逐渐更愿意把他关于经济的思考以写书的方式表达和分享。他认为，著书立说是非常有价值的活动。他说写论文当然非常好，但是写论文的周期非常长，而且为了应对审稿人的评价，很多论文等到发表的时候，作者最初写的论文已经面目全非了。写书的好处，则是可以比较完整、真诚地把自己的想法和读者开诚布公地交流。

《非理性繁荣》很可能是希勒教授最有名的一本著作。他在2000年互联网泡沫即将见顶的时候出版了这本著作，对当时的美国股市、对后来的全球楼市、对前一段时间的美国股市泡沫，都做了深入的分析和准确的预测。看过这本书的朋友可能会同意我的看法。《非理性繁荣》一书是希勒教授对此前学术研究的总结和对经济历史现象的描述。基于历史和人性，他传递了一个可能价值万亿的观点，那就是很多时候资产市场的价格，或者房地产市场的价格，远远超过了这些资产的基本面价值。

希勒教授经常谦虚地说，我这本书可能生逢其时，正好在2000年上半年出版，而那时美国纳斯达克的互联网泡沫恰好达到顶峰。同时，他的《非理性繁荣与金融危机》和《动物精神》又分别在2008年和2009年全球金融危机爆发时出版，也对当时的政策和社会舆论产生了很大影响。这也是为什么在前几年我创作《刚性泡沫》的时候，希勒教授督促我要抓紧写作，说任何有关泡沫的书只有在泡沫崩盘之前出来才有价值。如果等到这个泡沫真的崩盘了，著作就会被认为是马后炮。

在《非理性繁荣》一书里，他反复强调了他最早提出的一个思路：因为投资者的心理贪婪和投资者过度自信，因为投资者简单地用过往的历史预测未来，所以资产价格难以简单地用资产的基本面价值解释，而是有可能长期处在一种高度亢奋的状态。至于这种状态究竟是什么，他选用了一个非常有趣的词——“非理性繁荣”。

他说这个繁荣直到泡沫被证明是泡沫或者崩盘之前，我们都只称它是一种繁荣，只不过这种繁荣很难用常理和理性来解释，希勒教授非常准确也非常聪明地没有使用“泡沫”这个词，因为即使在行为经济学、行为金融学研究取得了长足发展的今天，仍然会有很多人对于泡沫的定义有很多不同的看法。希勒认为，往往要等到整个泡沫崩盘之后，人们才能认为上一次出现了严重的资产泡沫，之前的繁荣是非理性的。通过这种文字的谨慎，他指出了在《叙事经济学》一书里反复强调的观点，即人们对同一话题事先和事后可能持截然不同的看法。

如果说《非理性繁荣》是希勒教授把整个社会或者整个经济活动中的人类非理性反应刻画得淋漓尽致，那么他在后面的一系列著作里，无论是《新金融秩序》、《金融与好的社会》、《钓愚》或者《动物精神》，都表达了他对行为金融、行为经济更广泛的思考。

《动物精神》借用了凯恩斯的一句名言，大意是说整个经济的波动很大程度上是因为即使经过亿万年的进化，人类仍然没有摆脱身上根深蒂固的动物精神。动物精神具体投射到哪个领域呢？既可以是整个宏观经济，也可以是资本市场，为什么宏观经济出现大幅波动，为什么资本市场和资产价格出现大幅波动？希勒和阿克洛夫教授认为，很大程度上是因为动物精神导致整个社会产生了一种他们所说的信用或者信心乘数。他说整个社会的信心会因为人的不理性，在某些时间被放大，这种被高度放大的信用和信心，就导致了投资活动的大幅增加、杠杆的急剧上升和经济活动的过热。

随着意外冲击的到来，这种信用乘数突然从正面转向了负面，整个社会开始变得比较保守或者比较悲观的时候，需求、投资、风险偏好都出现了急剧的收缩。这种收缩导致之前的资产价格大幅下降，之前很多成功的商业模式崩塌，之前很愿意消费的消费者突然开始捂紧自己的口袋不愿意消费。而这种信用或者信心乘数的急剧下降导致市场可能会从非理性繁荣一下子跌入深渊。

其实“股神”巴菲特关于价值投资的理念也指出，人的情绪，特别是投资者的情绪，往往是在贪婪和恐惧这两个极端之间不停地摇摆。虽然投资者应该尽可能相对中性、相对理性地做出客观的评价和决策，但是因为“动物精神”，人类恰恰达不到这样的状态。其原因很大程度上和我们在《叙事经济学》中看到的一样，我们很多时候的决策并不是理性的。正如卡尼曼教授在《思考：快与慢》一书里总结的，人类的很多行为都严重偏离经济学家假设的理性。反之，很多时候人的思维、决策、经济活动都受到叙事的影响。很多时候，我们买一种产品，买一只股票，做一个决策，并没有经过非常理性的思考，而恰恰会受到一则思路、一段故事、一条消息或者一篇文章的重大影响。

正如我们现在看到的，这次有关新冠疫情的各种叙事，无论是对美国的股市、全球的股市，还是全球的经济活动、消费者信心都产生了巨大的冲击。而这种冲击可能是我们始料不及的。这是因为，在新冠疫情暴发之前，我们的动物精神可能已经让我们过度有信心，让我们适应了高歌猛进的叙事；而新冠疫情暴发之后，我们的动物精神又导致我们极度的恐惧，落入恐慌保守的叙事。

希勒教授之后和阿克洛夫教授合作的另外一本著作《钓愚》，主要讨论在整个市场经济里存在大量可能被别人利用的经济人或者个人，大量的商业活动要以牺牲这些不太明智的经济人的利益为前提。当你的竞争对手在利用别人或者人性弱点的时候，如果你不利用的话，就很有可能被你的竞争对手挤出市场，甚至完全无法生存。概而言之，这本书结合了希勒教授对宏观行为的研究和阿克洛夫教授对微观博弈的研究，把人类行为的非理性与竞争中的博弈关系，道德与效率的关系、市场和人性的关系，紧密地联系在一起。

从上述概括中，我们可以看到，希勒教授的关注点从原来比较聚焦于经济活动本身或者资产价格波动本身，逐渐深入到经济活动背后的原因，也就是我们人类的非理性，或者有限理性。如果说在《非理性繁荣》出版后的第一个10年，他还在努力向社会各界说明人类行为并不完全理性、经济与资本市场很难平稳运行的话，在这之后的10年，他更多基于经济人的非理性或经济活动不稳定的假设，希望能够找到并管理好包括人性在内的经济中难以对冲的风险。与此同时，他希望能够通过逐渐调整政策和监管，帮助人们做出更合理、更可靠、更可持续的决策。

特别的主席演讲

其实早在20年前，希勒教授和阿克洛夫教授就在美国国民经济研究局共同组织了一次题为“文化、习惯与社会惯例”的行为金融工作会议，因此，关于叙事与社会环境对经济影响的思路，其实很可能在20年前就已经植根于希勒教授的心中了。

希勒教授在2017年担任美国经济学会主席，并在发表主题演讲时，终于第一次比较完整地向全球经济学界阐述了“叙事经济学”。他在演讲中提出如何用叙事、环境和语境来看待人类经济在过去几十年甚至上百年发生的变化和发展，同时也从叙事的视角，看待经济学在过去几十年里的变化和趋势。

我印象很深的是，希勒教授经常向我提起，50年前每个经济系里都有大量的经济史学家，他们的大量研究和著作既没有模型，很可能也没有实证分析，更多是对历史上的经济活动的描述和记载，但现在经济系里的数学家越来越多，而历史学家越来越少。历史教给了我们什么呢？历史其实教给了我们人性、规律、叙事，教给了我们在历史长河里，相似的事件和叙事如何逐渐反映或体现在不同的社会心理和社会行为中。他经常说，如果经济学进一步数理化，整个学科可能未必非常有前途，经济学更应该对现实的经济活动提出更多的建议和解决方法。这在日益数学化的经济学界，不可谓不是一种独特的见解。

他特别指出，叙事之所以重要，是因为叙事对经济和金融的三个特别重要的组成部分有非常直接和强烈的影响。

首先，叙事对总需求和总供给的影响。叙事为什么会影响总需求？他在书里讲到，叙事会影响人们对储蓄的态度。对储蓄的态度其实就是对消费的态度。对于消费，他在书中也有讲到，有的时候人们爱存钱，有的时候人们不爱存钱。例如，很多“80后”“90后”原来都是月光族，但在经历了这次突如其来的新冠疫情之后，就开始储蓄了。这在一定程度上是因为关于储蓄和消费的叙事因为疫情而改变了，而叙事的改变也直接改变了人们对消费、储蓄和生产的看法。

在谈到需求时，希勒教授特别提到叙事对住房需求的影响。他指出，“居者有其屋”即每个人、每个家庭都应该有自己的住房这一观念，是“美国梦”的一个重要组成部分，它直接导致格林斯潘在担任美联储主席的时候一直在降低购房标准，希望鼓励每个家庭都能够买得起自己的房子。正是受“居者有其屋”这一叙事影响的宽松货币政策和较低的房屋信贷标准，直接导致了美国21世纪初的房地产泡沫和2008年的全球金融危机。

与此相关，中国人民银行2020年的一项调查统计发现，96%的中国居民已经至少拥有一套住宅。这一房屋自有率比美国还要高。另外，中国居民消费金融调查显示，中国居民人均住房保有面积已经超过了很多发达国家。由此可见，过去 20 年里关于房地产领域的刚性需求，关于改善性购房需求，关于“丈母娘效应”的叙事，很可能在今后都不再适用。理解房地产领域的叙事的形成，以及这种叙事对今后房地产和房价走势的影响，进而对中国经济发展的影响，是一个值得深入研究的领域。

同时，叙事也会对供给产生很大的影响。比如在 1929—1933 年大萧条期间，为什么罗斯福新政会对大萧条产生这么大的影响？在很多问卷调查中，企业家认为这种新政并不只是实施了凯恩斯主义的经济学，所谓在地上先挖一个坑，再把这个坑填起来。罗斯福新政的叙事根本性地改变了当时人们对经济和工作的看法，鼓励很多人重新投入工作，而且在工作的时候会加班加点，特别勤勉和有自豪感。

如果说在大萧条期间，人们打一份工只是为了挣钱和养家糊口，在罗斯福新政之后，很多人却把这种勤勉工作和让美国逐渐走出大萧条甚至与整个民族和国家荣誉都紧密地联系在了一起。从这个意义上讲，叙事不单单是影响劳动力供给的数量，也会影响劳动力供给的质量和强度。中国经济政策近年来的一个核心内容是供给侧结构性改革，是关于如何能给经济提供更好的产品和服务，以让我们的供给更加与时俱进。从叙事经济学的角度看，这一叙事对中国经济下一阶段转型发展的重要意义，也就不言而喻了。

当然，叙事对于经济，特别是金融领域还有一个重要影响，就是对风险偏好的影响。很多投资者和金融从业人员对此可能并不陌生。人天生倾向于担心或回避风险。但是，什么时候我们可以说服投资者，投资的收益非常有吸引力，以至于你可以忘记甚至克服你的风险厌恶或者风险偏好？这是一个非常有趣也非常重要的话题。

在这方面，希勒教授在他的《叙事经济学》里开宗明义就讲到了加密货币。以比特币为代表的加密货币究竟代表了什么？关于它取代法币的叙事，它独立不受监管的叙事，它保护个人隐私和公平的叙事，究竟多大程度上言之有理？在这一问题上，希勒教授和我的看法高度一致，即整个加密货币领域在过去 10 年里讲到的很多愿景和叙事，其实都是经不起事实和历史推敲的，尤其是在法定数字货币出现之后。

那么，为什么很多似是而非的故事和叙事会大行其道呢？《叙事经济学》

里花了不少篇幅，通过十个不同的场景，讨论了关于经济叙事传播发展的七个关键构想：

- 流行趋势可快可慢、可大可小。
- 重要的经济叙事可能只包含一小部分热门话题。
- 叙事星座比单一叙事更有影响力，更容易在短时间内广泛传播。
- 叙事的经济影响可能会随时间的推移而变化，有些叙事甚至可以卷土重来。
- 真相不足以阻止虚假故事：很多时候，我们听到的打动我们的故事其实根本不准确，甚至是完全错误的。
- 经济叙事的传播力取决于重复的频率和重复的概率。谎言讲了一百遍，很多人认为它就变成了真相。
- 叙事大行其道依赖附属因素：人情味、身份认同和爱国情怀。

最后一点，很多叙事大行其道，并非因为其逻辑合理，而是因为它有人情味。人是一种情感动物，逻辑和道理远不如感情和身份认同有说服力。没准这就是中国文化里也强调“晓之以理，动之以情”的说法，强调叙事在沟通中的重要作用的原因。

上述七点是希勒教授在整本书里花了很多篇幅讨论的构成一个比较成功的、有生命力的经济叙事需要具备的必要条件。

在《叙事经济学》后半部分，希勒教授则是在叙事经济学的大框架下，通过对消费、生产、劳动供给、房地产市场、股票市场泡沫、自动化、工会组织和金银复本位制等不同的场景和案例，进一步展现和强化他对叙事经济学的思考。

重写经济学

那么，希勒教授在过去20年的时间里，通过出版一系列著作以及无数的公开演讲，究竟希望传达什么样的经济学思想呢？经济学究竟是什么？经济学究竟应该解决什么问题？经济学应该用什么样的方法进行研究和思考？

希勒教授曾多次表示，他认为好的经济学、好的金融学都应该是行为经济学和行为金融学。也就是说，金融学应该摆脱过度抽象化和过度数学化的趋势，回到关注人性、关注人类的基础上。反思亚当·斯密在创作现代经济学奠基之作《国富论》之前，还写过非常有名的《道德情操论》，在讨论经济运行之前，更加深入地思考人性化的人类行为，可能不论在什么时候，都应该是经济学思考的基础。

与此同时，我在北大求学的时候，受到中国经济学泰斗陈岱孙老师的启发，意识到经济学是一门经世济民之学，无论是凯恩斯主义，还是奥地利学派和其他流派的经济学，归根到底是要解决经济中的实际问题。从这个意义上讲，行为经济学很大程度上是把行为和经济活动联系在一起，把历史和经济活动联系在一起，把人类的叙事与认知过程和经济活动联系在一起，同时也把经济学研究和实际的经济运行结合在了一起。

恰恰是因为受到了希勒教授的启发和影响，我在回国之后出版了《投资者的敌人》《刚性泡沫》等著作，不但希望能够通过行为金融学的研究，启发中国千千万万个家庭和企业，而且希望能够实践“经世济民”的目标，为中国经济金融改革尽一份学者应尽的社会责任。正值《刚性泡沫》获得 2018 年孙冶方经济科学奖两周年之际，我不禁想起自己在获奖仪式上引用了我非常喜欢的美国小说家菲利普·罗斯的名言：“没有什么能够永恒，就像没有什么转瞬即逝；没有什么转瞬即逝，正像没有什么能够永恒。”对经济活动的思考和对人生的思考，其实有很多类似之处。正如人生，经济活动也是高速变化的。虽然凯恩斯的名言“从长期看，我们都死了”过去几十年在全球经济界和政策界获得了越来越多的关注，但这并不意味着我们解决当下问题的时候，可以完全忽略我们对中长期、对子孙后代和对未来人类肩负的历史责任和担当。

可能有读者看完这本书，会觉得这本书除了叙事影响经济之外，好像什么都没有讲，既没有高深的理论、复杂的公式，也没有向我们灌输任何一个强烈的观念。基于我自己和希勒教授很多的讨论和交流，我倒是觉得，如果《叙事经济学》能让大家意识到我们的经济、社会以及我们的人生是丰富多彩的，并不是用一个简单抽象的假设和非黑即白、非你即我、非此即彼的思维方式能够认知的，并帮助我们更加客观、开放、准确地了解和面对我们身处其中的这个变化万千的世界，这可能就是它带给我们最重要的价值。

在当下高度联通的小世界中，通过口述、新闻媒体和社交网络传播的流行叙事，无论是关于经济信心或恐慌、房地产繁荣与萧条，还是关于网红、比特币、健康养生，也无论流行的是真相还是谣言，都在影响人们的决策，乃至改变整个经济和社会的走向。然而，固守理性行为人和完全信息假说的经济学家此前却视而不见，远远落后于历史学家、人类学家以及高度敏感的媒体和商界。

《叙事经济学》试图填补这一空白。在该书中，诺贝尔经济学奖得主罗伯特·希勒借鉴了流行病学模型，为读者提供了思考流行叙事影响经济和社会生活的全新视角。通过诸多重大事件的回顾，辅以数据分析，希勒展示了流行叙事对历史进程及其中的个体人生的深刻影响，表明对这些流行叙事的经济学思考，可以提高对金融危机、衰退、萧条和其他经济事件的预测能力，帮助我们未雨绸缪，将各种负面冲击的危害降到更低。

养老金专题

On Pension

Comparative

日本养老金制度的特点和演变

曹 莉

日本是亚洲最早进入人口老龄化，也是全球少子化和老龄化速度最快的几个国家之一。日本总务省2019年数据显示，日本65岁以上人口在总人口中占比28.4%，为世界最高。预计到2037年，日本社会的老年赡养率将达到80.5%，到2060年接近100%，养老保险体系面临巨大压力。过去30年间，政府通过提高养老金领取年龄、设立养老给付增长自动调节机制，增强了养老金制度的长期财务可持续性。但是，随着老龄化加速，征税、转向"缴费确定型"（Defined Contribution）计划以及进一步延长养老金领取年龄均已成为政策选项。

一、日本养老金制度的基本构成与特点

（一）基本构成

日本当前的养老金体系整体框架源于1985年的制度改革。结合世界银行和日本厚生劳动省对养老金体系支柱的定义①，本文认为，日本养老金制度由

---

* 本文为博鳌亚洲论坛研究院、中国金融学会、重庆金融学会和《比较》编辑室"养老金改革：国际经验与中国方案"联合课题组的研究成果，执笔人曹莉。

① 日本厚生劳动省定义的三支柱是：第一层为基础养老金，第二层为收入关联型公共养老金，第三层为公司养老金。

如下三支柱构成：国民养老保险（National Pension Insurance，NPI）和雇员养老保险（Employees' Pension Insurance，EPI）构成的第一支柱，各项企业和团体自愿缴费形成的养老基金构成的第二支柱，以及个人参保的养老保险计划构成的第三支柱。第一支柱是整个体系的核心（图1）。

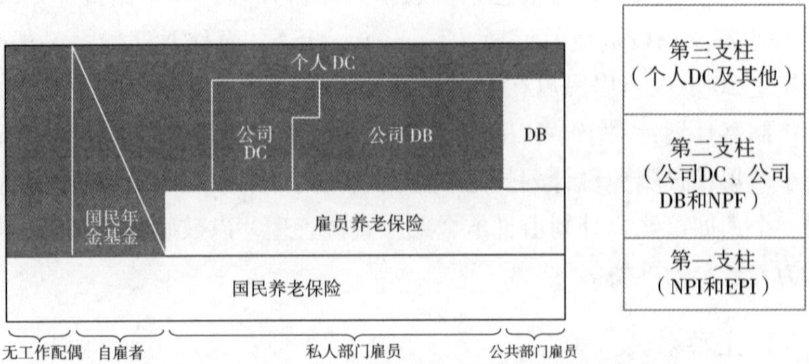

图1　日本养老金体系

注：深色面积为自愿养老金。

资料来源：日本厚生劳动省，Nomura Institute of Capital Markets Research（NICMR）。

从由国家管理的第一支柱看，国民养老保险（NPI，即“国民年金”）覆盖全体国民，是定额养老金制度，缴费额和养老金给付都是固定数额，每人相同。雇员养老保险（EPI，即“厚生年金”）覆盖全体企业雇员和公务员，为“待遇确定型”（DB）。国民年金和厚生年金都实行现收现付制，没有积累型的个人账户。目前，厚生年金的缴费率为18.3%，由雇员和企业分担，企业统一缴纳。需要强调的是，占工资和奖金18.3%的缴费中包含了需要对国民年金缴纳的固定数额。

从由企业管理的第二支柱看，主要是以个人账户为基础的积累制基金，目前包括公司提供的待遇确定型养老计划（Cooperate DB）和缴费确定型养老计划（Cooperate DC）。此外，还有覆盖非企业雇员的国民年金基金（National Pension Fund，NPF）和覆盖企业雇员和公务员的一次性退职金。历史上，还有过著名的企业年金基金（Employees' Pension Fund，EPF，即“厚生年金基金”）和“税率优惠适格年金基金”，但逐步退出了历史舞台。第二支柱的平均缴费率很低，资金积累受限。

从个人参与的第三支柱看，“个人缴费确定型养老计划”（Individual DC，以下简称iDeCo）以及个人储蓄账户计划（NISA）为主要组成部分。iDeCo是私人养老金计划，覆盖所有在职雇员、个体经营人员、自由职业者以及家庭主妇。由国家养老基金联合会（National Pension Fund Association）负责实施，个人账户内的资金及投资收益免税，领取的年金也免税。2018 年，iDeCo 允许某些符合要求的中小企业雇主对雇员提供缴费帮助。个人储蓄账户计划是具有税收优惠的个人储蓄账户，目前包括一般个人储蓄计划、少年储蓄计划（Junior NISA）和小额累积投资免税计划（Tsumitate NISA，简称 NSTA）。一般个人储蓄计划规定 20 岁以上居民可在金融机构开设专门账户，投资收益享受 5 年免税。少年储蓄计划针对 19 岁以下未成年人，每年可获得 80 万日元的免税投资补贴。小额累积投资免税计划规定，参与者每年上限为 40 万日元的投资可享受免税。个人储蓄账户计划由日本金融厅直接管理，以鼓励日本年轻人提高储蓄率，为养老早做准备。

（二）主要特点

一是作为核心支柱的公共养老金既保护了低收入群体，又引入了激励机制。如前文所述，公共养老金由国民养老保险和雇员养老保险组成。国民养老保险为第一层，全民参保，是低收入人群的重要养老保障，筹资方式为缴费与财政补贴各占一半，对于低收入群体和经营状态不稳定的企业有缴费减免措施。雇员养老保险为第二层，80% 按收入多少缴费，20% 来自财政补贴，参保者仅限于雇员，养老金给付与收入水平和实际缴费期限长短成正比。1985 年，日本把历史形成的相互独立的多个公共养老金体制统一起来，把其中的积累制基金全部转为现收现付制。2017 年以后，第一层国民年金的固定缴费额为 16900 日元，厚生年金缴费率固定在 18. 3% 的水平上。从“待遇确定型”养老计划转向“缴费确定型”养老计划。法律保证，未来典型老年家庭的养老金的替代率不低于 50%，当前的平均替代率接近 60%。从 OECD 国家的水平看，日本公共养老金的缴费率和平均替代率都在平均水平偏下（图 2 和图 3）。

随着老龄化加速，为保证财政对公共养老金的支出，日本政府于 2012 年、2014 年和 2019 年三次提高消费税，从 6% 提高至 10%；同时，从 2000 年开始实施领取养老金年龄推迟到 65 岁的政策。IMF 在 2020 年 2 月公布的日本第四条款磋商报告中预测，为应对养老支出，日本需要进一步逐步提高消费税，到在 2030 年提至 15%，2050 年达到 20%。

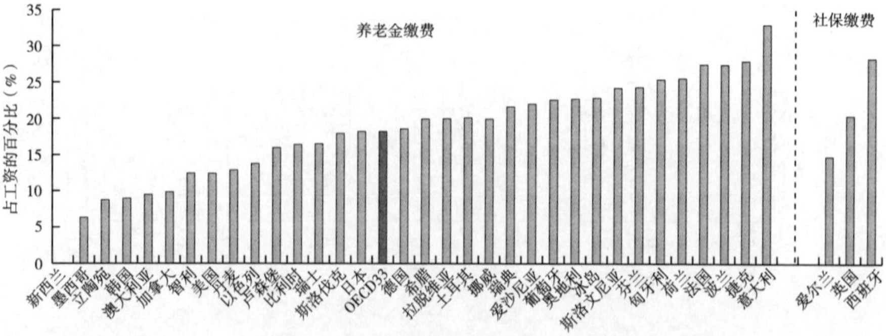

图 2　不同国家养老金缴费率差异很大

注：在奥地利、捷克、丹麦、芬兰、德国、冰岛、意大利、卢森堡、波兰、斯洛文尼亚和美国，缴费率还包括残疾人津贴。

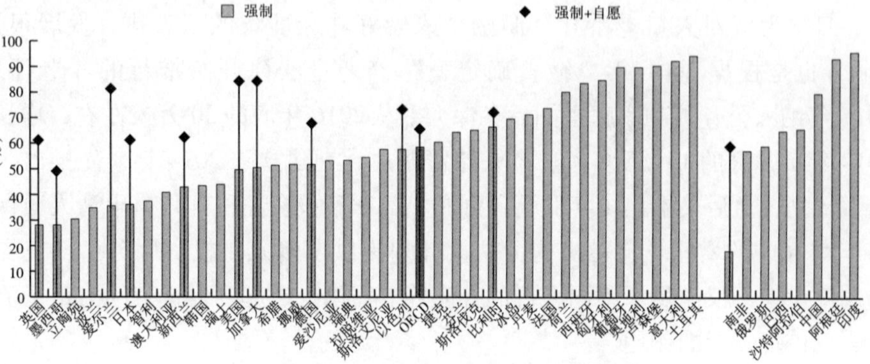

图 3　全职平均工资工人的未来养老金替代率

二是企业年金为非强制性，覆盖率不高，“缴费确定型”年金发展较快。第二支柱在日本的人口覆盖率为 30% 左右，而美国的企业年金覆盖面达 50%。2001 年以前，日本企业提供的年金计划只有“待遇确定型”。但是，20 世纪 90 年代经济持续低迷和股市泡沫破裂，使待遇确定型养老金不可持续，需要加大对参保人养老金给付的保障。2001 年，日本颁布“缴费确定型”养老金法律，使得类似于美国的 401(k) 计划的缴费确定型企业年金制度开始发展，并呈快速增长趋势（图 4）。不过，当前的法律把公司对缴费确定型养老计划缴费上限定得很低（每人每年 66 万日元，约 6000 美元），使总体缴费水平保持低位，而美国企业的缴费上限为每人每年 5. 6 万美元。

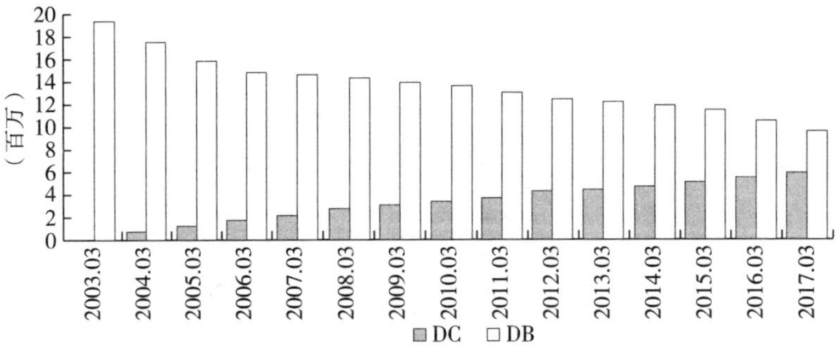

图4　公司养老金计划的参与人数

资料来源：同图1。

三是第三支柱发展空间大。iDeCo 计划和个人储蓄账户计划是 21 世纪以来，日本为应对人口老龄化，激励个人做好养老准备的新安排，发展很快。iDeCo 也是根据 2001 年“缴费确定型”养老金法律开始推行的养老计划，2017 年纳入公务员和家庭主妇后参保人数从 2016 年底的 30 万人左右，增长至 2019 年 7 月底的 131 万多人。个人储蓄账户计划建立于 2014 年，先推出一般储蓄计划，之后又推出少年储蓄计划和小额累积投资免税计划，申请人数保持了年均 36% 的增速。金融机构为两大计划提供了多元化投资服务。第三支柱的制度设计不仅满足了不同人群的补充养老需求，还起到促进劳动力市场流动和金融市场发展的作用。

四是建立公共养老金储备基金来弥补未来公共养老金缺口。2001 年，日本政府设立养老金投资基金（以下简称 GPIF），负责政府养老金的投资管理。2006 年，GPIF 成为独立法人，肩负起弥补百年内公共养老金缺口和平滑公共养老金年度波动的重要使命，投资专业化和市场化。厚生劳动省负责制定 GPIF 的长期收益目标，2003 年设定为高于工资增长 1.1% 的实际投资收益率，2014 年 10 月起调整为高于工资增长 1.7% 的实际投资收益率。目前，GPIF 已成为全球规模最大的养老基金，2018 财年管理的养老金高达 159 万亿日元（约合 1.44 万亿美元），超过了日本当年 GDP 的四分之一（中国养老金占 GDP 的比重为十分之一）。其资产配置包括国内债券、国内股票、短期资产、国外债券以及国外股票，但历来偏重于日本政府债券（JGB），投资组合偏向保守。由于日本长期处于极低水平的利率环境，基金收益特别低。

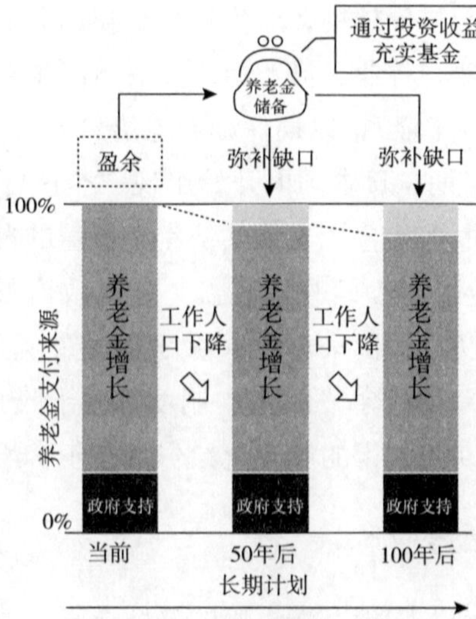

图 5　养老金储备的作用

近些年，日本政府一直在推动 GPIF 转投股票类和海外风险资产。2018 财年，国内债券投资占比从 2010 年的 67% 降至 27%，股票占比接近 50%，对海外债券和股票的投资超过 40%。2001 财年至 2018 财年，实现平均收益率 3.03%。此外，为了避免 GPIF 影响企业管理，政府要求采用委托模式投资全部股票和部分国内外债券，委托投资占 GPIF 投资的 70% 以上。

二、日本养老金制度的演进

（一）从保障个别群体到覆盖全民阶段

日本最早的养老金制度设立于 1875 年，为军人设立，靠预算列支，1884 年扩大到公务人员（称作“恩给”），按退休时点的工资计算。1905 年，政府为公共部门雇员建立了称为“共济组合”（共济年金）的养老金制度，参保者需要缴费。1920 年起，又建立了与共济年金相类似、覆盖国有铁路、烟草、电话电信等国有企业雇员的养老金制度。之后，类似的制度在大型私企逐步盛行，但中小企业负担不起。

二战期间，政府又为海员设立了包括养老在内的各项强制保险制度，以缴费为基础。之后扩大到 10 人以上的私人企业男性蓝领工人，并迅速扩大到白领和女性职工。这个制度就是“厚生年金保险”的前身。战后，由于出现恶性通胀，养老金给付未与物价挂钩，厚生年金积累的养老金被稀释殆尽。在此情况下，私立学校、农业、林业、渔业组织先后从厚生年金中独立出来，单独建立“共济组合”（共济年金），以期保证养老给付与公务员接近。

20世纪50年代后半期，日本国内开始出现“全民皆保险”“全民皆年金”运动，要求对既不享受厚生年金、也无共济年金覆盖的自我雇佣者、农民、失业者、无职业者和小企业员工实现全覆盖。日本政府最终于1961年建立起“国民年金”制度，对以上人群采用定额缴费（最初是每人每月100日元）、定额给付方式，相当于一种社会“保险”制度。对于收入低而无力缴费的人，可免除缴费，免除缴费期间应得的养老金给付额是正常给付额的1/3。

（二）改进养老金给付阶段

二战后，由于日本爆发物价上涨百倍的恶性通胀，厚生年金积累的资金大幅缩水。政府将厚生年金参保者的月工资最低水平设定为3000日元，并按照这个水平计算养老金给付。与此同时，于1948年把缴费率从11%降至3%，降低缴费负担。为确保厚生年金制度能与人口与经济环境的变化相适应，20世纪50年代中期，政府又决定缴费与收入挂钩，给付包括定额基础养老金和与收入水平挂钩的养老金两部分。缴费率头5年内仍为3%，以后至少每5年调整一次缴费率（包括缴费基数）。

20世纪60年代初，因厚生年金给付水平只相当于公务员共济年金给付水平的1/3，一些雇员团体开始退出，自行建立共济年金制度。这促使政府决定大幅度增加厚生年金给付水平，于1965年实施了“1万日元月年金”制度，使缴费20年、平均收入的参保人的收入替代率为40%。同时，将每个缴费年度应得的养老金增长率从0.6%提升至1%。厚生年金缴费率相应提高至5.5%，政府每年从一般税收中转移15%—20%以弥补缴费收入不足。此外，政府于1966年大幅提高了国民年金给付水平，使自我雇佣者的养老金给付水平与厚生年金接近。70年代早期，经济高速增长使大幅增加养老金给付的呼声高涨，工会组织罢工。1973年，政府实施了“月5万日元的养老金给付”，并把替代率提升到60%，把每年养老金给付水平与消费者物价挂钩。

不过，1973年10月第一次石油危机引发日本增长减速，与此同时，人口老龄化成为现实问题，日本养老金给付快速增长难以持续。政府调低了国民年金相对于厚生年金的给付增长水平，但国民年金账户仍在1983年出现赤字。

其中一个重要背景是，高度经济增长期大量年轻劳动力从农村转移到城市，国民年金覆盖面扩大，政府财力无法支持，需要靠厚生年金和共济年金分担部分成本。由此，政府开始考虑提高领取养老金的年龄，1980 年厚生省提议把男性领取养老金的标准年龄在未来 20 年里从 60 岁提高到 65 岁，但遭到了雇主和工会以及劳动省的强烈反对。

（三）根本性制度改革

1985 年，日本颁布了立法，对公共养老金制度实行根本性改革。新制度下，所有的人都领取定额的基础养老金。厚生年金和共济年金的参保者将在此之上，领到与收入挂钩的养老金。政府在把所有养老金计划的第一层合并成基础养老金时，也统一了该层养老金的资金来源，即要求所有养老金计划以现收现付制方式共同分担年度总给付，分担份额与各养老金计划的缴费人数（包括实际的缴费者和视同缴费的缴费者的配偶）成比例。

1985 年的改革保留了待遇确定的特点，并随着缴费年数的增加而相应增多，具有一定程度的激励因素。新法规定，厚生年金缴费年数的养老金增长率由每单位年度的 1% 逐步下降到 0. 75% ，主要是考虑到年轻人将会有较长的缴费年数。其结果是，平均来看，每个队列的人都将收到相当于他一生月实际平均收入 30% 的与收入挂钩的养老金。对于收入处于平均水平的男性雇员来说，他和他的家庭主妇妻子在未来所能收到的月养老金的替代率为 69% 。

1985 年改革还规定，到 2000 年为止，厚生年金女性参保者开始领取养老金的标准年龄将逐步从 55 岁提高到 60 岁。同时，废止了过去的一次性支取厚生年金养老金的制度。另外，厚生年金覆盖面扩大到了 5 人以上的企业，海员保险中的养老保险并入厚生年金。

总之，通过 1985 年的改革，厚生年金的参保者在未来能领到的养老金总额实质性下降了 25% 。第一层的基础养老金给付额的 1/3 由来自一般税收的转移支付负担；对于第二层的收入关联型养老金不再有任何财政补贴。

（四）控制养老金给付阶段

为了减少养老金给付负担，1994 年，日本国会通过新立法，保证雇员可在 60—64 岁之间选择退休，但该年龄段的基础养老金将被逐步取消（男性于 2001—2013 年，女性于 2006—2018 年），但收入关联型养老金不因年龄低于

64 岁而被削减。

1998 年，由于经济出现负增长，日本政府不得不从 1999 年开始暂时冻结厚生年金缴费率的增长，并于 2000 年采取措施，把养老金给付总额缩减 20%，以保证到 2025 年把厚生年金缴费率控制在 20% 之内。具体措施包括：第一，收入关联型养老金给付减少 5%，从 2000 年把缴费年数的每单位年度 0.75% 的养老金给付增长率降低到 0.7125%；第二，对于 65 岁之上已开始领取基础养老金与收入关联型养老金的人，其养老金待遇调整与消费者物价挂钩；第三，开始领取收入关联型养老金的标准年龄，也逐步从 60 岁提高到 65 岁。2000 年，因前一年消费者物价出现了 0.3% 的负增长，政府不得不相应降低公共养老金待遇水平，并临时决定从 2000 年起冻结养老金待遇的名义值。到 2003 年，公共养老金待遇的名义值也开始削减。

此外，1995 年起，奖金也需要向公共养老金缴费。2003 年起，养老金待遇与缴费基数都从月工资变成包括每半年一次的奖金在内的年收入。

（五）保障养老金的财政可持续性

2001 年，厚生年金当期收支出现赤字，形势严峻。政府再度彻底审视公共养老金制度，于 2004 年实施重大改革。此次改革把养老金百年平衡作为目标，在固定保费上限、明确给付下限和固定财源的前提下，建立待遇水平的宏观自动平衡机制（macro indexing），通过新设立的养老储备基金的投资收益在百年内弥补缺口，实现待遇和负担的长期平衡。

首先，改革固定了保费上限、明确了待遇水平下限和财政负担比例。厚生养老金的保费率从 2004 年 10 月开始每年上调 0.354%，到 2017 年调至 18.3%（其中个人负担 9.15%），之后保持不变；国民养老金的保费从 2005 年开始每年上调 280 日元，到 2017 年达到每月 16900 日元后固定下来。同时，明确待遇水平下限为工资替代率的 50%。此外，明确财政补贴占基础养老金待遇总额的比例从 1/3 提高到 2009 年的 1/2，资金来源是消费税。

待遇水平宏观自动平衡机制是改革的核心，其基理是要求公共养老金在百年内实现平衡，平衡期最后一年，养老储备基金的余额要至少能保障下一年的给付总额。同时，每五年进行一次财政评估，财政平衡期自动变为那个时点后的一百年。平衡机制将平均寿命、工资水平、劳动人数和退休人数、投资收益率都考虑在内建立公式，从而得出待遇调整的水平。不过，该机制在通货紧缩期间不适用。因此，到目前为止，该机制尚未启用。从2021年起，养老金的调节将与物价和工资增长中偏低的一方挂钩。

（六）制度并轨

在日本经济高速发展时期，由于产业结构变化引起国有企业经营亏损，国有企业的共济年金陆续出现财务困难。1980年，政府要求所有共济年金分阶段开始把领取养老金的标准年龄从55岁提高到60岁。1986年，要求所有共济年金把以最终收入为基数，改为以一生平均实际收入为基数来计算养老金待遇。但是，国有企业共济年金财务困难的状态一直未能缓解。1997年，厚生年金把覆盖日本铁路雇员的共济年金制度与覆盖日本烟草产业公司与日本电信电话株式会社雇员的共济年金制度合并进来。2002年，覆盖农、林、渔协会的雇员的共济年金也被厚生年金吸收。

但是，公务员的共济年金没有财务问题，而且替代率高达70%，招致民众不满。1986年，公务员共济年金与其他共济年金一样，一部分并入基础国民年金，只负责与收入挂钩部分，同时，基数大幅度削减，与缴费年数挂钩的年度增长率下调。不过，为补偿因变更计算基数引起的经济损失和不能投资股市的限制，政府为公务员在共济年金制度中单独建立第三层公共养老金，其待遇相当于收入挂钩部分的20%，被称为职业附加。同时，规定2001年起，共济年金领取养老金的标准年龄逐步增加到65岁，与厚生年金的标准年龄相同。

2012年，日本通过立法，要求2015年废除公务员的共济年金制度，公务员将变成厚生年金的参保者，从而实现公共部门与私人部门拥有相同的养老金制度的目标。2015年，公务员独享的第三层公共养老金被废除，代之以建立一个缴费率为1.5%的私人性质的缴费确定型积累制职业年金。

（七）延迟领取养老金年龄

延迟领取养老金年龄、促进老年就业是应对老龄化问题的有力措施。过去20多年，多数OECD国家都提高了退休年龄，约一半的OECD国家将继续提高退休年龄。老年人就业率在过去10年中也显著增加，OECD国家55—64岁与65—69岁人口的就业率平均增长了7.6个百分点和5.1个百分点。日本老年人在60岁强制退休之后，绝大多数会接着再就业，多数从事非全日制工作，同时不再缴纳养老保险费。

日本分别于1964年（男性由55岁到60岁）、1985年（女性由55岁到60岁）和1994年（男女都由60岁到65岁）三次提高了开始领取养老金的年龄。第一次改革是在经济提速、寿命延长的背景下进行，第二次改革是提倡男女平等，因此前两次改革都相对容易。但是，第三次改革极其艰难。工会要求，如果提高领取养老金的年龄，也应同时提高强制退休的年龄。但是，经营者团体毫不让步。最后，改革的成功是因为当时恰好出现了政权更迭。1993年以工会为基本盘的政党变成执政党后，与转为在野党的自民党终于协调了立场。

由于提高领取养老金年龄的改革是所有措施中民众反应最激烈的，日本政府一次又一次地提出议案，不厌其烦地进行解释。同时，在落实时，确保缓慢平稳过渡。新改革方案从2000年开始实施，预先给国民留了6年调整期，即从2000年开始，领取养老金的年龄每三年增长一岁。另外，1994年时确定了女性领取养老金的年龄提高到65岁的方案，但实施的时间晚于男性。最终到2030年，男女一致。

（八）积累制养老金的沉浮

雇员养老保险（即厚生年金保险）是日本最早的积累制养老金，1942年缴费率（雇主和雇员合计）为6.4%，1944年上升至11%。面对战后恶性通胀，政府在1948年把缴费率降至3%，并于1954年承诺确保按适当水平给付养老金，使该保险实质性地由积累制变成了现收现付制，而且从待遇确定型变为缴费确定型。

在日本历史上，私人自愿参保的职业（企业）养老金和个人养老金都是积累制的，而且大部分是给付确定型的。其中，最具代表性的私人积累制养老金制度是始于1966年的厚生养老基金（EPF）。在该制度下，参保人除领取来自厚生年金部分的养老金，还领取补充性养老金。对于建立了厚生养老基金制度的企业，政府向这些企业部分退还向对厚生年金保险的缴费，让厚生养老基金代替政府经营管理这部分养老金。厚生养老基金收到来自政府的保险费返还相当于工资的2.4%—5%，当时向厚生年金保险的总缴费率为7%—8%。厚生养老基金下的养老金制度安排叫作“代行”，因为是代替政府发放养老金待遇。

厚生养老基金制度就是把公共养老金缴费的一部分切出，用积累制的方式去运营。其建立背景为，自20世纪60年代起，日本进入经济快速增长阶段，工资水平增长非常快，但新建立的厚生年金保险规模比较小，低缴费、低给付。出现了企业和公务员之间、企业在职雇员工资与退休者退休金水平之间的巨大差距。经长时期谈判，厚生省最终与企业达成妥协，允许企业建立厚生养老基金类的企业年金制度，在不增加企业总缴费负担的情况下，通过自身经营养老金投资，提高养老金给付。这一安排，不仅解决了政府和企业的预期，也推动了养老基金产业的发展。厚生养老基金在最鼎盛的时期，有近2000家。厚生养老基金在1990年日本股市泡沫破裂前，回报率在9%—10%；但在泡沫破裂后，回报率迅速下降，变动剧烈（图6）。

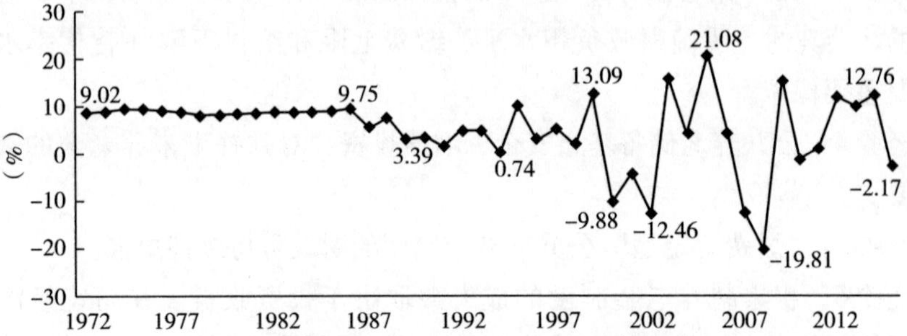

图6　日本厚生养老基金的名义投资回报率

1990年以后，随着投资损失越来越大，雇主已经没有足够的钱来弥补厚生养老基金的缺口，雇主和工会组织向立法部门请求，即使无法弥补损失，也要退回到原来的现收现付制。2002年4月起，该要求获得批准，称为“代行返上”。也就是说，日本最有代表性、最重要、覆盖面最大（超过1/3的企业雇员参加）的积累制企业（职业）年金制度，随着经济长期低迷而走向消亡。

（九）改革新动议

为应对日益严重的少子老龄化问题，考虑到80%的60岁以上老人有愿意工作到70岁以上，2020年2月，日本政府在内阁会议中出台一项《70岁就业法案》，规定企业雇用有意愿的雇员从现有的65岁延长到70岁，以大力挖掘高龄人口的“工作潜能”，弥补劳动力缺口，进一步完善社会保障制度。政府还表示，原则上65岁的公共养老金领取年龄暂不上调。为推动此次改革，日本整个内阁都参加改革方案设计，由经济再生大臣领衔，而不是由厚生劳动大臣牵头，以更为中立。该法案将提交日本国会审议，有望于2021年4月实施。

三、经验总结

经验1：在应对人口快速老龄化，增强养老金制度的长期可持续性上，日本尝试了提高税收、延长工作年限、提高养老金领取年龄、控制给付、转向缴费确定型计划、保障养老基金投资收益等各类政策选项。改革阻力越大，越需要高层决心和相对中立的部门牵头。

经验2：日本双层公共养老金体系既体现了社会公平，又建立了制度激励。

经验3：公共养老金实行一百年的精算制度和待遇水平自动调节机制成为重要的社会契约。明确财政负担水平、缴费上限和给付下限（替代率水平下限）是重要保障。

经验4：公共养老储备基金安全、增值投资，对弥补未来养老金的缺口至关重要。

经验5："缴费确定型"公共养老金制度的财政可持续性更强。

经验6：积累制养老金制度的成失败取决于投资收益。在高速经济增长期，积累制养老金可带来较高的养老金待遇，但经济长期低迷会导致困难，尤其对恶性通胀非常脆弱。积累制私人缴费确定型计划的发展有赖于提前支取、税收优惠幅度等制度设计。

参考文献

高山宪之，《日本公共医疗保险制度的互助共济机制》，《社会保障评论》，2020年第1期，第41—59页。http：//takayama－online. net/pie/stage3/Japanese/d_p/dp2019/dp683. pdf.

高山宪之，《公共养老金改革不可以急转弯》，2019年4月人社部劳动和社会保障科学研究院座谈会录音的文字稿。

高山宪之，《如何使公共养老金的财政可持续?》，《中国劳动》，2019年第5期，第70—78页。http：//takayama－online. net/pie/stage3/Japanese/d_p/dp2019/dp679. pdf.

高山宪之，《日本如何分担公共养老金的支付压力与实现全国统筹》，《中国人力资源社会保障》，2019年第8期，第42—43页。http：//takayama－online. net/pie/stage3/Japanese/d_p/dp2019/dp678. pdf.

高山宪之，《日本公共养老金制度设计如何借鉴国际经验?》，《社会保障评论》，2018年第2卷第3期，第22—29页。https：//mp. weixin. qq. com/s/stwRbNTpq2XwTfYUOnuqvQ.

高山宪之,《日本公共养老金制度的主要变化：背景及背后的理念》,《比较》, 2018 年第3辑, 第175—203 页。http://takayama-online.net/Japanese/thesis/pdf/201806_Beijing_CN.pdf.

高山宪之,《再评世界银行 1994 年〈应对老龄化危机〉：客观质疑与理性启示》,《社会保障评论》, 2017 年第 4 期, 第 36—43 页。http://takayama-online.net/Japanese/thesis/pdf/W020171117573864564612_C.pdf.

高山宪之,《积累制养老金：日本的经验和教训》,《比较》, 2017 年第1 辑, 第42—62 页。http://iple.cssn.cn/shbzxzt/yjyts/ylbz/201704/t20170406_3477137.shtml.

高山宪之,《全球性养老保障制度的最新争论与改革动向》, 中国社科院经济研究所《经济研究资料》, 2008 年 4 月, 第 10—21 页。http://takayama-online.net/Japanese/pdf/thesis/thesis/chinese_ver2.pdf.

王新梅,《论养老金全国统筹的基本理念》,《社会保障评论》, 2019 年第4 期, 第40—51 页。

王新梅,《瑞典记账制养老金的给付与自动调节》,《社会保障研究》, 2019 年第 1 期, 第 105—112 页。

王新梅,《公共养老金“系统改革”的国际实践与反思》,《社会保障评论》, 2018 年第 2 期, 第 119—133 页。

王新梅,《公共养老金制度中“统账结合”模式和余额储备》,《社会发展研究》, 2018 年第 2 期, 第 109—117 页。

王新梅, 约翰·威廉姆斯, 穆罕默德·詹索伊,《发展中国家的养老金改革：反思正在涌现的问题》,《比较》2017 第 1 辑, 第 63—84 页。(原文：Wang Xinmei, John B. Williamson and Mehmet Cansoy. 2016. “Developing Countries and Systemic Pension Reforms: Reflections on Some Emerging Problems”, *International Social Security Review*, Vol. 69, No. 2, pp. 85 – 106.)

王新梅,《多个发展中国家公共养老金退回现收现付制》,《中国社会科学报》, 2017 年 2 月 8 日, 第 4 版。

程杰, 王新梅,《养老金改革的共同挑战与可行选择》,《劳动经济研究》, 2017 年第 5 期。

王新梅, 徐静,《中国公共养老保障制度改革方案的模拟与评估：基于 OECD 模型》, 提交给财政部的“十三五”期间我国收入分配问题与财税政策项目报告, 2016 年。

王新梅,《发达国家和地区公共养老金制度》,《中国社会科学报》, 2015 年 12 月 23 日, 第 4 版。

王新梅,《“未富先老”与公共养老保障制度模式的选择》, 王伟主编《中日韩人口老龄化与老年人问题》, 第 15 章, 北京：中国社会科学出版社, 2014 年。

王新梅,《非正规就业人员的公共养老保障制度——中国、日本和法国》, 王桥主编/驮田井正、原田康平主审《东亚：人口少子高龄化与经济社会可持续发展——中国·日本·韩国比较研究》, 第 19 章, 北京：社会科学文献出版社, 2012 年。

王新梅,《全球性公共养老保障制度改革与中国的选择——空账比实账更可靠、更可取》,《世界经济文汇》, 2005 年第 6 期, 第 52—71 页。

宋凤轩、张泽华,《日本第三支柱养老金资产运营管理评价及借鉴》,《社会保障研究》, 2019 年第 6 期。

Wang Xinmei, 2018. “Towards Sustainable, Adequate and Equitable Social Security Pension

Systems for China: A Benefit Side Analysis in an International Comparison", a paper presented at the Workshop on the two-countries' a joint-project on "Pension reform in the PRC: Searching for a new framework based on Japanese Experiences", Hitotsubashi Hall, Tokyo, December 3 – 4.

Whitehouse, E. 2014. Earnings related schemes: Design, options and experience (PowerPoint slides). Washington, DC, World Bank. http://www.worldbank.org/content/dam/Worldbank/Event/pensions/3.%20Whitehouse_Basic%20pensionomics%20v5.pdf.

Akiko Nomura, Japan's Pension System: Challenges and Implications, *Nomura Journal of Asian Capital Markets*, Spring 2019, Vol. 3/No. 2。

加拿大养老金体系架构与运作

唐滔

一、加拿大养老保障体系概述

加拿大国土面积世界第二，约有3000万人口。养老保障体系包括公共养老金、职业养老金及个人自愿养老储蓄计划，因其涵盖世界银行建议的养老金“三支柱”体系，在2001年曾被世界银行誉为全球典范。实际上，加拿大的养老保障体系可分为四个层级，其中，第一层级和第二层级都属于公共养老金。

第一层级是低水平的普惠式“老年保障金最低收入补助金”（Old Age Security Pension，以下简称OAS），资金来自一般性税收收入。OAS每月金额607.26加元，拥有加拿大国籍或永久居留权，并且于18岁以后居住于加拿大满10年的65岁以上人士皆可获得。OAS是根据家庭收入（家计调查）而定的社会保障金，具有福利性和再分配性。当个人年收入超过77580加元，会被部分扣减OAS，而个人年收入达到125937加元时，则不得领取OAS。如果个人年收入低于18408加元，则OAS领取人还可每月获得907.3加元的“最低收入补助金”（Guaranteed Income Supplement，GIS）。最低收入补助金的资金

* 本文为博鳌亚洲论坛研究院、中国金融学会、重庆金融学会和《比较》编辑室“养老金改革：国际经验与中国方案”联合课题组的研究成果，执笔人唐滔。

也来自联邦政府预算。从资金运作管理而言，OAS和最低收入补助金既没有独立的资金收缴，亦无额外的资金剩余，不做市场化投资运营管理，属于普惠型社会保障功能的纯待遇确定型计划。为减轻财务压力，2012年保守党执政时曾将OAS的领取年龄从65岁延迟到67岁，当时决定该举措于2023年生效。不过，2015年自由党执政后，取消了延迟领取OAS的政策。

第二层级是“加拿大养老金计划”（Canada Pension Plan，以下简称CPP）①，资金来源是雇主和雇员共同缴费，属于社会养老保险。CPP是建立在就业收入基础上的强制性缴费型养老金计划，每一个年满18周岁、在加拿大工作且年收入达到3500加元的人，都必须向CPP缴费。缴费基数是年收入3500加元至55900加元的部分，缴费率为9.9%，恒定到2100年不变。在有雇主的情形下，雇主和雇员各缴纳一半；如果是自雇人员，则需自行承担全部费用。自2019年1月起，加拿大在原先的CPP基础上增加附加部分，开始实行CPP加强计划（CPP Enhancement），于2019—2025年分两阶段逐步提高缴费率与缴费基数上限。2019—2023年为第一阶段，2019年缴费基数上限提高至57400加元，总缴费率提高至10.2%（基础缴费率9.9%+附加缴费率0.3%）。至2023年，缴费基数上限将提高至65700加元，总缴费率提高至11.9%。目前CPP发放的养老金待遇，相当于社会年平均工资（2019年为57400加元）的四分之一，将来会把待遇提高到社会年平均工资的三分之一。第二阶段为2024—2025年，新增第二缴费基数上限，主要针对高收入群体，对高于原缴费基数但低于第二缴费基数的部分，按8%的缴费率缴费，同样是雇主雇员各出一半。

第三层级是由私营或公共部门的雇主或工会为向符合条件的成员提供养老金而建立的养老金计划，相当于中国的企业年金和职业年金。这些计划分为待遇确定型计划（DB）和缴费确定型计划（DC）两大类。目前主要包括三种形式：注册养老金计划（Registered Pension Plan，RPP）、集合注册养老金计划（Pooled Registered Pension Plan，PRPP）和团体注册养老储蓄计划（Group Registered Retirement Saving Plan，GRRSP）。这部分养老金由雇员和雇主共同出资、由雇主和雇员协商缴费，缴费可以享受加拿大政府的税收优惠，待遇确定型计划的资金运营由市场机构管理。

---

① 魁北克居民参加“魁北克养老金计划”（Quebec Pension Plan，QPP）。

第四层级是税收优惠型的个人自愿养老储蓄计划，包括注册养老金储蓄计划（Registered Retirement Saving Plan，RRSP）和免税储蓄账户（Tax-Free Savings Accounts，TFSA），目的是鼓励个人积累足够的余额，保障退休后的生活水平。注册养老金储蓄计划于 1957 年立法成立，是专门为养老退休储蓄设计的。居民可将部分税前收入存入注册养老金储蓄计划账户，直到退休后从账户领取时才征税，即“储蓄免税—投资免税—领取征税”（Exempting－Exempting－Taxing，EET）模式。免税储蓄账户始于2009 年，定位为一般储蓄账户，是一种灵活的、注册的、多功能的储蓄方式，更容易达到终身储蓄的需求。储蓄的资金可用来进行投资（可委托专业的投资机构或由自己进行投资）。如果投资在具有税收优惠的账户中进行，那么投资收益享受税收优惠。

表 1　加拿大养老保障体系基本信息

三支柱体系（四个层级）	养老金计划名称	资金来源	筹资模式	运作模式
第一支柱	OAS－GIS	政府税收	现收现付制	DB
	CPP/QPP	雇主和雇员缴费	现收现付制	
第二支柱	RPP		基金积累制	DB、DC
	PRPP			
	Group RRSP			DC
第三支柱	RRSP	个人自愿		
	免税储蓄账户（TFSA）			

二、1997 年 CPP 改革与加拿大养老基金投资公司的建立

20 世纪 60 年代，由联邦政府和省级政府共同合作建立“加拿大养老金计划”（以下简称 CPP），目的是提供适度并且有保障作用的养老金待遇，维持参与人退休后的基本生活水平。

CPP 最初采用“现收现付制”筹资模式，无储备金。CPP 建立之初，年龄在 16—64 岁的劳动人口与 65 岁及以上退休人员的比例为 6∶1，从 1966 年成立到 1986 年的 20 年间，CPP 缴费率一直维持在 3.6%。然而，随着老龄化加剧，CPP 财务不可持续性凸显。到 20 世纪 90 年代初，65 岁以上人口约占加

拿大总人口的11%，CPP支出开始超过缴费收入，可持续性受到了强烈冲击。例如，1995年当期支付缺口为60亿加元，隐性债务已高达5560亿加元，相当于GDP的70%，而且这个缺口还将继续增大。

为了维持社保体系运转，从1987年开始，联邦政府不得不每年提高CPP缴费率0.2%予以应对，到1997年已提高到6.0%（见表2）。上调缴费率也是典型的“参数式改革”之一，但由于效果不甚理想，到20世纪90年代中期还是出现了严重危机。而且，缴费率提高，加重了企业和职工负担，导致人们对政府的不信任感日益增加。

表2　“加拿大养老金计划”（CPP）缴费率增长趋势 （单位：%）

年份	雇员缴费率	雇主缴费率	总缴费率
1966—1986	1.8	1.8	3.6
1987	1.9	1.9	3.8
1988	2.0	2.0	4.0
1989	2.1	2.1	4.2
1990	2.2	2.2	4.4
1991	2.3	2.3	4.6
1992	2.4	2.4	4.8
1993	2.5	2.5	5.0
1994	2.6	2.6	5.2
1995	2.7	2.7	5.4
1996	2.8	2.8	5.6
1997	3.0	3.0	6.0

为此，在1997年，加拿大联邦时任财政部长保罗·马丁与各省财长决定实施重大改革，帮助CPP走出资金危机。经过充分讨论和酝酿，1997年加拿大国会通过法案，正式对CPP进行一次大改革。在诸多改革措施中，最重要的是提高缴费率，增加CPP的“预筹”因素，筹资模式从现收现付制向部分的基金积累制转变。结果，CPP很快积累了较大的缴费余额，并成立了独立运营的主权养老基金管理公司——“加拿大养老基金投资公司”（CPPIB），通过投资收益的反哺，维系了CPP的健康和可持续发展。加拿大首席精算师在最

新的“三年期报告”中预计，CPP 在未来 75 年内都是财务可持续的。①

（一）上调缴费率

根据改革方案，CPP 缴费率从 1997 年开始逐年上调，一直上调到 2003 年的 9.9%为“恒定费率”（雇主和雇员各缴纳一半），这个“恒定费率”将维持到 2030 年（见图 1）。② 2030 年以后是否增加和增加多少，将视具体情况而定。

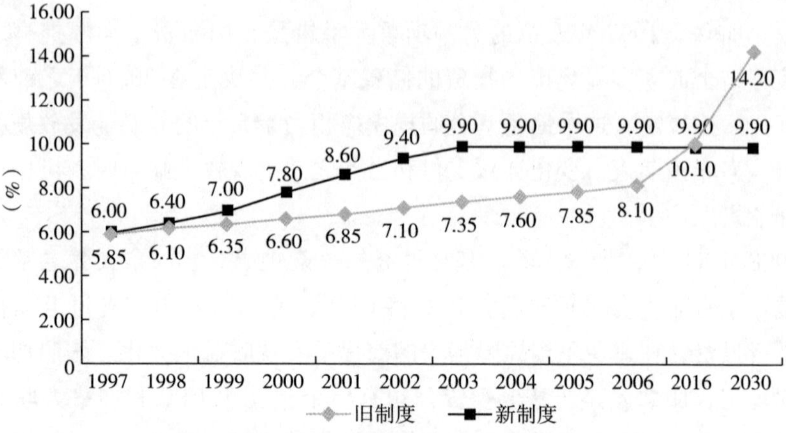

图 1 新旧制度下 CPP 缴费率上调趋势比较

新旧制度下的缴费率变化趋势图显示，如果没有进行 1997 年改革，在旧体制下，虽然 1997—2006 年的平均缴费率增长幅度始终低于新制度 1—2 个百分点，2007—2016 年与新制度一样在低于 1.8 个百分点的水平上也保持恒定不变，但是，从第三个 10 年即 2016 年开始便高于新制度，并持续上调到 2030 年的 14.2%，届时将高于新制度 4.3 个百分点。持续十几年维持 10%以上的缴费率，不仅损害企业竞争力，而且加重职工经济负担，易遭到国民反对，在政治上具有不可持续性，整个 CPP 计划将难以为继。

与之相比，在新制度下，从 2003 年到 2030 年，根据精算确定的缴费率恒

---

① http：//www. cppib. com/en/our-performance/cpp-sustainability/.

② 加拿大正在把 CPP 的养老金发放水平从社会年平均工资（2019 年为 57400 加元）的四分之一提高到三分之一。为此，从 2019 年 1 月开始，CPP 缴费率逐步提高，2019 年变为 10.2%，2020 年会变成 10.5%，直到 2023 年变为 11.9%。

定在9.9%，保持近30年不变，这既维持了养老制度的正常运转，又可稳定预期，有利于社会稳定和维护政府公信力。

更为重要的是，在旧体制下上调缴费率是“被动式”的，其目的在于弥补当期支付缺口；在新制度下，提高费率是“主动式”的，其目的在于扩大支出盈余部分，以建立一个储备基金。

（二）建立加拿大养老基金投资公司

实际上，在1997年，6%而非全部9.9%的缴费率已可满足CPP当期养老金发放。加拿大1997年改革的另一项重大举措是，用缴费率大幅提高之后的收支滚存结余成立多元化市场投资的储备基金，并决定在2021年之前不动用这笔资金。按规定，这个储备基金的规模应相当于5年的养老金发放规模，目的在于，当非预期人口变化导致支付和缴费之间出现较大缺口时，可用储备基金缓冲危机。

1998年11月，加拿大养老基金投资公司正式成立。加拿大养老基金投资公司是一家专业投资管理机构，负责将CPP目前不需要用于支付退休福利的资产进行投资，在避免不当风险损失的前提下实现收益最大化。按照加拿大有关法律规定，加拿大养老基金投资公司有一个独立于CPP和加拿大联邦及省政府的董事会，以保证投资营利、获得投资收益为唯一目的，其具体投资决策不受政府干扰。另外，加拿大养老基金投资公司必须保持高度的透明性。

加拿大养老基金投资公司的资产配置，实现了资产类别和地区的多样化。加拿大养老基金投资公司的投资组合包括上市公司股票、私募股权、房地产、基础设施和固定收益产品等。加拿大养老基金投资公司总部位于多伦多，并在中国香港、伦敦、卢森堡、孟买、纽约、圣保罗和悉尼等地设有办事处。将市场因素引入社保领域，是加拿大增强CPP财务可持续性的一项重大举措。

（三）CPP发展过程中的大事件

- 1967年：加拿大养老金计划启动，采用无储备基金的现收现付制。
- 1997年：加拿大改革CPP，从现收现付制向基金积累制转轨。自1997年起，经过7年时间，缴费率从5.85%上涨到9.9%。
- 1997年：设立养老储备基金。成立加拿大养老基金投资公司，并独立于政府投资运营基金。

- 2016 年：通过关于 CPP 的联邦修正案，提高基于缴费的养老金待遇和其他福利。从 2019 年 1 月起，在未来 7 年内，养老金缴费与领取的上限将逐步提高。

经过最新一次修正，CPP 现在被定义为两部分：（1）基础部分（基础 CPP）：采用 2019 年 1 月前缴费率的收入与支出。（2）超额部分（附加 CPP）：2019 年 1 月后开始实行的超过基础部分的收入与支出。

基于不同的投资目标，超额 CPP 的收入、支出和净资产必须与基础部分分开核算。超额 CPP 是完全积累的，而基础 CPP 是部分积累的。目前的 CPP 缴费率是 10.2%，其中，9.9% 归基础 CPP，0.3% 归超额 CPP。一个参保人如果缴费 40 年，其养老金替代率将从 25% 升至 33%。在实施上述改革后，到 2035 年，CPP 资产基础将增长 50%，2055 年以后增长到 1.8 万亿加元。超额 CPP 的资产规模预计将超过基础 CPP 的资产规模。

三、加拿大养老基金投资公司业绩及其成功经验

加拿大养老基金投资公司承担着为 2000 万加拿大人提供退休金保障的重任，目前管理着 4000 亿加元的净资产，是全球十大养老基金之一。作为典型的长期机构投资者，加拿大养老基金投资公司通过专业化、多元化投资运作，实现了养老金资产的保值增值。加拿大养老基金投资公司 2019 年财报①显示，截至 2019 年 3 月 31 日，10 年期名义收益率为 11.1%，实际收益率为 9.2%。加拿大养老基金投资公司取得良好的投资业绩，与其独特的理念和有效的管理密不可分。

（一）投资理念先进合理

加拿大养老基金投资公司始终秉承长期、稳健、负责的投资理念。长期性和稳健性表现在，加拿大养老基金投资公司的投资策略不单强调价值增值，还追求风险最小化和收益的稳定性，并建立了全面完备的风险管理体系。同时，加拿大养老基金投资公司注重在不同类别和不同区域之间分散化配置资产，强调全球化投资的重要性，特别是关注新兴市场表现，并通过海外分支机构来负

---

① CPPIB ANNUAL REPORT（2019），第 55 页。

责区域性的投资。此外，加拿大养老基金投资公司在投资过程中高度重视环境、社会和公司治理因素（ESG），并定期发布 ESG 责任投资报告，用于阐述加拿大养老基金投资公司如何将对 ESG 的重视融入具体的投资行为中。

（二）有效分散的资产配置

加拿大养老基金投资公司在资产配置方面强调充分的分散化，以此来规避市场风险，取得超额收益。从资产类别看，加拿大养老基金投资公司的投资领域极为广泛，包括公开市场股权、私募股权、政府债券、信贷投资、基础设施、房地产以及其他实物资产等。截至 2019 年 3 月 31 日①，公开市场股权投资额为 1300 亿加元，占基金资产的 33.2%；私募股权投资额为 931 亿加元，占基金资产的 23.7%；政府债券投资额为 861 亿加元，占基金资产的 22%；信贷投资 358 亿加元，占基金资产的 9.1%；房地产、基础设施及其他实物资产等 941 亿加元，占基金资产的 24%。从投资地域看，加拿大养老基金投资公司的投资分布在美国、亚洲、加拿大、欧洲大陆、英国、拉美、澳大利亚和其他地区，其中北美地区的投资金额占比最高，约为 49%；亚太地区约为 26.5%；欧洲约为 19.4%。资产配置地域的分散化，也加强了加拿大养老基金投资公司投资组合在面临经济周期波动和突发事件上的风险应对能力。

（三）全面审慎的风险管理

加拿大养老基金投资公司主要通过建立投资风险收益评估框架进行风险管理，其核心内容包括 CPP 基准资产配置方法和整体资产配置策略。CPP 基准资产配置方法首先由加拿大养老基金投资公司董事会按照期望的收益率目标（年化收益率不低于 4%）确定一个可承担的风险，实际的投资策略可根据对资本市场的总体判断和各大类风险资产的情况相应调整。整体资产配置策略是指，加拿大养老基金投资公司在进行投资决策时，关注基金整体的收益风险特征，而非单个资产类别或单个投资部门的绩效。

加拿大养老基金投资公司在内部组织机构的设置及其职能配置方面也充分体现了整体资产配置评估方法的理念，即通过部门间分工合作，以实现效益最大化。从分工上看，投资决策委员会确定整体资产配置的管理方法，然后在资

① CPPIB ANNUAL REPORT（2019），第 53—54 页。

产类别之间分配风险限额。组合设计与风险管理部负责向投资决策委员会提供有关整体资产配置的建议。公开和非公开市场各投资部门负责建立具体的资产配置方案。财务和运营部则负责监控和报告风险。

加拿大养老基金投资公司还采用不同的方法和风险衡量指标实时评估风险：一是风险价值模型（value at risk），二是压力测试，三是交易对手风险评估，四是外部信用等级监控，五是对未定级投资建立内部评级制度，六是建立资产流动性指标等。

（四）良好的治理结构

加拿大养老基金投资公司的成功有赖于其独立的治理结构。虽然加拿大养老基金投资公司受政府委托管理加拿大公共养老金，但其理事会完全独立于政府，政府无权干预其投资决策与经营管理，保障了其投资的专业性与独立性。同时，由于较高的独立性，加拿大养老基金投资公司可以自主决定薪酬体系，有效吸引来自全球的精英人才，提高竞争力。

此外，加拿大养老基金投资公司强调问责制，保持高度透明性，接受各方监督。加拿大养老基金投资公司的年报接受独立第三方的审计，由联邦财政部长向议会提交，并且联邦财政部长可随时要求进行特别审计；政府每三年对其进行一次全面评估，每六年进行一次特别检查，包括历史记录、系统和运营状况，加拿大首席精算师每三年进行一次财务评估；加拿大养老基金投资公司每两年召开公开会议，接受公众提问，并定期在官网披露信息。

（五）市场导向的薪酬激励机制

加拿大养老基金投资公司极为重视人才，强调人才是投资机构竞争力最重要的来源。加拿大养老基金投资公司的薪酬体系参照同类型金融机构（包括养老保险基金管理公司、投资管理公司及其他相关金融机构）建立。在选择参照系时，考虑的因素包括资产管理规模、功能范围和复杂程度。加拿大养老基金投资公司每年委托中介咨询机构对同类型金融机构进行独立的薪酬调查，并据此确定薪酬水平，确保在行业内的竞争力，以吸引人才。

除基本工资外，加拿大养老基金投资公司的薪酬体系还包括奖励计划。并规定一部分将发给资深员工的奖金，必须延迟发放。奖金发放根据三项业绩确定：基金总体业绩、团组或部门业绩和个人业绩，三者权重分别为30%、

30%和40%。基金总体业绩按过去5年累计业绩测算，既考虑相对业绩，又考虑绝对业绩。在某些年份，可能相对业绩高、绝对业绩低，或者反之。5年测算法则有助于消除市场短期波动的影响，而员工也可由此获得可观的、高于市场平均水平的增值奖励。团组或部门业绩以及个人业绩，则根据公司各工作团队、职工个人的具体情况，采取适当的财务性和非财务性指标进行测算。

总之，加拿大养老基金投资公司的薪酬体系，以市场为导向、强调绩效优先，既发放年内奖励，亦发放延迟奖励，可以激发员工，回报其合格的工作与业绩。这有助于让加拿大养老基金投资公司一方面可以吸引、留住一流的专业人才，另一方面可以有效约束管理者，防止其为取得短期增长而牺牲长期业绩。

四、CPP改革和加拿大养老基金投资公司运营对中国的启示

加拿大养老金改革和加拿大养老基金投资公司的成功运营经验，对中国养老保障体系改革和社保基金投资具有积极的启示和借鉴作用。

（一）积极推进多元化的养老收入体系

加拿大退休人士的养老保障体系包括老年保障金与最低收入补助金、加拿大养老金计划、公司养老保险计划、个人养老金四个部分。尽管CPP是加拿大养老保障体系中非常关键的支柱，但退休人士收入并不完全依赖于CPP。中国应加快发展多元化的养老收入保障体系，并根据不同地区、不同收入人群的特定情况和需求制订税收计划，以鼓励居民积极参与到计划之中。

（二）增加公共养老金筹资模式中的“预筹”因素

加拿大通过提高CPP缴费率，并用收支盈余成立加拿大养老基金投资公司，通过获取长期投资收益，增强CPP的财务可持续性。最新精算报告预计，CPP在未来75年内都是财务可持续的。虽然我国全国社会保障基金规模较大，2018年总资产高达2.23万亿元，但因我国人口基数大，预筹资金占GDP的比重仍不到10%，在全球属于较低水平。虽然中国城镇职工基本养老保险的缴费率已经比较高，在减税降费背景下，较难照搬加拿大提高缴费率、扩大基金结余的办法来筹集投资本金，但可以从空转的个人账户转向做实个人账户，扩大养老第一支柱的投资规模。中国资本市场缺少长期价值型投资者，如能做实

个人账户并参与资本市场，可充分利用养老金的“长钱”特征，促进股市健康发展，并让养老金投资与资本市场发展紧密结合，分享中国经济成长红利。

（三）治理机制是养老基金投资公司成功的必要因素

加拿大养老基金投资公司的成功得益于较为完善的公司治理机制和有效的激励机制。加拿大养老基金投资公司从成立之初即定位为一个运作公共信托基金的企业，独立于政府，且仅以投资为目的，该机制保证了投资公司的专业性和专注性。其治理架构包括高素质的董事会、专业的投资团队，以及强有力的风险控制体系。与投资目标一致的员工激励薪酬体系能够有效地吸引一流的投资人才从而保障投资收益和风险控制。中国社保基金可借鉴加拿大养老基金投资公司的运营机制，通过加强治理机制从而建立一个高效专业的投资公司和团队。

（四）系统构建积极的投资管理战略

加拿大养老基金投资公司采取主动投资方式来实现更好的风险调整收益。此战略是依据加拿大养老基金投资公司对其自身的比较优势的分析制定的。加拿大养老基金投资公司的比较优势具有以下几点：一是养老金具有长期投资的特性；二是资金规模非常庞大；三是资金来源非常稳定；四是拥有内部和外部专家为其提供意见；五是具有诸多专业合作伙伴；六是采用整体投资组合的投资框架。中国应充分借鉴加拿大养老基金投资公司的模式，结合中国养老金的特点和比较优势，发展出一套具有中国特色的养老金投资战略。

（五）组合化投资是保值增值的必要保障

当宏观经济发生变化时，资本市场上各类金融产品的价格波动方向是不同的。采取组合化、多元化的投资模式，可以更好地抵御经济波动带来的投资风险。加拿大养老基金投资公司的成功经验在于全球资产配置的组合投资。随着中国资本市场的不断开放，以及海外投资的经验积累，为中国进行全球资产配置铺平了前进的道路。充分借鉴加拿大养老基金投资公司的全球资产配置和整体资产管理的成功经验将对中国养老金投资具有极大的积极作用。

（六）养老基金投资管理的考核

养老金投资是个长期性的工程，不必过度关注短期波动，要坚持长远视角和长期理念，保持投资的战略定力。以过往10年区间来看，加拿大养老基金投资公司取年均收益率为9.2%，高于同期CPI和GDP增长水平。中国养老金投资的投资期限应根据中国养老金的资金状况和未来发放养老金的进度和资金量来制定。

参考文献

国家信息中心经济预测部、加拿大养老基金投资公司，《人口老龄化背景下的养老服务业发展研究》，北京：社会科学文献出版社，2019年1月，第128—145页。

中国养老金融50人论坛，《养老金融蓝皮书（2018）》，2018年10月，第282—307页。

2019年CPPIB年报，第53—55页。https://www.cppinvestments.com/public-media/headlines/2019/cpp-fund-totals-3920-billion-2019-fiscal-year-end.

公共养老金改革不可以急转弯

以日本为例

高山宪之

前言

“如何使公共养老金的财务可持续”是过去30年世界各国养老金改革的核心议题，目前，大多数发达国家已经基本解决了可持续性问题。我曾在《如何使公共养老金的财务可持续?》① 一文中，介绍了一般原理，详细总结了发达国家采用过的四种主要措施（降低养老金的待遇水平，提高开始领取养老金的标准年龄，提高缴费率，增加国民生产总值）和五种其他手段（增加来自财政收入的转移支付，提高缴费的收入基数，扩大覆盖面，扩展统筹范围，统一/统合各个分割的制度）。在实践中，具体应该选择其中的哪些措施，各国应当根据本国实际情况和需要做出选择，因此各项措施的优先顺序会因国

* 高山宪之为日本一桥大学名誉教授，日本养老金与老年规划综合研究所理事长，日本国家级养老金、税收和统计改革委员会成员，被誉为日本养老金改革的“铁人”。曾历任OECD、国际货币基金组织和世界银行的顾问，从2002年起，一直担任国际社保协会 *International Social Security Review* 杂志编辑部顾问和澳大利亚养老金与超级年金委员会顾问。本文根据2019年4月22日高山教授在人力资源与社会保障部中国劳动和社会保障科学研究院召开的座谈会，与研究院的科研人员的问答录音整理而成。本文的完成得益于以下资助，特此感谢：中国社科院与日本学术振兴会的两国间合作研究项目（2017.6—2020.2）；国家自然科学基金项目（编号：71673295；71973151）。

① 参见《中国劳动》，2019年第5期，第70—78页。

家不同而不同。在我列举的主要措施中，没有基金和投资。对于个人账户式的基金，理论和实践上都行不通，应该废除，退回到现收现付制；对于储备式的基金，“有”比“没有”好些，但是其功能有限，不能用来保障公共养老金的财务可持续。

本文以日本为例，主要介绍日本如何保障养老金的财务可持续，周密细致、如履薄冰般地提高养老金的领取年龄和削减待遇就是其中的重要举措。日本应对老龄化的最重要措施是自动调节机制、延迟领取、促进就业、削减待遇；而不是采用各种金融手段，例如大力发展职业年金和私人商业养老保险、增加公共养老金余额储备。与公共养老金相比，日本企业年金的待遇水平下降幅度要大得多，覆盖面也缩小了，根本无法指望用企业年金应对老龄化。

日本保障养老金财务可持续的对策是渐进式的参数改革。现行制度已经在一定程度上发挥着作用，从现行制度出发深化改革时，如何把社会冲突最小化并能平滑地过渡到新制度，对政策制定者来说是最重要的。能不能完成这个过渡是保障深化改革成功的核心，因此养老金改革不可以“急转弯”。

1. 日本保障养老金可持续的最重要措施：自动调节机制

1.1 自动调节机制

自20世纪90年代起，日本成为世界上人口老龄化程度最高的国家。公共养老金财务面临着巨大的压力。此时，日本采用的最重要的手段是自动调节机制。其一是养老金待遇随预期寿命的延长自动下降。其二是养老金待遇随缴费人数的减少自动下调。当时日本人的预期寿命已经很长了，预计今后还会更长。日本的总人口数在减少，工作的人数也在减少，这样缴纳保费的人数也在减少，预计未来缴费人数还将继续减少。对于因缴费收入减少和领取年数增加引发的差额部分，用自动削减待遇的方式消化，这是全体日本国民都接受的方式。

与预期寿命延长和缴费人数下降挂钩的两个自动调节机制的议案，在2004年统一提交给了国会。在国会通过一次非常痛苦而又激烈的讨论后，获得批准。这样大原则就确定下来了，此后每年在削减待遇时，就无须再经过法律程序，可以直接操作。除了一些细节的完善之外，我们不会再对这项条款做大的原则上的改动了。

1.2 未来待遇会降得过低吗?

一个国家的公共养老金制度需要满足两个必要条件：财务上的可持续性和待遇水平的适当性。这两个必要条件之间有时是相互冲突的。按照现在的制度模式，养老金在财务上是可持续的，但是将来待遇水平极有可能会下降到很低的水平，以至于不能成为国民的可靠保障。最早出现这种情况的国家是英国，后来英国政府采取了一些弥补措施。日本现在面临的首要问题是财务上的可持续性，针对这个问题，目前日本利用降低待遇水平的自动调节机制予以解决。但是如果一直这样运行，到某个时点肯定会遇到待遇水平不可以再降的问题，那时将会开始必须提高待遇方面的讨论。那么，面对这些问题，怎么办呢？可以考虑提高领取养老金年龄的方式。如果每个人领取养老金的年数减少，每个月的待遇就会增加，这样养老金待遇就又可以变得适当了。

从解决问题的顺序上看，现在是待遇水平过高，所以解决财务可持续性问题，可以先降低待遇水平。等未来待遇水平欠佳时，再讨论提高领取养老金的年龄1—2岁，这样随着工作年数延长、缴费增加、领取年数减少，待遇自然也就提高了。

1.3 提高公共养老金缴费率

日本由于老龄化，迄今为止，已经逐步提高了缴费率。在2004年立法已经确定：总缴费率为18.3%，雇主和雇员各分担一半，在未来100年，也就是到2104年为止，缴费率将不再增加。因此日本在可预见的未来不会再讨论缴费率的问题。

2. 极其艰难的延迟领取养老金的改革

2.1 延迟领取养老金改革的历程

对于养老金的财务可持续性问题，目前日本采用的最重要的手段是2004年立法通过的自动调节机制，过去日本采用的主要手段是延迟领取养老金的年龄，分别于1964年（男性由55岁提高到60岁）、1985年（女性由55岁提高到60岁）和1994年（男女都由60岁提高到65岁）三次提高了开始领取养老金的年龄。

日本政府战后开始发起养老金制度时，把开始领取养老金的年龄男女都设定为55岁；在1964年政府曾经把男性开始领取养老金的年龄从55岁提高到60岁。① 每三年提高一岁，共用了15年。当时没有考虑调整女性开始领取养老金的年龄，还继续是55岁。因为在20世纪五六十年代，日本女性的工作环境与现在完全不同，结婚或生孩子以后，大部分日本女性会辞职做家庭主妇，通常她们会把工作期间积累的养老金领取权，在辞职时一次性领取完。所以，在那个时代，调整女性开始领取养老金的年龄不是什么值得考虑的选项。

日本在高速经济增长结束的时候，恰逢1973年石油危机爆发，当时就意识到日本人的寿命比预想得要长，如果经济增长放缓，持续的人口老龄化会对未来养老金的财务可持续性产生压力。当时的政策制定者首先想到的是，如果国民越来越长寿，开始领取养老金的年龄还是60岁就太低了，无法应对老龄化。因此，大家在思考解决养老金财务可持续性问题时，最先考虑的政策措施就是提高开始领取养老金的年龄。但是，这一想法遭到了工会和全体国民的强烈反对，整个国家处于一种即使厚生省拿出议案也不会有人赞成的状态。直到1980年，厚生省才第一次提出了把开始领取养老金的年龄从60岁提高到65岁的方案。但是，对于这个大刀阔斧的改革方案，依旧无人响应，因此无法通过。日本的养老金体系每5年会有一次大讨论，然后有一次大的改革，所以这个提案直到1985年才被通过。

到1985年时，日本劳动力市场的状况已经发生了很大变化，由于1973年的石油危机，经济增长率降低了，如果一个家庭还是光靠男人的收入，生活就比较困难。日本进入了女性也大量进入劳动力市场，即使结婚生子也继续工作

---

① 退休与开始领取养老金在中国容易被理解为是一件事，但是这二者其实是两个不同的概念。退休指的是工作状态的变化，是指退出了劳动力市场；美国等国家没有强制退休制度，不允许劳动力市场有年龄歧视问题发生，因此什么时候退休完全由劳动者自己决定。日本有60岁强制退休的制度，但是绝大多数老年人办完退休手续后或者在原单位或者换一个单位都继续留在劳动力市场。开始领取公共养老金的年龄是指政府确定的个人可以开始向社保部门申请领取养老金的年龄，通常围绕着开始领取的标准年龄前后各有几年的期间，个人可以在此期间内自由决定何时开始领取。发达国家的很多老年人在领着养老金的同时，留在劳动力市场继续工作。——译者注

的时代。男女平等是社会的基本法则，而在领取年龄上男女间存在5年之差，违反了这个基本法则。此时，如果把男性开始领取养老金的年龄退回到55岁是逆时代潮流的，所以在1985年的改革中，最先确定下来的事项是把女性开始领取养老金的年龄由55岁提高到60岁，这样男女平等的原则才能实现。提高方式也是每三年一岁，用15年完成。

由于当时还需要解决很多其他问题，1985年的改革并没有具体讨论提高男性开始领取养老金的年龄，而只是给出了一个改革的方向：相关法律的正文条款提到男性开始领取养老金的年龄提高到65岁。但是，在附属条款中提到当前还继续保持为60岁，没有具体提及将如何从60岁过渡到65岁。

战后日本一直都是自民党执政，但是1993年发生了政权更迭，一直以来的在野党变成了执政党，组织了新一届政府。这次的政权更迭为提高养老金领取年龄提供了机会。过去自民党一直都主张必须提高领取养老金的年龄，现在虽然变成了在野党，也没有理由改变初衷。过去一直坚决反对的在野党——社会党，① 变成新的执政党后，在政治上处在了必须对国家的未来承担责任的位置。现在他们必须正面面对养老金的财务可持续性问题，于是他们也开始主张，既然未来日本人的寿命会延长，领取年龄还停留在60岁就是不可行的，确实需要提高到65岁，因此在野党成为执政党后，也逐渐变成了改革的支持者。当时执政党的群众基础是工会，于是工会也由过去的强烈反对改革最终变成了同意改革，而自民党的群众基础是经营者团体，他们原本是提高养老金领取年龄方案的提出者。因此，到了1994年，执政党和在野党终于达成共识，全都同意将养老金领取年龄提高到65岁。

提高领取年龄的方案从2000年开始实施，预先给国民留了6年的调整期。从2000年开始，领取养老金的年龄每三年增长一岁。另外，在1994年把提高女性开始领取养老金的年龄提高到65岁的方案也确定了下来，但开始实施的时间晚于男性。最终到2030年，男女的养老金领取年龄就实现了完全一致。过渡是渐进式的，目前日本还在过渡期中，因此女性开始领取养老金的年龄还没有达到65岁。

---

① 日本有两大类社会组织：普通职工参加的工会，一定级别以上的管理者参加的经营者联盟。企业职工中晋升到课长以上就必须退出工会，而属于经营者群体了。自民党的社会基础是经营者联盟，社民党的社会基础是工会。——译者注

总之，把养老金领取年龄延迟5岁，因为遭到强烈反对，从1980年厚生省提出议案到2030年全部完成，日本要花整整50年的时间。

2.2 费尽唇舌的解释和如履薄冰般的谨慎实施

提高养老金领取年龄的改革是所有改革措施中民众最激烈反对的。为了落实这项改革，日本政府一次又一次地提出议案，不厌其烦地反复解释为什么必须提高领取年龄，真可谓到了费尽唇舌的地步，好不容易才使国民明白了其中的原理并最终接受了这项改革。而且在实际落地时，还必须如履薄冰般、细致谨慎地逐步推进。也就是说从现行制度到新制度的平稳过渡非常重要。如果不这样做，改革是难以成功的。提高养老金领取年龄的改革是这种类型的改革中最典型的例子。

到1993年为止，社会党以及支持他们的社会群体——工会，一直都反对提高养老金领取年龄，所以在那个阶段改革实施不了。但对于政策制定者来说，他们看到的情况是：为了保证公共养老金的财务可持续性，提高养老金领取年龄的改革势在必行，而且世界各国也都在实施这样的改革。日本是世界上预期寿命最长的国家，没有不实施的理由。如果不延迟领取，就需要不断提高自己子孙后代的缴费率，这对自己的孩子来说不是太可怜了吗？在日本，像这样的解释说明一直都在进行。但是，即使如此，工会也一直在反对或阻挠改革。

1985年提高女性养老金领取年龄的改革没有遇到什么阻力，利用的改革理念是男女平等。当时男女平等是世界各国都认同的重要理念。但那时在日本男女还不平等，所以基于男女平等的理念，政府提议把女性的退休年龄由55岁提高到60岁。因为工会非常重视男女平等问题，实现男女平等也是他们的理念之一，所以他们没有反对这个提案，这项改革也就没有遇到太大的阻力。

但是，如果强制退休年龄是55岁或60岁，而只是把养老金领取年龄提高到65岁，工会就绝对不会同意。当时的执政党（自民党）的社会基础是经营者团体，他们对于这个问题的表态是：这样做是迫不得已，因为需要应对老龄化。工会的意见是：如果要提高养老金领取年龄，强制退休的年龄也必须一起提高。但是对于提高强制退休年龄的提案，经营者则拒不让步。所以，两党之间一直僵持，没能达成共识。

在这种情况下，为什么最后改革成功了？如前文所述，确实是因为恰好出现了政权的更迭。1993 年代表工会利益的社会党变成了执政党。此时，他们被在野党紧锣密鼓地追问：如果把养老金领取年龄固定在 60 岁，未来日本养老金制度能做到财务可持续吗？由于此前社会党只是情绪化地反对，给不出能持续的解释和说明，到了自己执政必须面对养老金体系的财务可持续性问题时，就不得不提议把启动改革的时期延后一些，给国民充分的准备时间，待各方面条件都准备好后开始推行。对于执政党的这个提案，当时作为在野党的自民党也表示同意。于是，提高养老金领取年龄的改革立法终于得以通过。

提高养老金领取年龄是典型的最不受欢迎的改革措施，这种类型的改革要想成功，就必须要极其精细地、小心地筹划、落实。因为这项政策很难让国民接受，执政者唯一能做的就是反复劝导，劳心劳力地解释，请国民明白政策背后的原因。

在政策实施方面，提高养老金领取年龄需要以国民能接受的程度，分阶段逐步落实，给他们以充分的缓冲余地，不能一步到位。另外，日本的就业补助金等各种配套制度起到了帮助他们过渡的作用。

作为世界上预期寿命最长、人口老龄化最严重的国家，日本的老年人口占比是各国中最高的。很多人口结构比日本年轻的国家也已开始将养老金领取年龄提高到 67 岁甚至 68 岁，而日本才 65 岁，从这个意义上说，日本的养老金领取年龄偏小，应该提高到 67 岁、68 岁、70 岁甚至是 75 岁。日本的养老金专家之间有不少这样的讨论，但政府还没有提出议案的打算。因为日本现在还没有把提高到 65 岁的改革落实完，要到 2030 年才能完成。另外，在 2004 年日本通过了自动调节机制的条例后，已经可以逐渐地自动降低养老金待遇水平。这样，精算结果表明，在未来 100 年内，养老金的财务可持续性问题可以得到解决。在这种情况下，也就不需要急急忙忙地将养老金领取年龄再提高到 68 岁或 70 岁。

2.3　周密细致的政策设计

日本最初的强制退休年龄是 55 岁，现在是 60 岁。日本先提高了养老金领取年龄，此后才推行了提高强制退休年龄的改革。目前，企业职工的强制退休年龄是 60 岁，养老金领取年龄是 65 岁。这两者之间有 5 年的空档，为什么不把强制退休年龄也提高到 65 岁呢？

要把强制退休年龄由60岁提高到65岁，需要先得到与该制度相关的人员的共识。因为没达成共识，所以这项改革没能实施。最强烈反对的是经营者。因为强制退休制度是他们能解雇业绩很差的雇员的唯一机会。在日本，解雇员工是非常困难的，即使业绩很差的员工，经营者也不得不一直给他们保留职位。强制退休意味着“经营者终于可以解雇那些业绩很差的职工了”，因此经营者对于会失去这一权利持强烈的反对态度。好不容易才把业绩很差的员工照顾到了可以退休的年龄，如果要额外再增加5年，无论如何也承受不了。这是经营者反对提高强制退休年龄的理由。

3. 强制退休后的老年人再就业、待遇削减、保费缴纳、税收和待遇领取

3.1　老年人的再就业

强制退休是指职工到了60岁时，必须办理退休手续。领取养老金的标准年龄提高到65岁之后，绝大多数老年人在办理退休手续之后还是选择在65岁之前继续工作。只是其中大多数人的就业形态由全日制转为非全日制，工资收入也随之减少。对于优秀员工，企业会让他们在本企业办理再就业手续，此时的全日制就业常常不再是过去的每天工作8小时，而是6小时；或者每周工作3天每天8小时等，总之，就业形态会有一些变化。同时，工资也减为过去的一半或60%等，也就是说，工作时间和工资都会较过去有所下降。还有一些退休人员会换一家企业再就业。再就业者与企业之间就工资降低、工作时间减少等方面进行协商。另外日本有“雇佣奖励金”制度，如果雇主雇用了超过60岁的老年人，就可以获得政府的补贴，因此老年人工资的一部分来自政府，这样可以减轻雇主的工资负担。

在养老金领取年龄一直为60岁的那些年里，日本老年人的劳动参与率随时间推移一直在下降。但是从2000年提高了养老金领取年龄之后，老年人的劳动参与率渐渐在增加。国民的身体素质在提高，健康状况相比过去要好得多，这也得益于医疗水平的进步和提高，所以即使到了60岁还能继续工作的人占绝大多数，但如果超过了75岁的话，会出现各种问题。另外还有少部分人是因为需要留在家里照顾老人，尽管健康状况允许，他们也不得不退出劳动力市场。

这里需要注意的是：日本是世界上老年人就业率最高的国家之一。继

续从事全日制工作的占10%—20%。我本人60岁以后也一直从事全日制工作。非全日制劳动者主要由60岁以上男性和中年女性组成。男性在60岁退出劳动力市场的比例是20%—30%，其中占比最多的是健康状况不允许的老人，然后是非常富有不需要工作收入的老人，第三是需要照顾更年长的老人。由于社会和技术进步都非常快，如果到了退休年龄之后就退出劳动力市场，过一段时间再想进入就会异常困难，所以中间出现空档期的情况基本上没有。

3.2 再就业期间的保费缴纳

日本对于雇员征缴养老保险费的规则是：合同不满一年的临时工，每周工作时间超过30个小时，需要缴纳养老保险费；合同为一年以上，不论工作时长多少，都需要缴纳养老保险费。如果劳动合同不满一年，而且每周的工作时间不满30小时，不需要缴费。

因为多数退休后再就业的老年人从事的都是非全日制工作，所以大多数都不再缴纳养老保险费，但是继续从事全日制工作的人则继续缴纳保险费。

养老保险费的缴纳是雇主和雇员各一半，而雇主通常想节约劳动成本，不想给那些再就业的老年人缴纳保险费，所以就把他们转化为周工作时间不满30小时的非全日制劳动者，此时，依照法律雇主就可以不再缴费，雇员也不需要缴费。

3.3 再就业期间养老金待遇的削减[①]

对于60岁以上领取养老金，同时还有工资收入的老年人，养老金待遇削减的规则如下：对于60岁以上不满65岁的人来说，月工资收入（包括奖金）与厚生年金收入的总额如果超过28万日元，超过部分的养老金领取额会被减半。对于65岁以上的人来说，收入总额的上限是47万日元。因年龄段不同，对应的需要削减的养老金待遇总额的上限也不同。

因为养老金待遇会被削减，所以不少雇主就刻意把工资压低，使员工的收

① 译者根据以下文献整理：高山宪之（2019），《到了需要修改“如果工作养老金收入就会减少”的时候了》，《读卖新闻》，论点栏目，9月5日（日语）；OECD（2019），*Working Better with Age*。

入总额低于28万日元，让员工将就着。另一方面不少员工因为对低工资不满而放弃工作，或者尽管有工作意愿，也故意把工作时间缩短到不满30小时，这样就不需要缴纳养老保险费。因此，我建议对于60岁以上不满65岁的人，把收入总额的上限提升到47万日元，并废除65岁以上削减养老金待遇的制度，从而建立一个即使年龄增长，也照样拥有劳动意愿的社会。这一点或许会引起年轻人的不满，但是，这一政策在年轻人变成老年人时也同样可以享受到，所以是公平的。很多OECD国家不削减有工资收入的老年人的公共养老金待遇。

3.4 对养老金征收个人所得税

原则上全部收入都要征缴个人所得税，无论是养老金收入还是在职职工的工作收入。对在职职工的工作收入征税时，有专门的适用于工资收入的扣除制度。与这个制度一样，对于领取养老金的老年人来说，也有一个专门适用于公共养老金收入的扣除制度。在计算养老金收入的应纳税额时，是对各种扣除之后的收入进行课税。

最初在启动对养老金收入征税的制度时，政治上也遇到了非常强烈的反对。因此，目前的自民党对养老金收入征税的态度，总体来说比较消极。但是养老金专家指出，老年人中也有很多非常富有的人，让这些人正常纳税是常理，所以主张对养老金收入征税，并且应该征收比目前的额度更多的税。也就是说与提高缴费率相比，让老年人按常规纳税，以此保障公共养老金的财务可持续性可能更合情合理。对于这一点，年轻人举双手赞成。这实际上涉及代际公平问题。

现在已经有很多老年人对养老金收入中扣除额以外的部分纳税，但是从年轻人的角度看，纳税的老年人占比还是太低，他们对此非常不满。我本人再过几天就73岁了，是养老金的领取者，领着比较高的待遇，因此也缴纳相对高的个人所得税，但是与年轻人相比，老年人的税负还是太轻了，因此，我认为年轻人有意见是可以理解的。作为一名养老金专家，我也认为应该让领取高额养老金的人缴纳更多的个人所得税。

对日本的一次性退职金征税方式与上述规则不同，此时税率不是固定的，按照金额多少收取累进税。

3.5　养老金待遇的种类和领取年龄的选择

日本有三种公共养老金，一种是通常在工作期间缴费，到老年开始领取的“老龄年金”；一种是给残疾人的“残疾人年金”；还有一种是支付给鳏寡孤独的“遗属年金”。每个人只能在这三种当中挑选一种，日本有一个原则叫作“一人一年金”。

年轻的时候由于事故变成了残疾人，就可以开始领取“残疾人年金”。这些人到了65岁时，就遇到了有资格领取“老龄年金”的情况。此时，经过计算，比较哪一种养老金的待遇水平更高，如果“老龄年金”的待遇水平更高，可以放弃“残疾人年金”，切换到“老龄年金”。通常情况下日本的“残疾人年金”的待遇水平高于“老龄年金”，所以多数人一直领着“残疾人年金”。

日本人可以在一定的年龄区间内自行决定开始领取养老金的年龄。少部分老年人在60岁退休后因为身体状况或者其他原因不工作了，希望从60岁开始领取养老金，此时可以领取减额的养老金。如果一个人从65岁开始领取时，每月养老金的数额是100，那么从60岁开始领取时，养老金就是60。减额的养老金一旦申请后就是永久的，并不是到65岁时再增加到和别人一样的水平，而是终身的。因为这些人领取的年数长，相应地每年的金额就应该下降。这样从养老金财务的角度来说，无论是早领还是晚领，最终领到的养老金总额是相同的，既保证了领取者之间的公平，也不给财务增加负担。

4. 公共养老金待遇的削减、公私养老金制度间待遇下降幅度的比较

4.1　公共养老金待遇的逐步削减

在日本公共养老金改革的历史上，曾多次削减待遇过高群体的待遇水平。有时是彻底废除旧制度或一次性一定程度地削减，有时是计算出新旧制度间的待遇差，然后设定过渡期，逐步过渡到新制度。过渡期的长短因人而异，工资待遇水平不一样，工龄不一样，计算出的待遇差就不一样。

最典型的例子是公务员中高级官员的养老金削减。在1985年改革时，很多高级官员的养老金一年大约是500万日元，按照新制度计算时下降到了300万日元，相差200万日元，降了40%。这是1985年和1986年日本养老金改革

时采取的做法。那么，一直以来的500万日元能否立刻降到300万日元呢？如果立刻降的话，肯定会遇到非常强烈的反对，改革就有可能失败。那么，该怎么办才好呢？

当时物价在上涨，工资也在上涨，于是，政府承诺对于待遇为500万日元的人，保障他们的待遇不变，但是今后每年调整养老金待遇时，这些人的养老金水平将不随物价和工资的上涨而调高，一直等到按照新制度计算的300万日元的养老金随着时间推移达到500万日元时，再开始随物价和工资上涨而调高。新旧制度之间的待遇差比较小的人，过渡期也比较短，很快就达到了旧制度的水平；待遇差比较大的人，过渡期就比较长，有些高级官员要花30年才能过渡完。

不管怎么说，对于老年人的生活安定来说，公共养老金是核心收入，对他们来说是极其重要的，因此在降低养老金待遇的时候，一定要谨慎地逐步推进，下降幅度不能过大。在日本，这些改革的具体细节都是在面向全体国民展开充分讨论的基础上决定的。

2015年，日本合并了原本处于分割状态的企业雇员与公务员养老金制度，目前无论缴费还是待遇规则都已经完全统一。这就解决了长期以来存在的国民对公务员养老金待遇过高的不满和嫉妒问题。

我曾在《日本公共养老金制度的主要变化：背景及背后理念》一文中①，详细总结了养老金待遇削减的历程。实际上，金融危机之后，希腊的养老金待遇削减幅度与日本1986年改革相近，只是希腊不得不在非常短的时间内完成。

在两种养老金制度并轨的改革中，日本遇到了如何看待公务员的单位缴费部分的性质问题。公务员的雇主是国家，相当于企业雇主缴费部分的是公务员的单位缴费部分，虽然来自财政，但在原理上应该看作雇主缴费，是雇主在承担为雇员支付公共养老金缴费的责任。日本财政对公共养老金的支出中，还有一种给第一层的面向全体国民的基础养老金（叫作国民年金）的补贴，全体参保者（企业雇员、公务员、自雇者、家庭主妇等）都在领取基础年金的时候享受到了来自财政的补贴。这一补贴与上述雇主养老金缴费，虽然终极来源都是国民缴纳的税收，但是内在的含义不一样。国家所处的立场不同，担任的

① 详见《比较》第3辑，第175—203页，北京：中信出版社，2018年。

角色不同，会计上也是各自独立核算的。国家作为雇主，给第二层的收入关联型养老金中公务员的缴费，与国家以政府身份，给第一层的防止老年贫困的养老金制度的补贴的性质是不同的。日本的公共养老金制度由上述两层构成，第一层的国民年金与第二层的厚生年金各自的功能职责不同，在会计上各自独立核算。

4.2 公私养老金制度间待遇下降幅度的比较

在过去这些年里，日本的两个层次的养老金待遇都在降。在私人性质的养老金中，企业年金与过去相比也降得非常多，下降幅度比公共养老金还大。

因为企业年金不是国家的制度，只是雇主和雇员之间以企业为单位签订的协议，所以企业年金的削减只要在企业内部的雇主和雇员之间达成共识就可以实施，不需要经过法律程序。现在企业的生存越来越困难，最优先的目标是保证企业能生存发展。例如，为了让在职职工能够心情愉快地好好工作，企业需要保障他们有不错的工资待遇，或者增添人手、增加设备投资等。此时就面临着需要在当前职工的利益与过去职工的利益之间，或者说现在与过去之间做出选择。在这种情况下，各个企业为了保障在职职工的利益往往采取降低退休职工企业年金待遇的做法。因此企业年金待遇一直都在大幅下降，远比公共养老金下降得多。

日本的企业年金既有新的用积累制提供的，也有传统的以现收现付制提供的。各种企业年金制度中，规模最大、最普遍也最重要的是以现收现付制运营的一次性退职金制度。过去 95% 的企业都有这项制度，现在已经下降到了 70% 。

日本曾经有过叫作“厚生年金基金”和“适格年金基金”的积累制的待遇确定型企业年金制度。但是，由于这两个制度长期以来投资收益不佳，现在已经全部废止。后来，国家又新建立了缴费确定型的积累制企业年金制度(个人账户)，并有一定程度的税收优惠，但是企业因为有了前面的积累制企业年金投资失败的经历，对于这一新制度的采用都非常谨慎。采用了这种新制度的企业现在在日本仅占三分之一。这样一来，积累制的企业年金比现收现付制的规模还要小。而且仅限于数量非常少的得天独厚的企业才有。传统的现收现付制企业年金的待遇与过去相比也下降了 50% 或 60% ，所以企业年金在日本发挥的作用越来越小。

总之，日本养老金体制现在的实际状况是全体国民都能领取公共养老金，老年人收入的主要来源是公共养老金。与公共养老金待遇的缓慢下降相比，企业年金的待遇急剧下降，能领到的人也少得多，因此，根本无法指望用企业年金应对老龄化。

（整理人：王新梅，内蒙古财经大学财税学院特聘教授；
杜沁，上海对外经贸大学金融系硕士研究生；
冯小兵，上海对外经贸大学金融系教授）

视界

Horizon

Comparative

诺贝尔经济学奖50年

艾伦·桑德森　约翰·西格弗里德

引　言

1895年，瑞典科学家阿尔弗雷德·诺贝尔（Alfred Nobel）在遗嘱中注明，他的财产将用于设立物理学、化学、生理学或医学、文学以及和平五个类别的年度奖项，以表彰那些“为人类做出杰出贡献”的个人。这五个领域的诺贝

* Allen R. Sanderson，芝加哥大学经济学高级讲师。除了广受欢迎的微观经济学和宏观经济学原理两季度课程外，他还教授并研究体育经济学。他最近在专业期刊发表的文章以及被收入相关著作的章节都是关于美国大学生体育协会（NCAA）和大学体育某些方面的，例如向大学运动员提供报酬的原因。他还获得了 Quantrell 本科生杰出教育奖（Quantrell Award for Excellence in Undergraduate Teaching）。值得一提的是，他在芝加哥大学教的学生比该大学历史上任何一位教授的学生都多。John J. Siegfried，范德比尔特大学经济学名誉教授，美国经济学会名誉财务主管（secretary-treasurer）；他的研究领域包括产业组织、教育经济学、体育经济学和经济学教学，最近编辑出版的著作是《通过经济学更好地生活》（2010）。他曾任联邦贸易委员会和福特总统经济顾问委员会的高级职员，曾担任南方经济学会和中西部经济学会主席。本文原文“The Nobel Prize in Economics Turns 50”发表在 *The American Economist*, Vol. 64，No. 2（2019年6月），第167—182页。本文翻译系国家社会科学基金青年项目“比较视野下的明斯基经济不稳定性思想研究”（18CJL004）的阶段性成果。

** 作者感谢其研究助理 Anna Seibert 的宝贵贡献，同时也感谢匿名审稿人的有益微调。作者声明，就本文的研究、署名和/或发表，没有潜在的利益冲突。本文的写作没有获得任何研究、署名和/或发表方面的资金支持。

尔奖于1901年首次颁发。①

1968年，为了庆祝瑞典国家银行成立300周年、支持其从瑞典政府中独立出来，并宣扬其工作的科学性，瑞典国家银行向诺贝尔基金会捐款，设立了第六个奖项——“瑞典国家银行纪念阿尔弗雷德·诺贝尔经济学奖”。② 首届诺贝尔经济学奖于1969年颁发，获奖者由瑞典皇家科学院选出，为拉格纳·弗里希（Ragnar Frisch）和简·丁伯根（Jan Tinbergen），两人分别来自挪威和荷兰。2018年10月，第50届诺贝尔经济学奖颁发，授予威廉·诺德豪斯（William Nordhaus）和保罗·罗默（Paul Romer）。2019年诺贝尔经济学奖和其他五个领域的奖项在本文付印后的10月初宣布。因此，本文附录中的表格不包括2019年的获奖情况。

随着时间的推移，诺贝尔经济学奖本身也被冠以各种各样的名称，包括“纪念阿尔弗雷德·诺贝尔的经济科学奖”、“瑞典银行纪念阿尔弗雷德·诺贝尔的经济科学奖”以及“单一经济科学和多元科学奖”。自2006年以来，它一直被称为“瑞典国家银行纪念阿尔弗雷德·诺贝尔经济学奖”。在本文中，我们将其简称为“诺贝尔经济学奖”，将生理学或医学奖简称为“诺贝尔医学奖”。由于性质和标准的明显不同，我们在文中省略了有关诺贝尔文学奖和诺贝尔和平奖的信息，也不再与它们进行比较。

“瑞典国家银行纪念阿尔弗雷德·诺贝尔经济学奖”于2019年10月开启了它的第二个50年。在过去的50年里，它被单独或联合授予81位获奖者，其中25个诺贝尔经济学奖由个人独揽，19个由两人同享，6个由三人共分。③ 在化学领域，58%的时间里是一个人获奖，而在物理学和医学领域，该比例则分别为42%和36%。（在经济学奖评选的前25年里，共有34位学者入选；在第二个25年里，有47位——最近联合授奖的占比相对更大。）

随着1994年数学家约翰·纳什（John Nash）因其在博弈论方面的贡献而

① 早在乔治·施蒂格勒（George Stigler）1982年获得诺贝尔经济学奖之前，他就在1964年的一次演讲中向芝加哥大学商学院的校友们声称“如果诺贝尔先生是一个更明智的人，他就会把奖颁给社会科学领域的研究者，以更好地实现文明社会这一人类真正难以达成的目标”。

② 诺贝尔基金会董事会决定，将不再允许进一步扩充诺贝尔奖覆盖的学科领域。

③ 科学领域的奖项最多由三名个人共同获得，并且奖项不能颁发给已经去世的人。物理学奖和化学奖由瑞典皇家科学院评定，生理学或医学奖由瑞典皇家卡罗林医学院（卡罗林斯卡学院）评定，文学奖由瑞典文学院评定，和平奖由挪威议会选出。其中五个奖项在斯德哥尔摩颁发，和平奖颁奖典礼在挪威奥斯陆举行。

与约翰·海萨尼（John C. Harsanyi）以及莱因哈德·泽尔腾（Reinhard Selten）共享当年的奖项，诺贝尔经济学奖的评选范围不断扩大，逐渐覆盖其他社会科学，政治科学家埃莉诺·奥斯特罗姆（Elinor Ostrom）和心理学家丹尼尔·卡尼曼（Daniel Kahneman）一定是你最先想到的例子；此外，经济学博士穆罕默德·尤努斯（Muhammad Yunus）因对孟加拉乡村银行发展的贡献而荣获2006年诺贝尔和平奖。①

各领域诺贝尔奖得主的提名和选择信息都要保密50年。今年是第一次有关于经济学奖得主的私人信息公开，也就是说，到目前为止只有1969年的信息公开。

在本文中，我们提供了奖项本身的背景信息以及奖项得主的背景信息——他们的个人背景、所属机构、学术谱系，他们与他们同样受人尊敬的同事——一些本可能获奖却最终没能获奖的人的联系，以及某些经济学奖得主对政治、社会政策、商业部门和个人决策领域的贡献的重要性。在本文中，我们将经济学、化学、物理学和医学这四门学科的诺贝尔奖得主进行了分组比较。附录列出了截至2018年所有的诺贝尔经济学奖得主。

人口统计与学术谱系②

在所有的科学领域中，美国的诺贝尔奖获奖者比其他任何国家的获奖者都要多，达到了377位。英国排名第二（130位），接下来依次是德国（108位）、法国（69位）、瑞典（31位）、日本（28位）、俄罗斯（26位）、瑞士（26位）、加拿大（26位）、奥地利（21位）、荷兰（21位）和意大利（20位）。值得注意的是，中国和印度的人口都是美国人口的4倍多，但这两个国家科学领域的诺贝尔奖得主却并不多。中国大陆和中国台湾共拥有6项大奖，而印度仅拥有5项。在经济学领域，美国人或在美国院校工作的学者的优势地位则更为明显。81位诺贝尔经济学奖得主中，有一半以上（46位）出生在美国；英国以5位位居第二，远远落后于美国，紧随其后的是加拿大、法国和挪

① 长期执教于韦尔斯利学院（Wellesley College）的经济学家、社会学家及和平主义者埃米利·鲍尔奇（Emily Balch）与约翰·马特（John Raleigh Mott）共同获得了1946年的诺贝尔和平奖，她的获奖比经济学奖问世早了20多年。鲍尔奇于1961年去世。

② 本文中的大部分信息和所做的分析都获取自或基于诺贝尔基金会主页（www. nobelprize. org）和维基百科链接（wikipedia. org）。我们在“参考文献”部分列出了这些网络来源。

威，各有 3 位。①

按获取本科或硕士学位的院校划分，整体而言，诺贝尔化学奖、物理学奖、医学奖和经济学奖得主多与哈佛大学相关——人数达到了 157 位，比其他任何一所大学都多，其后依次是剑桥大学（116 位）、伯克利加州大学（104 位）、芝加哥大学（97 位）和哥伦比亚大学（95 位）。之后十名分别是麻省理工学院、斯坦福大学、加州理工学院、牛津大学、普林斯顿大学、耶鲁大学、康奈尔大学、洪堡大学、柏林大学和巴黎大学。而单就经济学领域来说，芝加哥大学以 32 位获奖者占据榜首，随后是哈佛大学（30 位）、麻省理工学院（28 位）、斯坦福大学（25 位）、伯克利加州大学（23 位）、耶鲁大学（21 位）和普林斯顿大学（19 位）。按获取博士学位的院校划分，则约有一半的诺贝尔经济学奖得主集中来自以下五所大学，它们分别是麻省理工学院（11 位）、哈佛大学（10 位）、芝加哥大学（9 位）、卡内基－梅隆大学（4 位）和伦敦经济学院（4 位）。另外还有六所大学也各自培养了 2 位获奖者。

从专业领域来看，在独自获得或与他人共同获得诺贝尔经济学奖的 81 人中，有 70 人拥有经济学博士学位。数学及其相关领域——应用数学、统计学、物理学和运筹学方面也都有数量可观的获奖者代表。心理学、法学和其他社会科学则远远落后。在此方面，获奖者的分布似乎没有随时间发生改变。

一方面，经济学奖得主在研究型博士机构中的分布高度集中；另一方面，有一大批诺贝尔经济学奖得主拥有另一位获奖者作为其博士论文导师。② 例如，下面是我们发现的一些经济学奖得主间的师生关系。

- 简·丁伯根是佳林·库普曼斯（Tjalling Koopmans）的论文导师。
- 保罗·萨缪尔森（Paul Samuelson）是劳伦斯·克莱因（Lawrence Klein）和罗伯特·默顿（Robert Merton）的论文导师。
- 肯尼斯·阿罗（Kenneth Arrow）是约翰·海萨尼、迈克尔·斯宾塞（Michael Spence）、埃里克·马斯金（Eric Maskin）和罗杰·迈尔森（Roger Myerson）的论文导师。

---

① 在美国境内，就出生州而言，有 11 位诺贝尔经济学奖得主出生于纽约州，6 位出生于马萨诸塞州，5 位出生于伊利诺伊州。

② 一个有趣的分类参见 https：//economics. stackexchange. com/questions/9117/thesis-advisor-student-pairs-that-won-thenobel-prize。

- 华西里·列昂惕夫（Wassily Leontief）是保罗·萨缪尔森、托马斯·谢林（Thomas Schelling）、罗伯特·索洛（Robert Solow）和弗农·史密斯（Vernon Smith）的论文导师。
- 理查德·斯通（Richard Stone）是詹姆斯·莫里斯（James Mirrlees）和安格斯·迪顿（Angus Deaton）的论文导师。
- 弗兰科·莫迪格利亚尼（Franco Modigliani）是罗伯特·希勒（Robert Shiller）的论文导师。
- 詹姆斯·托宾（James Tobin）是埃德蒙德·菲尔普斯（Edmund Phelps）的论文导师。
- 默顿·米勒（Merton Miller）是尤金·法玛（Eugene Fama）的论文导师，而尤金·法玛是迈伦·肖尔斯（Myron Scholes）的论文导师。
- 罗伯特·索洛是彼得·戴蒙德（Peter Diamond）、乔治·阿克洛夫（George Akerlof）、约瑟夫·斯蒂格利茨（Joseph Stiglitz）和威廉·诺德豪斯的论文导师。
- 托马斯·谢林是迈克尔·斯宾塞的论文导师。
- 爱德华·普雷斯科特（Edward Prescott）是芬恩·基德兰德（Finn Kydland）的论文导师，他们共同获得了2004年的诺贝尔经济学奖。
- 埃里克·马斯金是让·梯若尔（Jean Tirole）的论文导师。
- 克里斯托弗·西姆斯（Christopher Sims）是彼得·汉森（Peter Hansen）的论文导师。
- 西蒙·库兹涅茨（Simon Kuznets）是米尔顿·弗里德曼（Milton Friedman）和罗伯特·福格尔（Robert Fogel）的论文导师。

正如人们可能猜到的那样，经济学奖得主在本科院校的分布远没有在研究生院校那么集中。哈佛大学以授予7位经济学奖得主学士学位的成绩位居榜首，除此之外没有任何一所学院或大学超过4位。将近40%的获奖者在美国以外的国家接受本科教育。詹姆斯·布坎南（James Buchanan）和西奥多·舒尔茨（Theodore Schultz）分别在中田纳西州师范学院①和南达科他州立大学接受本科教育，着实令人称奇。当被授予诺贝尔经济学奖时，获奖者们受雇于不同的大学。在这一方面。芝加哥大学以 13 位居首，其次是普林斯顿大学（7 位）、哈佛大学（6 位），麻省理工学院和伯克利加州大学都有 5 位。

经济学奖得主的本科专业可谓五花八门。毋庸赘言的是经济学和数学，但也有物理学、哲学、政治学、商业领域（管理学、商学）、工程学、历史、心理学、法律和罗曼斯语（尤金·法玛）。

只有一位女性获得过诺贝尔经济学奖*，她是政治学家埃莉诺·奥斯特罗姆。相比之下，有 12 位女性获得了医学奖，3 位获得了物理学奖，5 位获得了化学奖。② 阿瑟·刘易斯（Arthur Lewis）爵士是唯一获得诺贝尔经济学奖的黑人学者，他因在经济发展方面的贡献与西奥多·舒尔茨在 1979 年共同获奖。

诺贝尔经济学奖得主年龄的中位数为 67 岁。51 岁的肯尼斯·阿罗是最年轻的获奖者，列奥尼德·赫维茨（Leonid Hurwicz）是最年长的，他于 90 岁获奖。③ 其他科学领域的获奖者年龄略小，化学奖得主平均年龄 63 岁，医学奖得主平均年龄 62 岁，物理学奖得主平均年龄 61 岁。

美国经济学会（AEA）从 1947 年开始颁发约翰·贝茨·克拉克奖（John Bates Clark Medal），以表彰那些对经济思想和知识做出了重大贡献并且年龄在 40 岁以下的美国经济学者。④ 从 1947 年的保罗·萨缪尔森开始，已有 12 位诺贝尔经济学奖得主获得过克拉克奖。保罗·克鲁格曼（Paul Krugman）于 1991 年获得克拉克奖，他是最后一个同时获得这两项荣誉的人。目前，有 5 位尚未获得诺贝尔奖但年龄不小于迄今为止诺奖得主年龄中值的克拉克奖得主还健在。在 20 世纪末又有 5 人获得克拉克奖，而在 21 世纪还有 15 人。从历史看，

---

① 现在是田纳西州立大学。

* 为截止到 2018 年的情况，下同。——编者注

② 经济学奖涉及的时期是从 1969 年到现在，而其他三个科学领域的诺贝尔奖涉及的时期始于 1901 年。杰出的已故女性经济学家包括琼·罗宾逊（Joan Robinson，1983 年去世）、安娜·施瓦茨（Anna Schwartz，2012 年去世）和芭芭拉·伯格曼（Barbara Bergman，2015 年去世）。

③ 阿罗也是作为经济学奖得主存活时间最长的人——45 年，存活时间最短的威廉·维克里在获奖后 3 天就去世了。

④ 虽然克拉克奖是作为美国人的奖项设立的，但获奖者不需要是美国公民，只需要在颁奖时在美国机构工作即可。该奖项在 1947 年至 2009 年间每两年颁发一次，从 2010 年开始每年颁发一次。

这20位学者即便不是诺贝尔奖的年轻候选人，也肯定在评选委员会未来的考虑之列。

反对者，至亲好友

自阿尔弗雷德·诺贝尔本人从炸药的发明中获利开始，有关诺贝尔奖的争议就不绝于耳。有人认为和平奖是出于政治动机颁发的，并且其对“和平”的定义不精确，围绕几位和平奖得主本身也有颇多争议，因此和平奖在这六个奖项类别中受到的批评最多。争议对诺贝尔文学奖来说也是家常便饭，它受到的大部分批评来自它对欧洲作家的过分看重，以及对许多文学大家的遗漏。当然，将数学排除在诺贝尔奖之外也让很多人感到不快，但数学界菲尔茨奖（Fields Medal）和阿贝尔奖（Abel Prize）的出现已经缓解了一些人的不快情绪。

经济学和文学、和平一样，都是诺贝尔奖争议最大的领域之一。首先，正如一句著名的俏皮话所言，“经济学是唯一一个两个人可以因为相左的意见而分享诺贝尔奖的领域”。冈纳·缪尔达尔（Gunnar Myrdal）和弗里德里希·哈耶克（Friedrich Hayek）于1974年共同获得诺贝尔经济学奖，尤金·法玛和罗伯特·希勒也于2013年共同获奖。① 1976年，米尔顿·弗里德曼因其在消费函数和货币理论方面的研究获得诺贝尔经济学奖，但由于他同其他“芝加哥小子”（Chicago Boys）一道与智利皮诺切特政府的来往，他的获奖也受到了一些人的诟病。保罗·克鲁格曼在《纽约时报》专栏文章中对乔治·布什的持续批评，为2008年的诺贝尔经济学奖增添了政治色彩，并可能削弱了他早些时候在国际贸易理论和模式中做出的重大贡献。纳西姆·塔勒布（Nassim Taleb）围绕全球金融危机、随之而来的衰退以及哈里·马科维茨（Harry Markowitz）、默顿·米勒和威廉·夏普（William Sharpe）的模型展开批评，认为他们低估了风险，这一批评也是对经济学奖的尖锐反对之一。约翰·纳什于1994年的获奖②引起了一些关于他的反犹太主义倾向和心理健康的评论。同样引起的还有关于什么构成了经济学学科领域的讨论，这一讨论修正并增补了该领域的覆盖对象，使诺贝尔经济学奖委员会将所有的社会科学纳入考虑范围。

---

① 彼得·汉森与这两位共同获得了2013年的奖项。

② 与约翰·海萨尼和莱茵哈德·泽尔腾共同获得。

纳什获奖7年后，一部讲述他一生的长篇传记剧情片《美丽心灵》于2001年问世，这部由朗·霍华德（Ron Howard）执导，罗素·克劳（Russell Crowe）主演的电影总票房超过3亿美元，并且赢得了四项奥斯卡奖，无疑是所有经济学家"传记"中收入最高的一部。这部电影改编自1998年西尔维娅·娜萨（Sylvia Nasar）的同名小说。

经济学奖得主的贡献绝大多数限于学术期刊上发表的文章和学术会议上的报告。除了偶尔在全国性报纸上发表专栏文章外，这些学者一直远离公众视线。但也有例外：弗里德曼和萨缪尔森多年来一直在《新闻周刊》（*Newsweek*）的双周专栏中论战不休；加里·贝克尔（Gary Becker）为《商业周刊》（*Business Week*）撰写专栏长达19年；十多年来，保罗·克鲁格曼在《纽约时报》（*The New York Times*）社论版的双周专栏文章中，系统地抨击了历任共和党总统、大老党（GOP，共和党的别称）的国会领导人，以及右倾经济学家。2004年，乔治·阿克洛夫亲自为阿特·斯莫尔（Art Small）竞选参议员发表演讲，然而斯莫尔未能成功使艾奥瓦州的共和党参议员查尔斯·格拉斯利（Charles Grassley）失去席位。①

50年的伟大思想

诺贝尔经济学奖是根据"为经济学领域做出杰出贡献"这一宗旨颁发的。特定奖项背后的动机或目的对该学科及其从业者而言是有价值的，但对一个外行人来说却难以理解。例如，拉格纳·弗里希和简·丁伯根之所以在1969年获得首届奖项，就是因为他们"为分析经济过程提出和应用了动态模型"。特里夫·哈维默（Trygve Haavelmo）在20年后被授予经济学奖，以表彰"他对计量经济学概率论基础的澄清以及对联立经济结构的分析"。詹姆斯·赫克曼（James Heckman）和丹尼尔·麦克法登（Daniel McFadden）共同获得了2000年的诺贝尔经济学奖，是因为"赫克曼和麦克法登分别提出了分析选择性样本（selective samples）和分析离散选择（discrete choice）的理论与方法"。这五个奖项的公布是否会促使公众蜂拥至最近的大学图书馆，阅读更多有关他们贡献的书籍，这一点存疑。

---

① 弗里德曼和哈耶克还就自由放任经济学提出了著名的论点，分别见于《资本主义与自由》（1962）与《通往奴役之路》（1944）。

多年来，经济学奖对众多基本经济理论、度量和实证分析方面的贡献给予了肯定。对于几乎所有经济学家来说，这些贡献都是有用的且每天都会被用到，包括一般均衡理论（即经济扰动以这样或那样的方式影响一切的理论），国民收入核算和经济增长，帮助美联储和财政部预测价格水平和经济方向的计量经济模型，博弈论（即假设每个参与者都考虑所有其他参与者的最佳策略，并以此做出预测），从时间序列分析推导出因果关系（一个原因先于结果的观点），以及市场摩擦和信息不对称会影响市场竞争结果。有些奖项表彰直接改善社会成员个人福祉的具体贡献，但几乎所有这些研究都至少间接地产生了这样的影响。

2001 年诺贝尔经济学奖授予乔治·阿克洛夫、迈克尔·斯宾塞和约瑟夫·斯蒂格利茨，以表彰他们有关信息不对称的研究。阿克洛夫是第一个阐明该问题的经济学家。在传统的竞争市场分析假设下，所有买家和所有卖家都完全知情，但这很少符合现实。因此，资源配置的后果是重大的：许多买卖双方都不愿意参与交易，因为他们害怕在质量未知的情况下被占便宜。

乔治·阿克洛夫揭示出，如果一个卖家比规避风险的买家有更多关于他自己产品的信息，那么在购买前卖家就是有利可图的（无论产品质量是高是低）。因为产品可能是低质量的，所以规避风险的买家仅会支付他预期的低质量产品所值的价钱。即使买家确信产品是高质量的，从而意愿支付高于卖者对高质量产品的供给价格，真正拥有高质量产品（但不为买者所知）的卖家也会明智地保有该产品而不在市场上出售。所以，一些本可以使交易双方都更好的交易不会发生，这就牺牲了买卖双方双赢的机会，除非设计出一些使信息对称的机制，例如质量保证（如家电、汽车、电脑），由专家在购买前进行检查（如房屋、车辆），或政府出台有关质量的法规（如餐厅卫生条例和检查机制，二手车是否发生过事故或被洪水浸泡过等的信息披露规则）。

迈克尔·斯宾塞关注的是信号。提供高质量产品或服务的卖家可以利用这些信号说服潜在买家，使买家相信卖家提供的确实是高质量的产品或服务，尤其是劳动服务。如果提供劳务的人知道自己是高素质的工人，他们可能会以获得某种资格证书（如大学学位、完成培训项目的证书）来证明这一点。这种资格证书对低素质的工人来说更难获得（因为低素质的工人也有可能是低素质的学生）。在没有这种信号发送的情况下，雇主可能只愿意提供高到足以吸引低素质工人的入职工资，因此，高素质工人的就业机会将会减少。信号在很多情况下都会发生作用，而不仅仅是在劳动力市场。银行通过建立金碧辉煌的总部彰显它们是可靠的，没有风险。公司通过向购买其股票的人支付红利，使他们相信管理层对拥有足够储备维持未来的业务充满信心。①

罗纳德·科斯（Ronald Coase）是第31位诺贝尔经济学奖得主。令人惊讶的是，从诺贝尔经济学奖第一次颁发，到科斯因为开创了两个重要的经济研究领域而获奖之间，竟过去了22年。后续的诺贝尔奖被授予在科斯开创的这两个领域从事研究的其他经济学家。

20世纪30年代，科斯从家乡英国出发去了一趟美国，其间他参观了各种工厂，此后科斯写了一篇简短的文章，于1937年出版。科斯在文中讨论了一个被此前的经济学家忽视已久的基本问题：为什么有些交易在外部市场进行，而另一些交易，例如雇员工作任务分配，却发生在公司内部而不依赖市场力量。② 他的回答是，同质商品和服务的典型市场交易与公司内部不断变化的分配决策有不同的成本。在前者中，交易双方可以签署一份能够预料到绝大部分或有事项的合同；而企业内部决策涉及的活动，例如研究开发、营销策略，以及对不同员工的最佳任务分配，是异构的（heterogeneous），因而也是难以预测的。对这种活动，几乎不可能事先拟定出令人满意的合同，因此，对信任的依赖比对合同的依赖更大。

2009年诺贝尔经济学奖得主之一奥利弗·威廉姆森（Oliver Williamson）进一步分析了科斯的观点。他认识到，当合同一方有机会利用另一方时，合同很可能会失效。这通常是由威廉姆森所说的“有限理性”，即无法提前预测未来可能出现的全部情况造成的。当买方和卖方都需要对固定资产进行重大的初始投资时，就会经常出现这种问题，因为固定资产的价值依赖于另一方持续合作的情况和对不乘机牟利的遵守程度。在这种“机会主义”存在的情况下，将交易引入公司内部，从而使利用机会的成本内部化，这可能对双方都有利。这一洞见为提高效率的纵向一体化提供了依据，并显著改变了美国对2018年美国电话电报公司和时代华纳合并这类纵向合并的反垄断教条。

---

① 可以说，在2001年获得诺贝尔经济学奖的三人中，最著名的要数约瑟夫·斯蒂格利茨。他曾担任世界银行高级副行长兼首席经济学家，并担任克林顿总统的经济顾问委员会主席。2011年，他被《时代周刊》杂志评为全球最具影响力的100人之一。他关于国际贸易和收入分配的研究写了两本畅销书：《全球化及其不满》（2002）和《巨大的鸿沟》（2015）。

② 《六大经济思想》，《经济学人》，2017年7月29日，第59—60页。

2016年，奥利弗·哈特（Oliver Hart）和本特·霍姆斯特朗（Bengt Holmstrom）因其对合同理论的进一步完善而获得诺贝尔经济学奖。他们的研究集中于公共和私人提供商品与服务的边界，例如，垃圾清运、监狱，以及更为人所知的委托代理问题，其中委托人招聘一名代理人作为代表，希望代理人根据委托人的利益对所有不能事先预料的事宜做出决策，就像体育经纪人代表专业运动员那样做事。将代理人的报酬与某种可测量且和当事人利益高度相关的东西（例如运动员的工资）联系起来是一种常见的解决方案。最极端的情况是，委托人充当自己的代理人，本质上是在“公司”内部决策。

关于什么类型的交易在外部市场进行，什么类型的交易在公司内部进行的所有这些问题，都可以通过特许经营组织“自营或外包”的基本决策来说明。例如，快餐公司、五金连锁店和服装零售商店既可以组织成总公司（host company）运营的一个组成部分，使用直接为总公司工作的雇员；也可以通过特许经营的方式，由对本地销售情况有更深入了解的当地企业家掌管和经营零售业务，让他们收取销售收入，并承担商品和工资的成本，同时为名称使用和市场宣传向总公司支付一定的费用。通常，“特许加盟协议”（franchise agreement）的结构是这样的：当加盟商变得更大或利润更高时，总公司会从中受益。有些公司，如麦当劳，既授权加盟商经营它们的一些业务，又自己直接经营一些店铺。例如，位于偏远地区的商店较位于人口密集城区的商店更有可能被特许经营，这是因为在偏远地区，总部的监控成本会很高，而且如果发生质量问题也不太可能对其他门店的销售造成不利影响。

科斯的第二项贡献是1960年发表的一篇题为“社会成本问题”的论文，在20世纪80年代，这篇文章一度成为经济学领域被引用最多的文章。科斯认为，如果产权被明确地界定给某个人，并且交易成本较低，那么财产最终将配置给最有价值的用途。例如，假设一个吸烟者和一个不吸烟者共同拥有和使用一处住宅，应该允许在室内吸烟吗？在不吸烟者被赋予了保持空气清洁的权利时，如果不吸烟者对清洁空气的重视程度超过吸烟者对吸烟的重视程度，那么空气将保持无烟状态。相反，如果吸烟者因烟瘾而特别看重吸烟，那么他可能会愿意向不吸烟者支付一定的费用作为补偿，使其愿意忍受被污染的空气，从而吸烟者就购买了在住宅内吸烟的权利（假设吸烟者有财力购买）。如果吸烟者对吸烟的重视程度超过非吸烟者对清洁空气的重视程度，那么无论空气权最初被界定给谁，它都将落入吸烟者之手。区别在于如果被界定给吸烟者，那么将不会发生任何交易。如果被界定给非吸烟者，则吸烟者将购买权利。

当然，这种基于产权明确界定的市场解决方案，只有在交易成本较低且收入足够高的情况下，才会将稀缺资源（这里是清洁空气）配置给其价值最高的用途，这样交易成本才不会抵消交易收益。当许多潜在的吸烟者和许多喜欢无烟空气的人共处一室（例如，在一个大的餐厅里）时，这些群体可能不会就购买产权达成协议，因为每个人都受到“搭便车”的诱惑，倾向于利用群体中其他人的类似偏好，希望他们会购买自己喜欢的东西。在这种情况下，财产权可能不会配置给最有价值的用途。该问题的一种说法是“公地悲剧”，导致公共财产资源的大量使用，以至于资源无法再生，比如过度放牧的牧场或过度捕捞的渔场。在这种情况下，可能需要政府（或其他权威人物，例如，家庭中的父母）将产权配置给他们认为最有价值的用途，然而，由于权威方也并非真正知道相关各方对资源各种用途的估价，所以这么做也是有风险的。

按照科斯的想法，将硫排放（这可能导致酸雨）的权利分配给拥有有限交易许可的人，成功降低了美国贯彻空气污染法规的成本。为了使那些拥有（通常是较老的）工厂的公司遵守法规，需要付出高昂的费用。而它们从那些能够以较低成本遵守法规的公司那里购买许可证，就成功降低了减排的总体成本。自 20 世纪 90 年代以来，硫排放限额一直在芝加哥期货交易所交易，这一方式通过使买卖双方互相了解，降低了交易成本。

2009 年诺贝尔经济学奖得主埃莉诺·奥斯特罗姆通过田野实验证明，“公地悲剧”的私人解决方案有时可以通过合作和习俗得到发展。以这种切实可行的方式，牧场、渔场和森林或可得以维系。

近年来，扶贫和促进经济发展一直是诺贝尔经济学奖关注的焦点。西蒙·库兹涅茨获得了 1971 年的诺贝尔经济学奖，他是第一位因计量经济学和经济增长与发展方面的研究而获奖的经济学家（Lundberg，1971）。人们普遍认为，他改进和完善了国民收入核算，尽管有关国民收入核算基本结构的开创性工作是由经济学家拉格纳·弗里希和理查德·斯通较早完成的，而且他们分别于 1969 年和 1984 年获得了诺贝尔经济学奖。GDP 的概念源于他们的工作，并在日常生活中得到普遍使用，同时也成为评估经济表现并在国家间进行比较的基本组成部分。库兹涅茨痴迷于精确度量经济的规模和增长，以观察可能揭示经济增长来源的规律。他最著名的观察结果是“库兹涅茨曲线”，它揭示了经济增长与收入差距之间的倒 U 形关系。该曲线的形状符合阿瑟·刘易斯爵士的两部门经济发展模型，这一模型在库兹涅茨做出开创性工作的前一年发表。刘易斯认为，随着经济开始发展，工业化的城市部门吸引了来自农村部门的工人，而不必提高他们的工资，因为农村工人在当前工资水平下处于过剩供给状态。然而，随着经济的进一步发展，低工资农村工人的过剩供给将逐渐枯竭，工业化的推进需要更高的工资以继续吸引足够多的低技能农村工人。其结果是，富裕资本家和贫困农村工人之间的收入差距开始缩小。

西奥多·舒尔茨也关注经济发展和有利于穷人的变革。对于一个来自美国中西部的农场男孩来说，舒尔茨很自然地将工作聚焦于农业经济学，尤其是如何获取促进农业生产率增长的知识，从而改善农村贫困人口的命运。他特别感兴趣于农民对激励措施的反应。舒尔茨的研究不仅关注通过学校教育获取知识，还关注在职学习、城乡间的人口迁移和健康（Bowman，1980）。

尽管舒尔茨通常被认为是“人力投资革命之父”，但实际上，是加里·贝克尔（1992 年诺贝尔经济学奖得主）在 20 世纪 60 年代正式提出和推广了“人力资本”这一概念，测算了教育回报，区分了一般培训和特殊培训，并发展了有关家庭形成、婚姻、生育、犯罪和成瘾，以及其他大量人类行为的理论。贝克尔的获奖是将经济理论应用于社会科学的各个方面的一个缩影。他的工作涉及社会科学的各个领域：从“人力资本”这一最初因为异于常用语“教育”而受到批评的学术用语，到劳动力市场歧视和其他类型的歧视，再到犯罪和惩罚经济学，以及家庭经济学。事实上，贝克尔的著作中就有一本以“生活经济学”（1998）为题。

紧随着刘易斯和库兹涅茨有关经济增长的来源和原因的实证研究，罗伯特·索洛（1987 年诺贝尔奖得主）于 1956 年正式发表了经济增长的一个正式模型。在该模型中，产出与资本的比率不是固定的，人口（以及由此产生的劳动力）的增长率推动经济增长。技术进步通过生产率的一定持续增长进入这一过程。他用于解释经济增长率的一阶微分方程引发了经济学家的数学形式主义（mathematical formalism，并作为主流持续了 50 多年），因为它建立在主流的古典经济学理论的基本概念之上。2018 年诺贝尔经济学奖得主保罗·罗默将技术进步作为内生因素纳入基本增长模型，其中商标和专利法等经济政策可能影响并加快技术进步的步伐（Henderson，2018）。

最近，安格斯·迪顿获得诺贝尔经济学奖，不仅因为他在准确衡量收入方面的持续努力，还因为他将关注点从仅仅以市场为基础的收入扩大到更广泛的幸福指标，比如预期寿命（Wolfers，2015）。他还推广了一种衡量经济福祉的新的信息来源：家庭调查，即询问人们有多幸福。他 2015 年的著作《逃离不平等：健康、财富及不平等的起源》研究了在过去 250 年的人类历史中，经济发展和技术变革模式如何改变了生活并影响了经济福祉。

2002 年，诺贝尔经济学奖由心理学家丹尼尔·卡尼曼和经济学家弗农·史密斯共同获得：卡尼曼“将心理学研究的观点融入经济科学，特别是在不确定性下的人类判断和决策”，史密斯“将实验室实验作为开展实证经济分析，特别是研究其他市场机制的工具”。这一联合颁发的奖项表彰了新兴的行为经济学和实验经济学。行为经济学研究的是人们在现实生活环境中的实际行为，而不是理性经济人在正式模型中预计会出现的行为。卡尼曼的《思考：快与慢》（2013）多年来一直保持着畅销书的地位。2012 年诺贝尔奖得主之一阿尔文·罗斯（Alvin Roth）撰写了一本颇受欢迎的著作《共享经济：市场设计及其应用》（2015），探讨在自由市场崩溃的许多情况下，例如获取和分配人体移植器官，如何设计和修正市场。类似地，2017 年的获奖者理查德·塞勒（Richard Thaler）和哈佛大学的法律学者、多产作家卡斯·桑斯坦（Cass Sunstein）合著的《助推》（2008），讨论了在不诉诸法律或法规的情况下，如何影响商业和公共政策领域的决策，以改善人们的健康和幸福。由于这本畅销书，他们多年来一直担任英国政府的常任公共政策顾问。

许多经济学家由于为我们理解宏观经济思想和分析做出贡献而获奖，包括米尔顿·弗里德曼、詹姆斯·托宾、弗兰科·莫迪格利亚尼、罗伯特·卢卡斯、芬恩·基德兰德，爱德华·普雷斯科特、埃德蒙德·菲尔普斯、托马斯·萨金特和克里斯托弗·西姆斯。国际贸易和金融领域的获奖者包括贝蒂·俄林、詹姆斯·米德、罗伯特·蒙代尔和保罗·克鲁格曼。

失之交臂的经济学家

除了在过去 50 年里获得诺贝尔经济学奖的这 81 位学者之外，从广义上看，对经济学做出重要贡献并为人类带来巨大利益的学者还有很多，或者已经有很多。他们包括：（a）在 1969 年诺贝尔经济学奖设立之前去世的著名经济学家，也就是说，如果经济学被纳入阿尔弗雷德·诺贝尔最初设置的符合条件的领域，他们本可以在 1901 年至 1968 年间被选中；（b）其他在 1969 年还活着而现在已经去世的角逐者。根据这种分类顺序，下面按照去世时间先后列出了十几个熟悉的名字，并展开讨论：

1. 里昂·瓦尔拉斯（Leon Walras，1910 年去世）。法国经济学家，因其独立于威廉姆·杰文斯（William Jevons）和卡尔·门格尔（Carl Menger）对边际效用价值理论和一般均衡理论（瓦尔拉斯方程、瓦尔拉斯均衡和瓦尔拉斯定律）的贡献而闻名。①

2. 维尔弗雷多·帕累托（Vilfredo Pareto，1923 年去世）。作为一名意大利工程师、哲学家、数学家和社会科学家，他最著名的经济学著作是关于收入分配以及“帕累托效率”和“帕累托最优”的概念。

3. 阿尔弗雷德·马歇尔（Alfred Marshall，1924 年去世）。马歇尔可能是传统新古典经济学之父。他与萨缪尔森一样成就斐然，萨缪尔森是一本重要的经济学入门著作的作者兼将数学引入经济学的学者，而马歇尔向世界介绍了“剪刀的两片刀刃”——供给与需求。

4. 托斯丹·凡勃仑（Thorstein Veblen，1929 年去世）。经济学家、社会学家、“炫耀性消费”的创造者、《有闲阶级论》（1899）的作者凡勃仑是 19 世纪为数不多的其著作至今仍被阅读和引用的经济学家之一。

5. 约翰·克拉克（John Clark，1938 年去世）。他是边际效用理论的先驱，是美国经济学会的创始人之一；在著作《财富的哲学》（1886）和《财富的分配》（1899）中，他讨论了公平问题。

6. 约翰·康芒斯（John Commons，1945 年去世）。长期任教于威斯康星大学，因其对劳工历史、工会和政策方面的贡献而闻名；他于 1934 年出版的专著《制度经济学》巩固了他作为制度经济学家的声誉。

7. 约翰·凯恩斯（John Keynes，1946 年去世）。可以说是英国 20 世纪最著名的经济学家，他对宏观经济理论（“凯恩斯经济学”）、经济周期、衰退、总需求、“动物精神”和财政政策的贡献见于他的专著《就业、利息和货币通论》（1936），巩固了他作为有史以来最重要的经济学家之一的地位。

8. 欧文·费雪（Irving Fisher，1947 年去世）。一位新古典经济学家，受到该领域众多巨擘的称赞。费雪涉足许多经济领域，包括效用理论、一般均衡、货币理论，以及利率理论及其在经济中的作用。

---

① 当然，还有几个 20 世纪早期的名字可以加入第一个群体，包括弗朗西斯·埃奇沃思（Francis Edgeworth，1926 年去世）和理查德·伊利（Richard Ely，1943 年去世）。

9. 约瑟夫·熊彼特（Joseph Schumpeter，1950 年去世）。奥地利经济学家，因其 1942 年的著作《资本主义、社会主义和民主主义》闻名于世。他最著名的思想是“创造性破坏”，更广泛地说，是由创新推动的动态经济增长理论。

10. 约翰·冯·诺依曼（John von Neumann，1957 年去世）。匈牙利裔的通才，在许多领域做出了重要贡献，他与奥斯卡·摩根斯特恩（Oskar Morgenstern）合著的《博弈论与经济行为》（1944），开创了博弈论领域。

11. 阿瑟·庇古（Arthur Pigou，1959 年去世）。剑桥经济学家，其贡献包括《福利经济学》（1920）以及外部性及其补救措施（庇古税）。

12. 卡尔·波兰尼（Karl Polanyi，1964 年去世）。奥匈帝国时期，波兰尼对经济史、人类学、社会学、政治学和哲学做出了重要贡献。1944 年出版的《大转型》阐述了他的“实在主义”（substantivism）观点。

第二类是那些 1969 年还活着但直到过世也没能获得诺贝尔经济学奖的经济学家，包括至少 13 名学者（列出了他们去世的年份），他们肯定有拥护者。①

1. 弗兰克·奈特（Frank Knight，1972 年去世）。作为“芝加哥学派”的创始人之一，他最著名的著作是 1921 年出版的《风险、不确定性和利润》。

2. 阿尔文·汉森（Alvin Hansen，1975 年去世）。宏观经济学家和公共政策顾问，常被称为“美国的凯恩斯”，他因与希克斯一道提出的“投资 - 储蓄”和“流动性偏好 - 货币供应”宏观经济模型（IS - LM 模型）闻名于世。

3. 奥斯卡·摩根斯特恩（1977 年去世）。普林斯顿大学经济学家，与约翰·冯·诺依曼合著《博弈论与经济行为》。

4. 琼·罗宾逊（Joan Robinson，1983 年去世）。剑桥大学经济学家，因其在垄断竞争方面的研究成果《不完全竞争经济学》（1933）以及由她创造的“买方垄断”（monopsony）一词而闻名。

5. 皮埃罗·斯拉法（Piero Sraffa，1983 年去世）。意大利经济学家，因其著作《用商品生产商品》（1960）被认为是新李嘉图学派的创始人。

---

① 波兰宏观经济学家米哈尔·卡莱斯基（Michal Kalecki），1970 年获得诺贝尔经济学奖提名，但同年 4 月去世。被认为是“芝加哥学派”创始人之一的加拿大经济学家雅各布·维纳（Jacob Viner）、弗兰克·奈特（Frank Knight）和亨利·西蒙斯（Henry Simons）也于 1970 年去世。而诺贝尔奖不能授予去世的人。

6. 费希尔·布莱克（Fischer Black，1995 年去世），“布莱克 – 肖尔斯期权定价模型”的提出者之一，他本来肯定会与迈伦·肖尔斯和罗伯特·默顿共享 1997 年的诺贝尔奖，因为他们设计了一个包含衍生品投资工具的金融市场动态模型。

7. 阿莫斯·特沃斯基（Amos Tversky，1996 年去世）。一位认知心理学家，毫无疑问他本该与他的朋友兼长期合作者丹尼尔·卡尼曼（以及弗农·史密斯）共享 2002 年的诺贝尔奖。

8. 兹维·格里利切斯（Zvi Griliches，1999 年去世）。作为西奥多·舒尔茨和阿诺德·哈伯格（Arnold Harberger）在芝加哥大学的学生，他以研究技术变革（尤其是杂交玉米的扩散）和计量经济学闻名。

9. 舍温·罗森（Sherwin Rosen，2001 年去世）。劳动经济学家，在微观经济学方面有着广泛的贡献，他最著名的作品可能是 1981 年发表在《美国经济评论》上的文章《明星经济学》以及他 1974 年在《政治经济学期刊》上发表的另一篇文章，该文章概述了市场如何解决多维商品的买家和卖家之间的匹配问题。

10. 约翰·穆斯（John Muth，2005 年去世）。作为赫伯特·西蒙的博士生，他被认为是“理性预期”理论的创始人，他主要从微观经济学的角度阐述该理论。

11. 约翰·加尔布雷斯（John Galbraith，2006 年去世）。长期担任哈佛大学经济学教授，是一位多产作家，著有《富裕社会》（1958）、《新工业国》（1967）。他同时也是一名公共知识分子以及自由主义政治活动家。

12. 安娜·施瓦茨（Anna Schwartz，2012 年去世）。美国国民经济研究局（NBER）的货币与银行学学者，她与米尔顿·弗里德曼合著了《美国货币史（1867—1960）》（1963）一书。

13. 马丁·舒比克（Martin Shubik，2018 年去世）。奥斯卡·摩根斯特恩的博士生导师，也是纳什在普林斯顿大学的合作者，他是在耶鲁大学长期任教的数理经济学教授和杰出的博弈论专家。

在这份名单上，人们当然可以增加更多与他们同时代的人，例如（按照姓氏首字母顺序）：安东尼·阿特金森（Anthony Atkinson，2017 年去世）、威廉·鲍莫尔（William Baumol，2017 年去世）、哈罗德·德姆塞茨（Harold Demsetz，2019 年去世）、埃弗塞·多马（Evsey Domar，1997 年去世）、鲁迪格·多恩布什（Rudiger Dornbusch，2002 年去世）、亨利·哈罗德（Henry Harrod，1978 年去世）、哈罗德·霍特林（Harold Hotelling，1973 年去世）、尼古拉斯·卡尔多（Nicholas Kaldor，1986 年去世）、雅各布·明赛尔（Jacob Mincer，2006 年去世）、海曼·明斯基（Hyman Minsky，1996 年去世）、路德维希·冯·米塞斯（Ludwig von Mises，1973 年去世），还有其他许多人。

最后，可能会有一份描述性的名单，列出今天还健在的著名经济学家以及其他社会科学家，他们很可能在未来几年成为诺贝尔奖候选人。他们的名字出现在大众媒体、预测领域、传闻和学术八卦中。首先，我们可以使用一份 21 世纪的克拉克奖的获奖者名单，他们将在未来几十年到达获得诺贝尔经济学奖的平均年龄。当然，鉴于过去的获奖者集中在相对较少的几所大学，人们也可以仔细阅读目前排名靠前的研究型博士教学机构的经济学教师名单。

也许，由于认识到过去 50 年来明显的全球化趋势，人们可能会把网撒到欧洲更广阔的地方，同时更加认真地考虑南美、澳大利亚和亚洲经济学家的贡献。什么领域可能会出现让诺贝尔经济学奖评选委员会承认其属于经济学范围并授奖的成果，尚未可知。毕竟，瑞典皇家科学院直到 1994 年才向博弈论学者颁发经济学奖，直到 2002 年才承认新兴的行为经济学和实验经济学。理查德·塞勒因“对行为经济学的贡献”获得 2017 年诺贝尔经济学奖，这在 1969 年可能会让人摸不着头脑。2007 年为表彰“为机制设计理论奠定基础”和 1997 年为表彰“确定衍生品价值的新方法”而颁发的奖项，也是如此（衍生品直到 20 世纪 70 年代才出现）。许多奖项的主题或子领域都是人们耳熟能详的——国际贸易、时间序列分析、福利经济学、经济增长、金融市场、经济发展和宏观经济理论。那么即将到来的是否还会有大数据或人工智能呢？

此外，不论是在过去 50 年还是在未来，在非学术领域还是学术领域，获奖都不仅基于成就，还偶尔有赖于好运以及评委是谁。奥斯卡最佳女演员奖、奥运会自由式体操冠军是如此，斯德哥尔摩的裁定也是如此。因此，一位成就斐然的提名者，可能会因为近年来在类似的经济学领域的获奖情况、政治风向、评委的背景和经验，或者其他一些未知因素而输掉或赢下奖项。尽管在某些方面可能引发不满，但由成就和机遇结合而产生的不确定性并不都是坏事。正如有人——可能是威尔·罗杰斯（Will Rogers）或马克·吐温（Mark Twain）曾经说过的：“如果没有不同意见，赛马将索然无味。”

结　论

经济学并不是阿尔弗雷德·诺贝尔为表彰那些“为人类做出杰出贡献”的人而选择的五个领域之一。1968 年增设的这一奖项，最初居于二等地位。但是，瑞典皇家科学院在经济学奖的提名过程、选择标准、结果公布和颁奖典礼上所遵循的流程，与最初的三个科学领域的诺贝尔奖相同。随着时间的推移，由于经济学奖得主的专业贡献和在某些情况下的高公众知名度，以及经济学领域重要性的日益增长和所获得的认可度不断提高，经济学奖得主自己、经济学专业以及他们对人类福祉所做的贡献而赢得了实质性的认可。

本文展现和总结了诺贝尔经济学奖得主的人口统计数据、学术谱系，以及与其他获奖者的关系。在其存续的 50 年中，诺贝尔奖揭示了这 81 位获奖者的上下求索和交集，这构成了他们之间紧密的情谊，并展示了科学进步如何站在前人的肩膀上。我们以不需要经济学博士学位也能理解的语言，阐述了少数经济学奖得主的理论贡献、实践和政策应用。同样被认可的还有诺贝尔经济学奖得主的一些同时代者，他们也提出了重要的经济学观点，尽管没能在任何一个 12 月飞往斯德哥尔摩领奖。

（中国人民大学经济学院　李黎力　唐思远　译）

附 录

1969—2018 年诺贝尔经济学奖获奖者年表

年份	获奖者
1969	弗里希（Ragnar Frisch），丁伯根（Jan Tinbergen）
1970	萨缪尔森（Paul A. Samuelson）
1971	库兹涅茨（Simon Kuznets）
1972	阿罗（Kenneth J. Arrow），希克斯（John R. Hicks）
1973	列昂惕夫（Wassily Leontief）
1974	哈耶克（Friedrich August von Hayek），缪尔达尔（Gunnar Myrdal）
1975	康托罗维奇（Leonid Vitaliyevich Kantorovich），库普曼斯（Tjalling C. Koopmans ）
1976	弗里德曼（Milton Friedman）
1977	米德（James E. Meade），俄林（Bertil Ohlin）
1978	西蒙（Herbert A. Simon）
1979	刘易斯（Sir Arthur Lewis），舒尔茨（Theodore W. Schultz）
1980	克莱因（Lawrence R. Klein）
1981	托宾（James Tobin）
1982	施蒂格勒（George J. Stigler）
1983	德布鲁（Gerard Debreu）
1984	斯通（Richard Stone）
1985	莫迪格利亚尼（Franco Modigliani）
1986	布坎南（James M. Buchanan ）
1987	索洛（Robert M. Solow）
1988	阿莱斯（Maurice Allais）
1989	哈维默（Trygve Haavelmo）
1990	马科维茨（Harry M. Markowitz），米勒（Merton H. Miller），夏普（William F. Sharpe）
1991	科斯（Ronald H. Coase）
1992	贝克尔（Gary S. Becker）
1993	福格尔（Robert W. Fogel），诺思（Douglass C. North）
1994	海萨尼（John C. Harsanyi），纳什（John F. Nash），泽尔腾（Reinhard Selten）

（续表）

年份	获奖者
1995	卢卡斯（Robert E. Lucas ）
1996	莫里斯（James A. Mirrlees），维克里（William Vickrey）
1997	默顿（Robert C. Merton），肖尔斯（Myron S. Scholes）
1998	森（Amartya Sen）
1999	蒙代尔（Robert A. Mundell）
2000	赫克曼（James J. Heckman ），麦克法登（Daniel L. McFadden）
2001	阿克洛夫（George A. Akerlof ），斯宾塞（A. Michael Spence），斯蒂格利茨（Joseph E. Stiglitz ）
2002	卡尼曼（Daniel Kahneman），史密斯（Vernon L. Smith）
2003	恩格尔（Robert F. Engle III），格兰杰（Clive W. J. Granger）
2004	基德兰德（Finn E. Kydland），普雷斯科特（Edward C. Prescott ）
2005	奥曼（Robert J. Aumann），谢林（Thomas C. Schelling）
2006	菲尔普斯（Edmund S. Phelps）
2007	赫维茨（Leonid Hurwicz），马斯金（Eric S. Maskin），迈尔森（Roger B. Myerson）
2008	克鲁格曼（Paul Krugman）
2009	奥斯特罗姆（Elinor Ostrom），威廉姆森（Oliver E. Williamson）
2010	戴蒙德（Peter A. Diamond），莫滕森（Dale T. Mortensen），皮萨里德斯（Christopher A. Pissarides）
2011	萨金特（Thomas J. Sargent），西姆斯（Christopher Sims）
2012	罗斯（Alvin E. Roth），沙普利（Lloyd S. Shapley）
2013	法玛（Eugene Fama），汉森（Peter Hansen），希勒（Robert Shiller）
2014	梯若尔（Jean Tirole）
2015	迪顿（Angus Deaton）
2016	哈特（Oliver Hart），霍姆斯特朗（Bengt Holmstrom）
2017	塞勒（Richard Thaler）
2018	诺德豪斯（William D. Nordhaus），罗默（Paul M. Romer）

参考文献

网络资源

诺贝尔基金会有关所有六个领域的主页信息：

https：//www. nobelprize. org/

https：//simple. wikipedia. org/wiki/List_ of_ Nobel_ Prize_ winners_ in_ Economics

https：//www. nobelprize. org/prizes/lists/all-prizes-in-economic-sciences/？ utm_ source = lasindias. info% 2Fblog

https：//simple. wikipedia. org/wiki/List of Nobel Prize winners in Economics

https：//www. britannica. com/topic/Winners-of-the-Nobel-Prize-for-Economics-1856936

https：//en. wikipedia. org/wiki/Committee for the Prize in Economic Sciences in Memory of Alfred Nobel

https：//www. nobelprize. org/nomination/economic-sciences/

https：//www. livescience. com/16365-nobel-prize-economics-list. html

https：//www. aeaweb. org/about-aea/honors-awards/bates-clark

https：//economics. stackexchange. com/questions/9117/thesis-advisor-student-pairs-that-won-the-nobelprize

专著和期刊文章

Becker, G. S. , & Becker, G. N. （1998）. *The Economics of Life.* New York, NY：McGraw-Hill Education.

Bowman, M. J. （1980）. On Theodore W. Schultz's Contributions to Economics. *The Scandinavian Journal of Economics*, 82, 80-107.

Clark, J. B. （1886）. *The Philosophy of Wealth.* Washington, DC：BiblioLife.

Clark, J. B. （1899）. *The Distribution of Wealth.* New York, NY：Macmillan.

Coase, R. （1960）. The Problem of Social Cost. *The Journal of Law and Economics*, 3, 1-44.

Commons, J. R. （1934）. *Institutional Economics.* New York, NY：Macmillan.

Deaton, A. （2015）. *The Great Escape：Health, Wealth, and the Origins of Inequality.* Princeton, NJ：Princeton University Press.

Friedman, M. （1962）. *Capitalism and Freedom.* Chicago, IL：University of Chicago Press.

Friedman, M. , & Schwartz, A. J. （1963）. *A Monetary History of the United States：1867 - 1960.* Cambridge, MA：National Bureau of Economic Research.

Galbraith, J. K. （1958）. *The Affluent Society.* Boston, MA：Houghton Mifflin.

Galbraith, J. K. （1967）. *The New Industrial State.* Princeton, NJ：Princeton University Press.

Hayek, F. A. （1944）. *The Road to Serfdom.* Chicago, IL：University of Chicago Press.

Henderson, D. R. （2018, October 8） . A Nobel Prize for the Long Run. The Wall Street Journal. Retrievedfromhttps：//www. wsj. com /articles /a-nobel-economics-prize-for-the-long-run-1539039555

Kahneman, D. (2013). *Thinking Fast and Slow.* New York, NY: Farras, Straus and Giroux.

Keynes, J. M. (1936). *The General Theory of Employment, Interest and Money.* London, England: BN Publishing.

Knight, F. H. (1921). *Risk, Uncertainty and Profit.* Pantianos Classics, Boston and New York: Houghton Mifflin Company.

Lundberg, E. (1971). Simon Kuznets' Contribution to Economics. *The Swedish Journal of Economics*, 73, 444 - 461.

Nasar, S. (1998). *A Beautiful Mind.* New York, NY: Simon & Schuster.

Pigou, A. C. (1920). *The Economics of Welfare.* New York, NY: Macmillan.

Polanyi, K. (1944). *The Great Transformation.* Boston, MA: Beacon Press.

Robinson, J. (1933). *The Economics of Imperfect Competition.* New York, NY: Macmillan.

Rosen, S. (1974). Hedonic Prices and Implicit Markets: Product Differentiation in Pure Competition. *The Journal of Political Economy*, 82, 134 - 155.

Rosen, S. (1981). The Economics of Superstars. *The American Economic Review*, 71, 845 - 858.

Roth, A. E. (2015). *Who Gets What and Why.* New York, NY: Houghton Mifflin Harcourt.

Schumpeter, J. A. (1942). *Capitalism, Socialism, and Democracy.* New York, NY: Harper.

Sraffa, P. (1960). *Production of Commodities by Means of Commodities.* Cambridge, UK: Cambridge University Press.

Stiglitz, J. E. (2002). *Globalization and Its Discontents.* New York, NY: W. W. Norton.

Stiglitz, J. E. (2015). *The Great Divide: Unequal Societies and What We Can Do about Them.* New York, NY: W. W. Norton.

Thaler, R. H., & Sunstein, C. R. (2008). *Nudge.* New Haven, CT: Yale University Press.

Veblen, T. (1899). *The Theory of the Leisure Class.* New York, NY: Macmillan.

Von Neumann, J., & Morgenstern, O. (1944). *Theory of Games and Economic Behavior.* Princeton, NJ: Princeton University Press.

Wolfers, J. (2015, October 12). Why Angus Deaton Deserved the Economics Nobel Prize. *The New York Times.* Retrieved from https://www.nytimes.com/2015/10/13/upshot/why-angus-deaton-deserved-theeconomics-nobel-prize.html.

图书在版编目（CIP）数据

比较 . 第 108 辑 / 吴敬琏主编 . -- 北京 : 中信出版社，2020.6

ISBN 978-7-5217-1917-8

I. ①比… II. ①吴… III. ①比较经济学 IV. ① F064.2

中国版本图书馆 CIP 数据核字 (2020) 第 089980 号

比较 · 第 108 辑

主　　编：吴敬琏

策 划 者：《比较》编辑室

出 版 者：中信出版集团股份有限公司

经 销 者：中信出版集团股份有限公司 + 财新传媒有限公司

承 印 者：北京华联印刷有限公司

开　　本：787mm × 1092mm 1/16　　**印　　张**：13.75　　**字　　数**：220 千字

版　　次：2020 年 6 月第 1 版　　**印　　次**：2020 年 6 月第 1 次印刷

书　　号：ISBN 978-7-5217-1917-8

定　　价：48.00 元

http://www. caixin. com

E–mail: service@caixin.com